谨以此书

纪念李敏华先生一百周年诞辰

U0816956

科人百
學生年

科学文化系列

国家科学思想库

科学与人生

中国科学院院士传记

李敏华传

王柏懿／著

科学出版社

北京

图书在版编目 (CIP) 数据

李敏华传 / 王柏懿著 . —北京：科学出版社，2016.11
（科学与人生：中国科学院院士传记）
ISBN 978-7-03-050596-5

Ⅰ . ①李…　Ⅱ . ①王…　Ⅲ . ①李敏华（1917—2013）—传记
Ⅳ . ① K826.11

中国版本图书馆 CIP 数据核字（2016）第 271141 号

丛书策划：胡升华　侯俊琳
责任编辑：张　莉　郭亚会 / 责任校对：何艳萍
责任印制：吴兆东　/ 封面设计：黄华斌　陈　敬
编辑部电话：010-64035853
E-mail:houjunlin@mail. sciencep.com

科学出版社 出版
北京东黄城根北街 16 号
邮政编码：100717
http://www.sciencep.com
北京厚诚则铭印刷科技有限公司印刷
科学出版社发行　各地新华书店经销
*
2017 年 1 月第　一　版　开本：720 × 1000　1/16
2023 年10月第五次印刷　印张：22　插页：6
字数：350 000
定价：98.00 元
（如有印装质量问题，我社负责调换）

李敏华院士（1917—2013）

李敏华，中国共产党党员。中国科学院院士，固体力学家，中国科学院力学研究所研究员。

1917年11月2日出生于江苏省吴县（今苏州市）；1935年考入清华大学化学系，后转入机械工程学系；1940年毕业于西南联合大学航空工程学系并留校任助教、教员；1945年和1948年分别获得美国麻省理工学院（MIT）硕士和博士学位；1949~1951年在美国国家航空咨询委员会（NACA）的路易斯飞行推进实验室任研究科学家；1952~1954年在美国布鲁克林理工学院（PIB）任研究教授；1954年离开美国，绕道欧洲、苏联回到中国；1955年进入中国科学院数学研究所力学研究室，任副研究员；1956年转入新成立的中国科学院力学研究所，任副研究员、研究员，担任过塑性力学组组长及固体力学室副主任、主任等职；1980年当选为中国科学院技术科学部学部委员（院士）。

毕生从事塑性力学和应力分析研究，是中国塑性力学的开拓者。在塑性大应变的轴对称平面应力研究中，说明了塑性形变理论的条件对这类问题容易得到满足；就塑性应变特点提出的近似解法，可解决当时无法解决的非均匀材料性能的塑性变形问题；于1956年获中国科学院自然科学奖三等奖，后来又推广到二维和平面应变问题的研究上，受到国际力学界的重视。在应力分析方面，采用任意非正交曲线坐标，解决了变截面圆轴和任意形等截面柱体的扭转问题，为塑性力学和扭转理论的发展做出了贡献；于1978年获得中国科学院重大成果奖。针对航空事业需求转入疲劳研究后，得出了应变协调在低周疲劳中起主要作用、超载可增加疲劳寿命，以及超载滑移带对主载滑移带发展有阻碍作用的结论。

曾任中华人民共和国第三届全国人大代表、第六届全国政协委员、第七届北京市人大代表及第三、第四届全国妇联执委等。

①　②
③
④　⑤

① 1944年，李敏华和吴仲华在美国麻省理工学院
② 1946年，李敏华和吴仲华在花丛中合影
③ 1947年，李敏华带着两个幼子在草地上玩耍
④ 1948年，李敏华在美国麻省理工学院大礼堂前的博士毕业照
⑤ 1950年，李敏华和吴仲华带着孩子郊游

① ②

③ ④

① 1953年，李敏华在美国家中

② 1954年，李敏华全家绕道欧洲回国期间参观奔驰公司

③ 1956年，李敏华全家在北京清华大学住所与吴仲华父母亲合影

④ 1955年，李敏华（右一）回国后返沪探亲时与母亲、姐姐合影

①	②	③
④	⑤	
⑥	⑦	

① 1956年，李敏华在办公室查看文献

② 1957年，李敏华、吴仲华和孩子们在一起看课外读物

③ 1957年，李敏华在《中国妇女》杂志的封面照

④ 1974年，李敏华和钱学森在中国科学院力学研究所

⑤ 1979年，吴仲华（前排右三）和李敏华（前排左二）在中国科学院力学研究所接待美国国家航空航天局代表团

⑥ 1979年，李敏华（后排左三）随中国妇女代表团访问美国华盛顿

⑦ 1980年，李敏华（前排右三）和参加杭州计算力学会议的力学研究所同事合影

① ②
③ ④
⑤

① 1981年，李敏华、吴仲华和儿子吴明（左一）、孙子吴晨在家中
② 1982年，李敏华（前排右二）和中国力学学会第一届、第二届理事会扩大会议代表合影
③ 1981年，李敏华（前排右三）和吴仲华（前排左二）参加清华大学十一级同学聚会
④ 1983年，李敏华和吴仲华重返美国麻省理工学院校园
⑤ 1985年，李敏华（前排右八）和中国科学院力学研究所首届职工代表大会代表合影

①	②
③	④
⑤	⑥

① 1985年，李敏华（左二）和吴仲华（右二）及助手吴文权、任孝安在家中合影
② 1985年，李敏华（左二）和郑哲敏（右二）在国际实验力学会议上
③ 1986年，李敏华（前排右二）在重庆召开的全国材料科学大会上
④ 1986年，李敏华（中）手持试件和助手们在实验室
⑤ 1986年，李敏华在中国科学院力学研究所办公室里
⑥ 1987年，李敏华和吴仲华于70华诞时在家中合影

① 1987年，力学研究所十二室为李敏华庆贺70寿辰
② 1987年，李敏华和吴仲华在清华大学十一级聚会上
③ 1990年，李敏华和吴仲华在家中合影
④ 1992年，李敏华在家中哀悼吴仲华
⑤ 1997年，李敏华参加南京金陵中学吴仲华塑像落成仪式
⑥ 1999年，李敏华（前排右二）独自参加清华大学十一级聚会

①	②
③	④
⑤	⑥

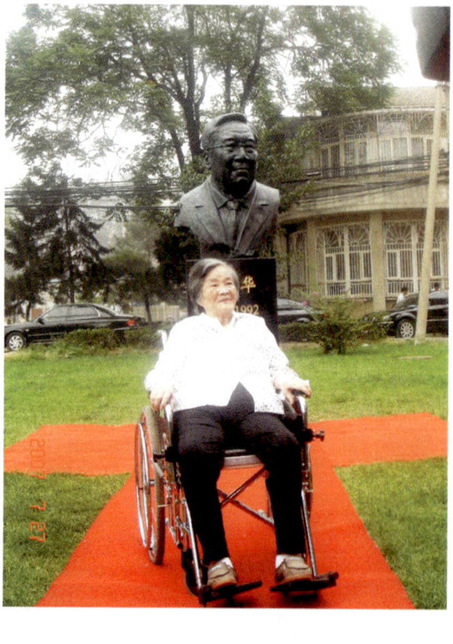

① 2003年，李敏华（左三）和李佩（右三）共度生日

② 2003年，李敏华（前排右二）参加中国科学院力学研究所老研究生和导师们的聚会

③ 2006年，中国科学院力学研究所为李敏华庆贺89岁生日

④ 2012年，李敏华（右二）在家中接受采访

⑤ 2007年，李敏华参加中国科学院工程热物理研究所的吴仲华塑像落成仪式

总序

中国科学院学部科普和出版工作委员会决定组织出版《科学与人生：中国科学院院士传记》丛书，这是一件很有意义的文化工程。首批入传的22位院士都是由各学部常委会认真遴选推荐的。他们中有学科领域的奠基者和开拓者，有做出过重大科学成就的著名科学家，也有毕生在专门学科领域默默耕耘的一流学者。每一部传记，既是中国科学家探索科学真理、勇攀科学高峰的真实情景再现，又是他们追求科学强国、科教兴国的一部生动的爱国主义教材。丛书注重思想性、科学性与可读性相统一，以翔实、准确的史料为依据，多侧面、多角度、客观真实地再现院士的科学人生。相信广大读者一定能够从这套丛书中汲取宝贵的精神营养，获得有益的感悟、借鉴和启迪。

中国科学院学部成立于1955年，经过50多年的发展，共选举院士千余人，荟萃了几代科学精英。他们中有中国近代科学的奠基人，新中国的主要学科领域的开拓者，也有今天我国科技领域的领军人物，他们在中国的各个历史时期为科学技术的发展做出了历史性的贡献。“五四”新文化运动以来，一批中国知识精英走上了科学救国的道路，他们在政治动荡、战乱连绵的艰难岁月里，在中国播下了科学的火种，推动中国科技开始了建制化发展的历程。新中国成立后，大批优秀科学家毅然选择留在大陆，一批海外学子纷纷回到祖国，在中国共产党的领导下，开创了中国科学技术发展的新篇章。广大院士团结我国科技工作者，发扬爱国奉献、顽强拼搏、团结合作、开拓创新的精神，勇攀世界科技高峰，创造了举世瞩目的科技成就，为增强我国综合国力、提升自主创新能力做出了重要贡献，为国家赢得了荣誉。他们的奋斗历程，是中国科学技术发展的历史缩影；他们的科学人生，是中华民族追求现代化的集中写照。

当今世界，科学技术已成为支撑、引领经济社会发展的主要动力和人类文明进步的主要基石。广大院士不仅是科学技术发展的开拓者，同时也是先进文化的传播者，在承担科技研究工作重任的同时，还承担着向全社会传播科学知识、科学方法、科学思想、科学精神的社会责任。希望这套丛书的出版能够使我国公众走近科学、了解科学、支持科学，为全民族科学素养的提高和良好社会风尚的形成做出应有的贡献。

科学技术本质是创新，科技事业需要后继有人。广大院士作为优秀的科技工作者，建设并领导了一个个优秀的科技创新团队；作为教育工作者，诲人不倦，桃李满天下。他们甘当人梯、提携后学的精神已成为我国科技界的光荣传统。希望这套丛书能够为广大青年提供有益的人生教材，帮助他们吸取院士们追求真理、严谨治学的科学精神与方法，领悟爱国奉献、造福人民的科技价值观和人生观，激励更多的有志青年献身科学。

记述院士投身我国科学技术事业的历程和做出的贡献，不仅可为研究我国近现代科学发展史提供生动翔实的新史料，而且对发掘几代献身科学的中国知识分子的精神文化财富具有重要意义。希望《科学与人生：中国科学院院士传记》丛书能够成为广大读者喜爱的高品位文化读物，并以此为我国先进文化的发展做出一份特有的贡献。

是为序。

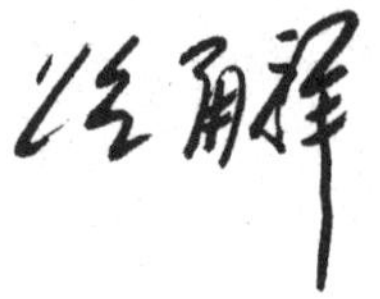

2010年3月

序

2017年，我们将迎来李敏华院士的百年诞辰。这是一个值得纪念的时刻，通过对李敏华院士传奇而多彩一生的回顾与缅怀，我们学习和继承她热爱祖国、献身科学的崇高精神，为建设创新型国家、实现中华民族伟大复兴而不懈奋斗。

李敏华先生从年轻求学时起，就怀抱“理工救国”的信念，刻苦读书。即使在抗日战争期间，她亦不畏环境的艰苦，从北平（今北京）的清华大学，辗转到长沙临时大学，又迁徙到昆明的西南联合大学，并成为航空工程学系的第一位女毕业生。在清华大学读书期间，李敏华结识了吴仲华先生，共同的理想与爱好使他们走到一起，结为伉俪。1943年年底，他们负笈远行，李敏华先生不顾身怀六甲在大洋中颠簸数月抵达纽约，与吴仲华一起进入美国麻省理工学院（MIT）攻读学位。在留学美国期间，她虽然作为女性受到歧视，但是因为有“学成之后为祖国的强盛而奋斗”这个坚定信念的支撑，李敏华终于成为美国麻省理工学院的第一位工科女博士，此时她已是两个孩子的母亲。为了获得实际工作经验，李敏华先生受聘到美国国家航空咨询委员会（NACA）下属的研究所工作，在此期间，她在基于塑性力学的全量理论解决发动机的强度问题方面，做出了独特的、卓有成效的工作。尽管有优越的工作环境和生活条件，尽管美国政府对中国留学生的回国横加阻挠，但同样是“报效祖国”的信念，支撑着李敏华和吴仲华两位先生克服重重困难，于1954年毅然回到祖国。他们的拳拳爱国之心，让我们非常感动！

李敏华先生是杰出的固体力学家，我国塑性力学的开拓者。从中国科学院力学研究所的酝酿到成立、发展，她都参与了其中的工作，为新中国第一个专设的力学研究机构建设做出了贡献。她不仅推动了塑性力学研究工作的开展，还指导了研究生和青年学子的成长。1956年，李敏华先生以其在塑性力学的原始性创新成果获得了中华人民共和国国家自然科学奖三等奖；而吴仲华先生则以燃气轮机研究成果获得中华人民共和国国家自然科学奖二等奖。他们是唯一一对双双获奖的科学家夫妇，这将作为一项“纪录”载入中国近代科学史的史册！

李敏华先生从回国初期到“文化大革命”爆发之前，在百忙的研究工作中，还为北京大学、清华大学等高校的教师和中国科学技术大学近代力学系的学生开设“塑性力学”课，她亲自撰写教材、讲授课程、指导研究生，为培养中国近代力学人才倾注了大量的心血，在中国高等学校固体力学专业的课程设置、教学理念、教材编写等方面建立了一种全新的教学模式。1960～1965年，李敏华先生在中国科学技术大学近代力学系教授“塑性力学”专业基础课，我有幸作为她的助教，从而获得她多年的教诲，她知识渊博和待人宽厚的品质给我留下深刻印象。李敏华先生是我的良师益友，是我国妇女界的榜样，不愧为20世纪“中华女杰”之一！

李敏华先生作为从事应用研究的科学家，根据国家的需求，开展一系列新的课题。她既重视实验，又重视计算。特别应当强调的是，不论是在受到严重干扰的环境和“文化大革命”的逆境里，还是在丧失幼子与爱人的悲痛之中，李敏华先生都是坚韧不拔地为祖国的科技事业奋斗不息。她一边为进行实验研究组织调研和确定方案而操劳，一边不顾高龄骑自行车到很远的北京市计算中心上机计算。她以实际行动实现自己的报国壮志。这种崇高的精神是李敏华先生传承给我们的宝贵精神财富。

这部传记，作为《科学与人生：中国科学院院士传记》丛书之一，作者王柏懿研究员在“老科学家学术成长资料采集工程”基础上又用了几年的时间，收集了一些非常难得的资料和照片，再现了李敏华先生勇攀科学高峰的情景，表述了李敏华先生追求科学救国的理念，也展现了李敏华先生热爱生活、关怀青年的科学人生的多个侧面。为此，向王柏懿研究员表示诚挚的敬意。王柏懿研究员付出的心血，为我们再现了鲜活的李敏华先生。这部传记作为李敏华院士的百年诞辰的献礼，期望后学们能以李敏华先生为榜样，把老一辈科学家开创的科学事业不断向前推进。

2017年元旦

目　录

第四章　战乱中致志求学不辍

第五章　留校任教并准备出国

第六章　麻省理工学院第一位工科女博士

第七章　奋力拼搏攻占学术高点

第八章　千方百计筹划回国效力

第九章 欣喜新中国的新生活

第十章 为创建力学研究所献策出力

第十一章 “大跃进”的浪潮中

第十二章 调整时期的学科建设

第十三章　“文化大革命”的风暴里

第十四章　欢呼科学春天的到来

第十五章　“文化大革命”后喜招研究生

第十六章　并肩携手与病魔抗争

第十七章　生命不息　奋斗不止

尾　　声

引子

农历丁巳年的一个冬日，即阳历1917年11月2日，在江苏吴县一条小巷深处一座典型的粉墙黛瓦院落里，男主人李寿萱焦急等候着。终于，从上房里传出一声细弱的哭啼，随即一名女佣匆匆跑上来报告道："老爷，恭喜恭喜，又是一位千金！"李寿萱轻声回答："知道了，好生服侍太太吧！"说罢转身出门去处理手头的商务事宜了，一丝忧虑掠过心头："谁来继承家业呢？"房间里，跳跃在炭盆里的火焰映照着女主人朱惠石仍显疲惫的面庞，她端详着包裹在棉襁褓里的新生女儿：清秀的小脸庞，细细的柳叶眉，明亮的杏仁眼，薄薄的樱桃嘴……"好漂亮的小囡囡！就是长得瘦弱些。"朱惠石如是想着。

吴县地处温带，四季分明，冬季里的平均温度只有2～3℃，加之城区基本保持着古代"水陆并行、河街相邻"的格局，更增加了阴冷的感觉。瘦弱的小囡囡度过了一个艰难的初生期，才迎来了"桃花流水鳜鱼肥"的春日风韵。伴着和煦的春风，燕子飞来飞去在屋檐下衔泥筑窝。朱惠石不由地触景生情，期望女儿像燕子一样敏捷、勤奋，她对丈夫说："小囡囡就叫敏华吧！她会有出息的。"看着颇有文采的妻子，李寿萱含笑点头采纳了。从此，李敏华像一只雏燕，和年长两岁的姐姐瑞华一起，在东方水城的灵山秀水之中无忧无虑地成长，度过了幸福的童年。

一方水土养育一方人士，一片热土造就一辈大师。幼年时，李敏华在苏州的振华女学校读书，以后随家人迁居上海继续学习。1935年，她从上海的务本女子中学（以下简称"务本女中"）毕业后考入清华大学，抗日战争爆发后随学校南迁到长沙、昆明，最终从西南联合大学毕业。1925年的"五卅惨案"、1931年的日本侵略东北三省及1935年的"一二·九"运动，都给李敏华的心灵带来了巨大的冲击，她决心以己所学报效祖国，并以"航空救国"为目标，成为西南联合大学新成立的航空工程学系的第一位女毕业生。1940年大学毕业后，李敏华留在航空工程学系任教，先后担任助教和教员，讲授飞机结构及材料力学。

1943年11月，李敏华和丈夫吴仲华一起负笈远行，并于1944年元月抵达大洋彼岸的美国纽约，就读于美国麻省理工学院（MIT，以下简称麻省理工学院）机械工程系。她先后在1945年和1948年获得了硕士和博士学位，是麻省理工学院建校以来的第一位工科女博士。为了获得进行科研工作的实际经验，李敏华决定和吴仲华一起应聘到美国国家航空咨询委员会的路易斯飞行推进实验室工作。她在强度研究室任研究科学家，进行塑性力学的研究。在美国国家航空咨询委员会工作期间，李敏华夫妇逐渐进入了科学研究的"如日中天"境地，有关方面一直要求他们加入美国国籍，然而他们没有忘掉自己学习工程的主要原因，他们将回国报效祖国的初衷铭记在心。李敏华的“家业”就是强国富民的国家和民族大业。

朝鲜战争爆发后，李敏华和吴仲华立即离开美国国家航空咨询委员会转到位于美国纽约的布鲁克林理工学院（PIB）机械系工作，为回国做准备。历经数年努力，1954 年 8 月，李敏华一家终于以旅游名义离开了美国，绕道西欧、苏联，并于 11 月经过满洲里回到了朝思暮想的祖国。次年 5 月，她进入中国科学院数学研究所力学研究室工作。从 1955 年秋开始，李敏华以极大的热情投入了钱学森和钱伟长领导下的中国科学院力学研究所的创建工作，她作为高级研究人员担任了力学研究所设立的四个研究组之一的塑性力学组的组长，成为我国塑性力学的开拓者。随后，李敏华在钱学森倡导成立的工程力学研究班，以及中国科学技术大学近代力学系开设塑性力学课程，为我国塑性力学事业造就了一支中坚力量。

李敏华毕生的精力都投身于航空事业，从事相关的力学研究，并取得了一系列重要成果：她运用独特构思有效地求解航空发动机强度问题；她研制成功试验航天烧蚀材料的瞬时加热加载装置；她发展新解法分析航空发动机涡轮轴断轴故障；她倡导学科交叉开展材料疲劳研究。这些学术成就受到了国内外学界的首肯：美国教授评价她的“特殊贡献”是“提供了一系列精确解的典范”，她的研究成果先后获得了中国科学院自然科学奖（国家级）三等奖（1956 年）和中国科学院重大成果奖（1978 年）。

尤为难能可贵的是，她在麻省理工学院攻读研究生学位时，一边读书，一边照顾孩子。1975 年她的小儿子病重期间，以及 1988 年年初吴仲华肝癌手术后到 1992 年病故期间，她都是在一边工作一边照顾患者中度过的。直到年届 80 岁，她还亲自指导研究生从事疲劳研究的实验和计算工作。李敏华不愧是妇女科技工作者的典范。

的确，李敏华是一只勇敢的娇燕，始终在浩瀚的科学穹宇中振翅飞翔，而吴仲华从相识相知开始便与她并肩磨砺、比翼双飞。李敏华从一个江南柔弱娇小的女子，成为清华大学的一名佼佼学子，成为西南联合大学航空工程学系的第一位女毕业生，成为麻省理工学院的第一名工科女博士，成为中国塑性力学的奠基者和领路人，成为中国科学院技术科学部第一批通过民主评议选举出来的学部委员（院士），成为 20 世纪“中华女杰”之一。在李敏华拼搏奋斗的征程中，处处都有吴仲华的身影。让我们看看，她是如何在他的伴随下，一步一步走来的吧！

第一章

在吴县的童年生活

李敏华出生在物华天宝、人杰地灵、被誉为“人间天堂”的江苏吴县（今苏州），成长在一个温馨的家庭中。特别是她的母亲思想开明、关心国事、乐于助人，对幼小的李敏华的人生观、世界观的形成起到重要而深远的影响。

一、名人大家辈出的吴县

吴县即今天的苏州，是一个物华天宝、人杰地灵、被誉为“人间天堂”的地方。公元前514年，吴王阖闾在此地建城；公元前221年，秦始皇在此地设县；直到2000年12月，吴县市才被撤销，改设为苏州市的吴中区和相城区。

吴县（今苏州）是中华文明之吴文化的发祥地，它不仅是风景秀美如画的城市，更是传统文化发达、历史底蕴深厚的地域。且不说自春秋以来，苏州辈出的名人大家，仅在近代，著名人士便有沈钧儒、李公朴、沙千里、史良、王造时、章乃器、邹韬奋（上述七人被称为“苏州七君子”）、柳亚子、顾颉刚、叶圣陶、费孝通、贝聿铭、李政道、吴健雄、朱棣文、何泽慧等。若以目前的两院院士而言，苏州籍院士人数竟有106位，数量居全国之首，李敏华和吴仲华是名列其中的唯一的院士夫妇。这里，不妨来分析一下，为什么苏州会涌现如此之多的杰出人才？

吴县水网密布，土地肥沃，雨量充沛，平野稻香，碧波鱼跃，物产丰富，一直是中国长江三角洲地区的重要经济中心，更是我国资本主义初始萌发的地区之一。中国的资本主义萌芽在这里发生，不仅由于其因物产丰沛成为鱼米之乡，更由于其地理位置优越、水陆交通便利。吴县背靠无锡，隔太湖遥望常州，隔长江与南通相依，靠太湖紧邻湖州，京杭大运河流贯南北，是苏中、苏北通往浙江的必经之地。特别是，吴县东距上海城区仅仅百里路程，是江苏省的东南门户、上海的咽喉，加之吴县城市“三纵三横一环”的河道水系和“小桥流水、古迹名园”的独特风貌，使之成为江南地区的重要政治、文化、艺术、教育和交通中心。

史学家认为，从明朝中叶开始，在江浙一带苏州、杭州的丝织业中已出现带有资本主义性质的手工作坊。到了清朝，资本主义萌芽获得了缓慢的继承与发展，以丝织业为例，其时已有“机户”开设“机房”并雇佣“机工”劳动。这里，“机户”就是早期资本家，“机工”就是早期的雇佣工人，“机户出资，机工出力”就是资本主义性质的生产关系。鸦片战争后，受外国资本主义和中国“洋务运动”的刺激，民族资本主义工业从19世纪60年代开始产生。进入19世纪90年代，反映民族资产阶级上层愿望的康有为、梁启超主张变法维新，他们提出：设议会、立宪法；办铁路、开矿山、奖励农工商；创建新式学堂、设立译书局、翻译外国书籍；精练陆军、扩建海军；等等。尽管“康梁新法”只推行了103天便失败，但这一系列的变革为李敏华得以生长在一个开明的家庭中提供了深刻的社会背景。

二、网师园里度过的幼年时光

由于书面档案资料匮乏，有关李敏华家庭在吴县的具体地址目前已无法确定，但她曾不止一次地对中国科学院力学研究所的同事回忆道，“小时候在网师园住过”，并说“李鸿裔是家族的先人”。

根据史料可知，李鸿裔（1831—1885），字眉生，号香岩，晚号苏邻，曾官居清朝的江苏按察使，辞官迁居吴县后，购置了网师园。他时常穿着便装、踏着布鞋徜徉在园中，由于藏书达数万卷，还可以闭门静心阅读。他每年必读诸如《诗经》《礼记》等经典，此外也旁及金石，还浏览老释。《中国美术家人名辞典》称李鸿裔“精书法，临摹魏晋碑铭无不神形毕肖”。李鸿裔还时常为人写扇面（其落款多自称为“四十不出翁”），现在网师园的走廊墙壁上所镶嵌的32方书条石中，有一半都是李鸿裔所书写的扇面，从中不难分析出李鸿裔在园中读佛经、赏梅花、植芍药等活动。李鸿裔寝膳有度，多次出巨资帮助晋、鲁等地赈灾，还为直隶捐棉衣上万件，自家的花销不足时则尽力节用或卖字以继。李鸿裔有遗诗200多首，经友人校订后编为《苏邻遗诗》存留。按照辈分推断，李鸿裔应当是李敏华的高祖父。

刻有李鸿裔书写扇面的条石匾

所以，按照中国人说法，李敏华应是“名人之后”。

此外，据史料记载，李鸿裔之子李赓猷（字少眉），曾任道台，他曾于光绪二十二年（1896年）在网师园内建撷秀楼。其时，名士俞樾为该楼书匾并题跋，内容如下：“少眉观察世大兄于园中筑楼，凭栏而望，全园在目。即上方山浮屠尖亦若在几案间。晋人所谓千岩竞秀者，具见于此！因以‘撷秀’名楼，余题其楣，光绪丙申腊月曲园俞樾记。”由此也许可以推断：此时的网师园风光依旧俊秀美好；李敏华的父亲李寿萱正值少年，还在这里过着衣食无忧的生活。然而，李敏华的祖父去世较早，家境开始衰败；父亲虽受过高等教育，但曾因一度染上抽鸦片的恶习，家庭经济状况便日渐拮据。尽管如此，李敏华作为李鸿裔家族后裔的渊源及“小时候在网师园住过”的事实，使她在幼时便受到官宦文人家族的家学、家风的浸润，这是造就她日后成长的一种无形精神资产。

刻有俞樾题跋的“撷秀楼”匾额

众所周知，网师园是苏州园林中极具艺术特色和文化价值的中型古典山水宅园代表作品。它始建于南宋淳熙初年（1174年），始称“渔隐”；在清乾隆年间（约1770年）重建并定名为“网师园”，初步形成了目前的布局。清同治七年（1868年），李鸿裔购下了网师园。李鸿裔得园后加以葺治，浚沼养鱼，种竹艺花，更名为“苏东邻”，亦称“苏邻小筑”，并自号“苏邻”。李鸿裔不仅身为高官，而且本人善于诗画，在园中积书数万卷并兼蓄金石碑版、书法名画等，使这个山水宅园洋溢着书香气息。仅从网师园主人将藏书万卷的“万卷堂”作为接待贵客的主厅这一点，便可以感受到他的文人气质。清光绪

藏书万卷的网师园主厅“万卷堂”

三十三年（1907 年），网师园又归属他人并曾易名；民国二十八年（1939 年）该园为何澄购得。何澄出身于“五世翰林”家族，他的“名气”不仅是因为他作为同盟会早期的会员之一并一直追随孙中山从事资产阶级民主革命，而且是因为他培育了八个优秀子女（包括何怡贞、何泽慧和何泽英“何氏三姐妹”）。经新主人全面整修、充实古玩书画之后，“网师园”的旧名又重新使用，并延续至今。

网师园作为宅园合一的私家园林，为清朝官僚世家住宅的典型。虽几易其主，但园主多为文人雅士，且各有诗文碑刻遗于园内，历经修葺整理，最终形成了这一古典园林中的精品杰作。1980 年，美国纽约大都会艺术博物馆仿照网师园的内园（即“风园”）的书斋小轩“殿春簃”，构建了一座古典庭院“明轩”。因而，网师园更名播海外，在 1997 年被联合国教育、科学、文化组织列入了《世界遗产名录》。而目前在网师园的殿春簃中挂有一个匾额，便为李鸿裔亲自手书的。的确，吴县素来以山水秀丽、园林典雅而闻名天下，实乃“太湖风光美，精华在吴县”；而网师园则又是吴县古典园林中山水宅园的代表。李敏华和年长两岁的姐姐李瑞华一起，在这座东方水城的灵山秀水之中、在这个世界名园的书斋画廊之间，无忧无虑地快乐成长，浸润着中华文化的精髓。

李鸿裔书写的“殿春簃”匾额

这里还要提到的是，按照地方志记载，网师园地处苏州旧城东南隅葑门内的阔家头巷，后门可达十全街。而在这条十全街上，还有一座王家老宅，中国有名的女权运动先驱王谢长达从 1895 年起定居于此，她还在这里开始了创办苏州放足会、苏州女子公益团和苏州振华女子二等小学等三项伟业。其时，苏州放足会便设于城南十全街王氏本宅，而且振华女子二等小学在 1915～1921 年也设在王氏余屋里。特别值得一提的是，王谢长达以新式理念管理振华学校，宣扬“天下兴亡，匹夫有责，匹妇亦与有责焉”的思想；换用“中国文字”（即国文）代替传统的《女儿经》《女四书》和《列女传》等教材；取消女童“笑不露齿，不苟言笑”的老规矩，代之以“在户外上洋操、和着风琴唱歌”的新景象。听着清脆的读书声，看着轻盈的洋体操，和着悠扬的风琴音，幼年的李敏华在这种新时代的文化氛围里耳濡目染，受到了现代意义上的女权思想和人格精神的熏陶。

总之，地杰人也灵，吴县水乡的自然生态与人文环境为李敏华的成才铺垫了厚重的物质与精神基础。

三、母亲品行的潜移默化

李敏华的母亲叫朱惠石（学名朱蕙若，又名朱慧若、朱诵芬），出生于1892年。生长在封建家庭的朱惠石却有着强烈的反封建意识，她从小就不安于“女子无知便是德”的封建礼教，喜欢读书，甚至不惜“女扮男装”去学堂；她不满足于初级学识，希望接受中等教育。但是在清朝时期，这个愿望对于女子而言，简直是天方夜谭。然而，她不停地坚持向父亲提出求学的愿望，通过她本人的几次抗争及其兄长的支持，终于得到了其父亲的同意，获得了离家到杭州进学校读书的机会。最终，朱惠石在1912年7月毕业于设在杭州的浙江官立女子师范学堂。当年从师范科毕业的学生只有10名，而朱惠石是唯一一名从吴县来到杭州攻读师范的女子。在清末民初，一个女孩子敢于只身离家到外省读书两年之久，确实需要相当的勇气和意志力。她不愧为一名时代的弄潮儿。

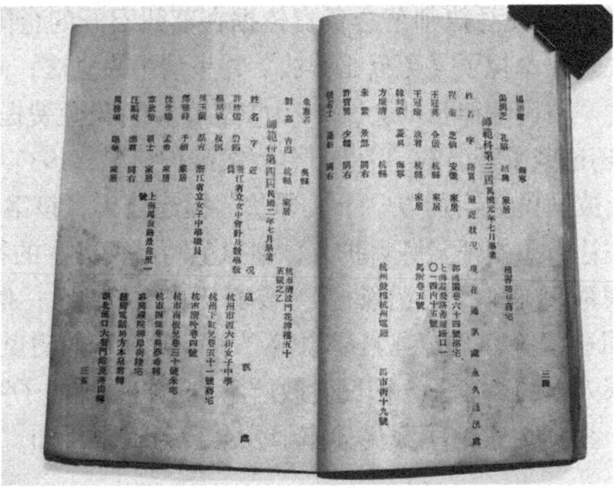

杭州女子师范学堂同学会会员录

这里还不妨对朱惠石的兄长（即李敏华的舅舅）朱辅成作一个简要介绍。他籍贯吴县，生于 1881 年，年长朱惠石 11 岁。根据苏州档案馆所藏资料得知，朱辅成在 1917 年 6 月获得律师证书；在 1922 年 7 月加入吴县律师公会，并成为其重要成员，直至日军侵占苏州前；在 1948 年担任苏州地方法院的院长。依《苏州地方志》记载，在民国时期，律师是自由职业者，挂牌开业者必须毕业于政法学校（堂）或大学法律系，且必须经全国律师甄拔委员会考试通过，必须在当地法院登录并参加当地律师公会。

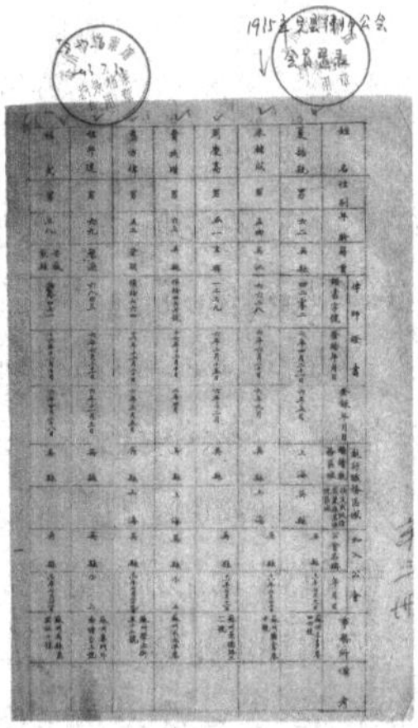

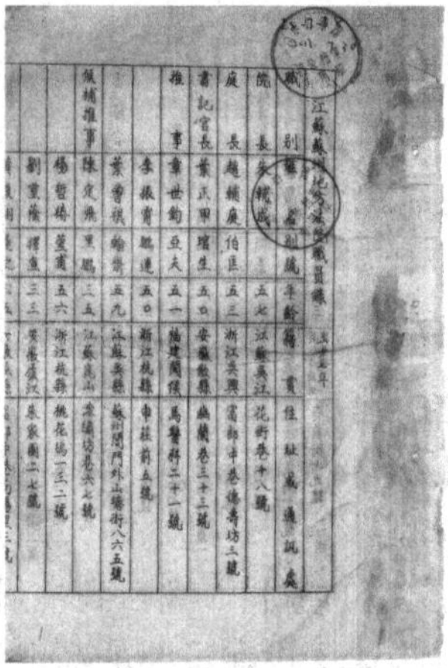

苏州档案馆馆藏的有关朱辅成的资料

当时，苏州是全国律师制度建立较早、律师人数较多的地区之一，而且苏州律师队伍中敢于仗义执言、富有爱国精神和正义感的律师为数不少。例如，1935 年吴县律师公会负责依据在苏州召开的全国冤狱赔偿运动委员会的决定，草拟了《冤狱赔偿法》并呈请中央立法；同年，吴县律师公会还设立“贫民法律扶助会”，专为贫苦民众诉讼免费提供法律服务。《苏州市志》还记载了著名的“七君子”[①]案辩护情况：1937年，沈钧儒等 7 位爱国人士被国民党当局以“十大罪状”提起公诉，该案在苏州开庭。苏州律师张志让自愿担任义务辩护人，他执笔写就两万字的答辩书，指出起诉书“实属颠倒是非，混淆黑白”“妄断历史之功罪”；他还通过向法院递交申请回避状等方式打乱当局原定“一审即判”的阴谋步骤。最终，在国内外爱国人士的声援下，国民党政府不得不将“七君子”交保释放直至撤回起诉。根据档案馆所藏吴县律师公会会务资料可知，在这个时期，

① “七君子”即沈钧儒、章乃器、邹韬奋、史良、李公朴、王造时、沙千里。

朱辅成一直是公会各种活动与会议的积极参与者。所以，不难推断朱辅成受过高等教育、富有反封建意识和正义感，因而能够挺身而出支持年幼的妹妹接受新式的现代教育，并支持李敏华完成中、高等教育。依据李敏华在务本女中的学籍表，苏州长春巷23号曾是其舅舅居住过的地方。

朱辅成旧居

（苏州长春巷23号）今影

1898年，正当朱惠石6岁之时，中国发生了轰轰烈烈的戊戌变法。戊戌变法之后，一批留日归国学生在维新思想的影响下，开始积极筹划女子学堂事宜。1904年，杭州教育会发起号召，邵章、陈叔、郑在常等禀请浙江巡抚聂缉椝立案开办女校，杭州女学堂于当年5月2日在积善坊巷正式成立，这是杭州历史上第一所由中国人创办的女子学校，也是杭州妇女真正获得上学读书权利的开始，学校的出现比清政府颁布的《女子师范学堂章程》和《女子小学堂章程》还要早3年。该校建校之初，杭州女学堂聘请顾文郁为校长，招募了5名女教员（其中1名为日籍教师），招收了45名学生，分编3级，皆为寻常小学程度。1907年，学校增设保姆传习所和蒙养院，更名为杭州女子师范学堂，使杭州第一次有了女子师范教育、幼儿师范教育和幼儿教育。1912年，学校改为浙江官立女子师范学堂，定学制为师范本科四年，并确定“勤、敬、洁、朴”为校训，以此作为培养新时代妇女的规范。据《杭州教育志（1028—1949）》记载，当时学堂师范科教授的科目有修身、国文、历史、算学、习字、缝纫、手工科及理科等。两年的学习不仅使朱惠石获得了许多现代科学和教育子女的知识与技能，也使她具备了新时代新女性的精神与品质，对其孩子们世界观和人生观的形成有着深刻的影响。

由于母亲思想开明，李敏华姐妹俩自幼便开始读书。母亲的自强自立、勇敢抗争、勤奋好学的精神给幼小的李敏华留下深刻的印象，她永远记得母亲用吴侬软语讲述自己当年女扮男装去上学的故事，数十年后李敏华还向自己的孩子们娓娓道出这个使之感动终生的故事。李敏华一直感恩母亲朱惠石，感恩她给予了自己生命、勇气和智慧。1976年唐山大地震后，母亲已经双目失明了，她总是轻声细语地给“姆妈”讲述家里家外发生的事情，还不时地用细柔的双手给躺在病榻上的母亲按摩。甚至2007年，李敏华90岁高龄做客腾讯网，与网友互动、漫谈人生经历时依然念念不忘母亲的支持。当主持人向她提出“在您小时候，家里面谁最支持、鼓励您上学呢？”这一问题时，她毫不犹豫地用“母亲”两个字作出回答。因为在小学、中学的学习期间以至于报考大学时，李敏华的一切学业事项都是由母亲负责操办的。尤其是中学毕业后，父亲考虑到家庭的经济条件，不主张女孩子继续升学，但在母亲的努力筹划下，李敏华才得以完成了高等教育。

思想开明的母亲不仅使李敏华获得了全程先进教育的机会，也对李敏华人生观、世界观的形成起着重要而长远的影响。不仅母亲要求读书及反封建的抗争情形给她留下很深刻的印象，而且母亲为人处世的态度也对她有着潜移默化的影响。在苏州老宅，家里杂事由雇佣的“助理员”打理。按照旧时的说法，李敏华姐妹的身份为“富家小姐”，但从她们很小的时候起，母亲就要求她们对助理员态度和善，不让她们随意使唤助理员，晚饭后不能给助理员安排任何工作。对此，母亲解释说，助理员早上起得早，晚上该好好休息。虽然这些都是一些日常的小事，但对孩子们品行成长的影响是很大的。那时，母亲还常常帮助别人，尽管家境已日渐衰败，自己的生活也变得不宽裕了，但仍在经济上接济一个邻居的儿子并使之完成了学业。待李敏华姐妹长大懂事以后，母亲还不时地给孩子们讲述国家大事并灌输“匹夫有责”的思想。所以，李敏华在其1955年写就的《自传》中是这样评价自己母亲的：

> 母亲给我最深的印象是她的好学和反封建精神，她的平等的看法，她的处事的公正，她对于国事的关心以及她的责任感。特别在她们那时代的女子像她这样的看法是不太多的。

母亲的言传身教，无不在李敏华的心中留下了印记并使其努力实践之。例如，她在年迈之际资助过家中保姆的儿子读完了大学，还帮助儿子吴明的同学的孩子完成了中学学业。

四、就读振华女学校

转眼间，李敏华6岁了，雏燕初成，要上学了！在母亲的安排下，她于 1923 年 9 月进入了振华女学校小学部。尽管在振华女学校只读了一个学期，但振华女学校精神对幼小的李敏华的世界观形成和学术成长也有着潜移默化的影响。振华精神，就如苏州第十中学现任校长柳袁照总结的："爱国精神、尚德精神、自强精神、兼容精神和敬业精神。"这是最具永久价值的文化留存，融入从振华女学校办学开始到以后的苏州振华女子中学、江苏师范学院（今江苏师范大学）附属中学以至目前的苏州第十中学每个人的血脉之中。李敏华一直认同振华女学校对她的深刻影响，所以在 83 年之后，当振华策划百年校庆活动（1906～2006 年）时，她给学校发去一封亲笔信："我是振华的！"2012 年 7 月，苏州第十中学办公室主任杜勇回忆道："我们当时查遍振华学生名录，没有找到李敏华院士的名字。后来才知道她只读了一年级，就去上海了。"今天，刻有李敏华画像和简介的石匾挂在振华校园的廊亭"闻道廊"里。这是振华女学校对她的认可，她的事迹与风采在激励着振华女学校的后学们不断地展翅拼搏。

苏州第十中学校园"闻道廊"里的

李敏华画像石匾

当时，振华女学校在吴县已是一所有名的私立女子学校。它由王谢长达创建于 1906 年 10 月 18 日，起初是一所女子二等小学堂，取名振华女学校两等小学，是中国除了教会学校外古老的学校之一。振华女学校的诞生亦有着其相应的时代背景：1903 年清政府学部颁行"癸卯学制"，从而结束了延续 1000 多年的科举取士制度。现代意义的新学从 1904 年开始兴起，但大多数的小学、中学是由旧式书院、府学、县学蜕变而来的，富商豪绅创办的学校则多为男子学堂。当时，吴县的女子学校只有美国基督教监理会兴办的英华学堂和静海女塾。王谢长达并非沐浴"欧风美雨"并接受西方教育学说的女留学生，而是一位有着朝廷封诰的命妇，响应办学的志同道合者亦大都是旧式妇女，她们自筹经费开办学校并以振兴中华为宗旨，把办教育和救中国联系在一起，体现了 20 世纪初叶中国妇女的伟大觉醒。就在李敏华"呱呱"坠地的 1917 年，王谢长达的三女儿王季玉从美国留学归来，第二年便从母亲手中接过了日常校务的管理工作。其时振华女学校仅有小学（旧制小学的学制为初小四年、高小四年）与简易师范

振华女学校校长王季玉

科，但她明确地主张“提高女权，非重视女子中等教育不可”，所以在1918年秋她为振华女学校增设了中学部。王季玉把现代的西方教育理念和传统的中国儒学观念糅合在一起，并赋予了特定的时代精神，她曾概括自己的办学思想为：“我们需要的教育应该是生产的、大众的、社会的、救民族的及非常时期的女子教育。”的确，振华女学校不同于中国传统学校的一个重要特点是：提倡民主精神。王季玉营造了一种宽松的教育环境，让学生接触社会，让学生自由地汲取各种思想以促进个人的精神成长。

李敏华很幸运，在她不满6周岁的时候，母亲就主动把她送到了振华女学校，使她得以在起跑线上获得了和男孩子一样的受教育权利，而且形成了男女平权的思想。岁月匆匆，84年后的2007年，在接受腾讯网科技频道记者采访时，面对记者提出的“在您一生当中，您感到有什么遗憾的事情吗？”这一问题时，李敏华是这样回答的：“就是我老觉得好像男女不平等。”她甚至提到在20世纪40年代的美国也有重男轻女的现象：

> 当时在美国，觉得不要女的读书。……我得到了博士学位的时候，当地的报纸也登了，我证明了女的可以跟男的一样，他们说“中国的李敏华，两个孩子的母亲，得到了博士学位”。……不要觉得男的跟女的不一样，是一样的，女孩子同样可以为国家做出贡献。

多么平和而又铿锵的语言！李敏华的“幸运”在于振华女学校的兴办与存在，该学校为20世纪初叶江浙地区的妇女解放提供了物质、思想和文化基础，后来凌空高飞的娇燕就是从这里开始起飞的。

由于教学质量提高且校风淳朴，振华女学校声名鹊起，负笈来学之女学生络绎不绝。更有甚者，这个女校还出现过男学生：费璞庵之子费孝通于1920年随全家迁居吴县后，便转学至振华女学校小学部，毕业后又在振华女学校初中部就读一年，成为1924级唯一的男生。正值同一个时期，1923年秋李敏华也进入振华女学校的小学部读书。由于李敏华没有留下关于在振华学习情况的具体回忆，这里摘录与她同时期在读的费孝通于1957年撰写的回忆文章《爱的教育》：

三十五年前。我和几个小朋友在操场角落里浪木旁的空地上闲谈。那时振华校址还在严衙前。住宅改成的校舍里，孩子们下了课，只有这一角空地可供他们奔跑或闲坐。这些孩子们中间有人拍着胸脯大声说："我长大了要做一番惊天动地的事业，我不喜欢张良，项羽才是英雄。"

"我不稀罕这些，我要发明个飞机，一直飞到月亮上去探险。"

另外一个孩子却说："我想做个像三先生这样的人。"（我们那时称王季玉先生为三先生。）

有人接口："教孩子们书，我不干，有什么意思？"

"可是三先生为什么不去发明飞机，不去做项羽和张良，而天天给我们上课呢？她留学回来，就在这里看着我们这些孩子们拼生字，你真的愿意她离开我们吗？"

没有再说话了。的确，谁也不能想象三先生会离开我们这些孩子的。我们要她看我们拼拼法，不愿她去月亮上探险。我们当时谁也说不出为什么。虽然我至今还不敢说应当怎样去衡量人生的价值，但我每想到王季玉先生时，心头总是感到读《爱的教育》时的温暖。

苏州的冬天是冷冽的，在艰苦中撑住的学校，当然更不会有保温的设备。孩子们穿得像泥菩萨般供在课桌旁，有太阳时晒太阳，没有太阳时捧着手炉取暖。

"拜拜天，今天不要上黑板罢。"孩子们在私语。

果然，三先生没有叫我们上黑板，她自己在黑板上抄字给我们读。这天的字可写得特别大，而且没有往日整齐了。再看时，三先生的手肿得像一只新鲜的佛手。

"三姨每天早上自己洗衣服，弄得这一手冻疮。"她的侄女偷偷地和我说，话里似乎责备这位老师不知自惜。我听着也觉得这是大可不必的。第一是不必大清早在冷水里洗衣服。第二是既洗了衣服，生了冻疮，又大可不必在黑板上写字。我是知道生了冻疮的手提起来在黑板上写字时的痛劲的。学生们袖着手，老师却忙着抄黑板，这又何苦呢？

那天放学，她的侄女和我一路回家，又告诉我说："人家请三姨到上海去做事，她不肯去。"

"去了上海，不是可以不必自己洗衣服了吗？"我还没有忘记那只生冻疮的手。

"可是三姨不肯去。"她侄女又加重地说了一句。

三先生在孩子们心目中总是个不大容易了解的老师。我们那时不知怎么地想要出一张壁报。我们去告诉三先生，三先生点点头，在书架里拿出了一叠纸给我们，大家觉得有一点喜出望外，因为三先生是从来没有允许我们浪费过一张纸的。

壁报贴在小学部进门处的走廊里，走廊相当窄。我们那时通行着一种“捉逃犯”的游戏，一个人逃一个人追。我有一次正当着“逃犯”，一直从操场那边冲进走廊，想绕进小学部回“巢”。这一冲却正冲在站在走廊转角处看我们壁报的三先生的怀里。我站住了，知道闯了大祸，可是在我面前却并不是一个责备我的脸，而是一堆笑容：“孝通，你也能做诗，很好。”她拍着我的小肩膀，“留心些，不要冲在墙上。”我笑了一笑，一溜烟地跑了。一直到这次又回到母校里，看见季玉先生的笑容时，才重又想起了这一段往事。三十五年了，时间似乎这样短，还是这个笑容，还是这个孩子。

这段引文有点长，但是它给出了丰富而真实的信息，展现了王季玉生动、感人的形象：爱学生、爱事业、以身作则、为人表率，既是学生的严师又是学生的挚友，相信李敏华内心中也保留着类似的记忆，而且振华女学校在她脑海里留下的是深刻的印记。2011 年的李敏华因年事高而记忆力严重衰退，已经无法全面表述自己的经历了，但是当她的学生毛天祥询问“你在苏州上什么小学”时，她竟然脱口而出：“振华！”著名女科学家王淑贞、王明贞、沈骥英、沈骊英、何怡贞、何泽慧、何泽英及女作家杨绛等都是曾就读于振华女学校的佼佼者，她们和李敏华一样，为振华女学校的精神感到骄傲。

对于李敏华而言，振华女学校的精神是她后来得以在学科前沿凌空高飞的支柱与灵魂。

第二章

少年时代读书在上海

1924年春，父亲李寿萱在上海的一个商业机构谋得职位，全家随之离开吴县而搬至上海，其间家庭住址曾数次迁移，最后在爱文义路（今北京西路）976弄10号居住。居住上海期间，李敏华曾先后在函德小学、圣玛利亚小学和卿云小学等学校就读，直到1929年夏顺利地完成了小学学业。随后，她先后在务本女中和培成女子中学（以下简称“培成女中”）学习，并在1935年从务本女中高中毕业。

一、小学生遭遇“五卅惨案”

20世纪20～30年代的上海，正是外国租界高度繁荣的时期。1840年鸦片战争以后，中国几乎所有重要的沿海港口城市都被强辟为租界或完全割让，上海也不例外。1842年，英国强迫清政府签订了《南京条约》，将上海列为五个通商口岸之一，随后美国、法国也相继在上海强辟租界。1894年甲午中日战争以后，日本又强迫清政府签订了《马关条约》，在上海一地陆续设立了23家纱厂，占全上海纱厂的2/3。其时的上海，一方面，作为“冒险家的乐园”惨遭帝国主义的各种掠夺；另一方面，由于租界提供了市民免于反动政府、军阀，以及历史战乱的侵袭打扰的相对自由安全的环境，加之作为自由贸易港的便利，使得上海的各项民族产业得以迅猛发展。因而，时至20世纪初叶，上海已成为当时中国的经济文化中心及亚洲的金融贸易中心。在这种背景下，无产阶级的工人队伍迅速成长壮大、觉悟不断提高，因此，20世纪20～30年代的上海同时也是中国工人运动的一个中心地。李敏华这只娇小的燕子来到上海读书，在学习过程中也开始接受着中国社会现实的洗礼。

由于家庭曾数次搬迁，李敏华曾在函德小学、圣玛利亚小学和卿云小学三所学校读过书，由于年代久远，她在校读书的细节已经不得而知了。但从李敏华的《自传》中可以得知，在其上小学期间，母亲朱惠石仍然承担着“家庭教师”的责任。在租界地石库房里，母亲每天要为两个女儿做饭、洗衣，让她们安心读书。女儿们放学回家后，母亲会轻声询问她们学了哪些课程、有什么困难。每当学校放假时，母亲便和两个女儿一起坐在家中吃饭的方桌旁，倾心辅导孩子学习。她一笔一画地指导女儿们书写汉字，一板一眼地听女儿们朗读课文，还不时地教授她们一些国文知识，譬如汉字来历、成语故事等，这样不仅激发了两个女儿的学习兴趣，还提高了她们的文字水平。更难能可贵的是，母亲还经常指点两个女儿要注意文章的观点和与国事有关的地方，这使李敏华从小就养成注意洞察政治、主动关心国家大事的习惯，养成了总是从国家、社会的大局出发为人做事的思维定势。

具有开明、进步思想的母亲所给予的家教，和上海这样一个民主、爱国、革命思潮萌发、传播、发展的源头地域相互碰撞与交融，对少年李敏华世界观的形成产生了深刻影响。这里，让我们简单回顾一下 20 世纪 20 年代上海工人运动的发展情况：1921 年 7 月，中国共产党第一次全国代表大会在上海召开；1921 年 8 月，领导工人运动的总机关——中国劳动组合书记部在上海成立；1922 年 7 月，中国共产党第二次代表大会在上海召开；1925 年 1 月，中国共产党第四次代表大会又在上海召开；1925 年 5 月，“五卅惨案”在上海发生；1929 年 11 月，第五次全国劳动大会在上海举行。这次劳动大会，有来自全国铁路、海运、矿山、五金、纺织等各重要产业和上海、天津、山东、河南、福建、香港等地的城市革命工会组织的 100 个代表参加，其会址就在李敏华当时居住的爱文义路。会议代表们聚集在离李敏华家 976 弄不远的地方，在一座砖瓦结构的旧式洋房里（今北京西路 690～696 号），共商劳工阶级的革命大业。1930 年 5 月，全国苏维埃区域代表大会预备会议又在这座楼宇里召开，历时 5 天。这些发生在自家旁、身边的社会事件一直印记在李敏华的脑海里。

这里以“五卅惨案”对李敏华的影响为例。1925 年 5 月 30 日，由于日商内外棉纱厂的厂主枪杀罢工工人顾正红，上海学生、市民万余人聚集在最繁华的商业街——南京路上，在老闸巡捕房门前抗议示威，英国巡捕开枪射击，当场打死 13 人、重伤数十人、逮捕 150 余人。随即，租界当局调集英、美、意、法等国军舰上的海军陆战队武装登陆并宣布戒严，还封闭了上海大学、大夏大学等学校，造成震惊中外的“五卅惨案”。1925 年 6 月 1 日，上海又开始了全市的总罢工、总罢课和总罢市。“五卅惨案”发生后全国震动，第二天北京学生即响应，全国各大、中城市也纷纷罢工罢课，声援上海人民的反帝斗争，形成了更大规模的反帝爱国运动。“五卅运动”严重打击了帝国主义，大大提高了中国人民的觉悟，揭开了大革命高潮的序幕。1925 年“五卅惨案”的发生、上海滩上英国巡捕随便打杀中国人，以及外国军舰在黄浦江上耀武扬威的种种事实，给少年的李敏华留下深刻的印象，也启迪了李敏华的爱国主义思想。

李敏华在其《自传》中写道：

我的小学在我的记忆中已很模糊了，特别是因为家庭住处的迁移，换了好几个小学，因此印象更浅了。在那一段时期中，比较重要的记忆是在一个纪念五月的某一个纪念会上的一个演讲中的几句话，大意是：在五月里我们开很多的纪念会，都是纪念着国耻，我们不能老开这些会，我们得把这些国耻去掉。那时我很小很小，我不了解每个事件的情形，只知道了国耻是不好的。

这个《自传》是1955年撰写的，30年后的李敏华忘记了在小学学习期间的许多事情，但是对于五月纪念会所涉及的国耻却铭记心间！甚至20世纪80年代中期，李敏华在北京市少年宫作报告时，依然用这段往事来激励小朋友要有爱祖国、爱科学的情怀。

处于大革命、大动荡的中国社会现实及家庭、学校给予的爱国主义教育，使李敏华从少年时期开始就树立了“洗国耻为己任”的观念。的确，生于忧患，长于国难，做梦都希望民族振兴，是李敏华这一代爱国知识分子的共同特征。这个观念一直支撑着她以后求学、科研及做人、处事的方方面面。

二、在心仪的务本女中学习

1929年9月，李敏华开始了中学学业，就读于上海著名的务本女中，而且在这里完成了初中和高中两个阶段的学习。在读初中期间，她曾于1931年2月转学到离家很近的私立学校——培成女中。培成女中也是上海名校之一，由英国人安娜·培成于1925年5月创办[①]，其时位于卡德路爱文义路。由于成绩不错，李敏华在转学时还跳了一级。为什么要转学呢？那是因为她家离务本女中太远，她必须在学校里住宿，这对于一个年龄尚不足12岁的女孩子来说很不习惯，她十分想念自己的妈妈。但是，在培成女中只读了半年，她又毅然回到了务本女中。对于离开培成女中的原因，李敏华在《自传》中回忆道：

① 另一说法则是由美国人亚娜在康脑脱路（今康定路）创办。

进去以后我很不快乐。因为该校虽非教会学校，但很洋化，半天教中文课本，另半天教英文课本，包括同样的科目，各科程度极浅，并且不注意运动。教英文课本的都是外国老太太，最使我不快乐的是学生们都用外国名字，喜欢讲英文，对外国老师特别亲善，而一切中学应有的活动都没有。我在那里很不快乐地挨过了一学期，立即再投考务本。

对于回到务本女中的感受，李敏华在《自传》中则写道：

回到务本，我觉得很快乐，同学们、先生们都有很好的关系，不像在那私立女中里的一点没有团体的感觉。同时，经历了一个学期在私立女中的尝试，我体味到学校对学生的快乐心境和学习情绪的影响之大。相形之下，住宿或走读就不成为问题，我于是很快乐很安心地在务本念着书。

由此可知，尽管还是一个初中的女学生，但李敏华对于学习环境、学校体制和学科范围已经有了直觉的判断和选择。她是一个长于观察与思索的少年，这种观察与思索的习惯对于李敏华在日后取得一个又一个的学术成就是十分重要的。

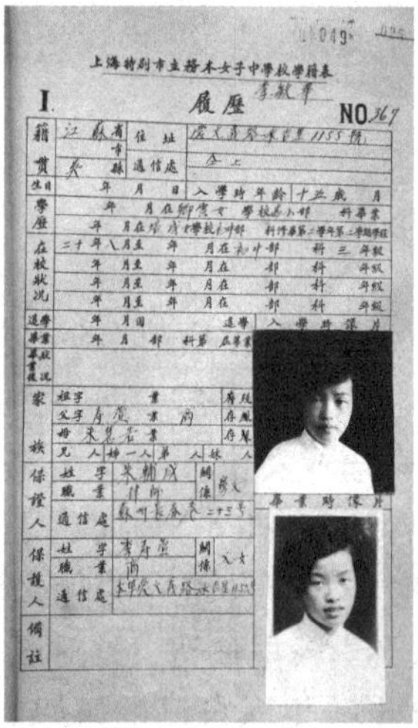
上海特别市立务本女子中学校学籍表

李敏华在务本女中初中部的学籍表

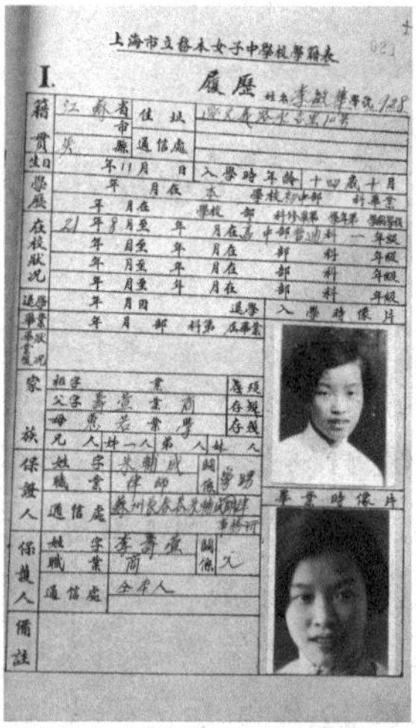
上海市立务本女子中学校学籍表

李敏华在务本女中高中部的学籍表

那么，李敏华为什么如此心仪务本女中呢？

第一是学校所倡导的思想理念。务本女中的前身是务本女塾，创办于光绪二十八年（1902 年），是由国人创办的早期女子学校之一。创办人吴馨，字怀久，于光绪二十三年（1897 年）以邑庠生入南洋公学师范学院，三年学成。他目睹当时妇女“习于脂粉华服，金莲三寸，弱不禁风”，提出“女子为国民之母，欲陶冶健全国民，根本须提倡女教”。他立志兴办女学，遂将家塾迁出，定名为“务本女塾”，并公开招生。吴馨除处理塾务外还兼任教学，注意提倡新风尚：禁止学生崇尚奢华、提倡学生放足、努力改革妇女中的陋习。1913 年，务本女塾捐归县有，改为上海县立第一女子高等小学校。1916 年，改为上海县立务本女子中学。1923 年，改用新学制，分中学部为高、初二级，并设立完全小学。1928 年，改归上海市所有并定名为上海市立务本女子中小学。1929 年，小学部改为附属小学，遂成为务本女子中学。恰好在李敏华入学的第二年（1930 年），务本女中完成了高初中完全双级化，高中还分普通与师范二科。务本女中一直坚持秉承创办人的女教理念，在李敏华就读的年代，学生们天天唱着的校歌是这样的：“江之流兮海之陬，女校勃兴兮，务本为首。俯敛内美，仰法前修；既滋兰之九蕙，又树畹之百亩。时代潮流怒吼，民族生存争求，勉矣哉吾女学之同俦。勤朴勇诚，和平奋斗，长怀吾学校，长耀吾神州。”其中的“勤朴勇诚”四个字便是务本女中的校训。校歌及校训所宣示的那种自强自立、卓然高超的情操和爱国家、爱民族的思想，与她幼年时期从自己母亲和振华女学校所获得的教义是一脉相承的，这种信念在李敏华心中一步步地不断强化，造就了她一生的思想准则和行为规范。

务本女中的校训、校徽、校旗

务本女中的校歌

第二是学校所提供的环境。作为一所著名的女子中学，务本女中有着相当不错的校园环境：教学楼、办公楼、大礼堂被绿树花丛环绕；校园内除了常见的普通教室外，还设有特别的教室及工艺作坊；学校图书馆的书库和阅览室全部对学生开放；尽管是女校，但仍建有宽敞的运动场，其中设有专用跑道和各类球场，还布置有许多体育器械；学生宿舍里分设寝室、餐室和疗养室，均有专人打扫，十分清洁、整齐。到了20世纪20～30年代，务本女中不仅已建立起一整套行政管理体系，同时也建立了较为完善和先进的教育体系。例如，对于教育方法，务本女中强调“初中采用自学辅导制，高中强调研究讨论实验”。对于教育设备，十分注重购置中西参考书籍（计有1万余册）、理化仪器、药品、生物仪器及标本。对于教学设施，强调要设立阅览室“以引起学生课外读书兴趣”；又设有特别教室“以供学生实习之用”。对于课程安排，实行学分制。对于学业成绩考查，规定有日常考查、临时试验、学期考试和毕业考试四种，此外还要参加上海市毕业会考；各科成绩先用百分评定后再分甲、乙、丙、丁、戊五等发表（其中，甲等为80～100分，分配比例仅为5%）；对于各类考查的方式和时次均有相当具体的说明。对于学生的作息时间，从起身、早操到入舍、就寝、熄灯，从早膳、午膳到晚膳，从上午、下午到夜间的上课，均做了细致的安排。对于学生的品行，有着明确的要求，从成绩册来看，包括个性鉴别、操行考查两个方面。其中，前者又分有品性、气质、器度、感情、智识、意志、容仪、思想、行动、言语等细目；而后者则分别对初中、高中列出不同的细目要求。对初中学生的要求为：尊重、诚实、友爱、勤勉、谦恭、快乐、俭朴、进取、卫生、爱美；对高中学生的要求为：忠实、俭朴、耐劳、和蔼、端庄、义勇、守时、秩序、礼貌、勤勉、整洁、敏捷、慎交、公德。所以，读中学的数年间，在务本女中的全面、严格管理下，少年李敏华在德育、智育和体育等多方面得到了均衡的发展。难怪她在《自传》里说：“我感到我喜欢这学校，我也很喜欢那里的同学们。”

由于快乐、安心地学习，李敏华的学习成绩相当突出，大部分科目的成绩都在甲等，特别是在数学、物理、化学和英语等方面一直很优秀，同时在音乐、乐器等副科方面也有不错的成绩。这里，根据务本女中的第367号学历表，可以得知李敏华在初三时学习的必修课程及学习成绩（括号内为相应科目的上、下学期的成绩）为：党义2学分（78分、77分），国文6学分（80分、78分），数学5学分（83分、97分），外国语6学分（88分、88分），历史2学分（78分、89分），地理2学分（76分、84

分），物理 2 学分（81 分、85 分），化学 2 学分（86 分、86 分），植物与动物（70 分，仅下学期读），体育 1.5 学分（78 分、85 分），音乐 0.5 学分（83 分，仅上学期读），家事 0.5 学分（81 分，仅上学期读）；选修课程有：中应用文 2 学分（75 分，仅上学期选），图画 1 学分（95 分，仅上学期选），英应用文（85 分，仅下学期选）。而根据务本女中第 928 号学历表所载，高三时李敏华学习的必修课程（括号内为相应科目的上、下学期的成绩）为：党义（75分、75分），国文（86分、87分），数学（93分、95 分），外国语（83 分、77 分），历史（73 分、75 分），地理（92 分、91 分），物理（83 分、81 分），化学（90 分，仅下学期读），生物学（85 分，仅下学期读），体育（73 分、64 分），此外，李敏华在高一、高二期间还读过音乐（86 分）、生理卫生（81 分）和看护（80 分）；高中期间的选修课程有：几何（78 分）、解析几何（95 分）、标本制作（89 分）、伦理学（78 分）、图画（78 分）、乐器练习（90 分）、分析化学（85 分）、化学实习（85 分）、英文修辞（77 分）。应当说，这种成绩的取得，和李敏华的天资聪颖、领悟性强是密切相关的，这里也显示出她从中学时代起，在数理学科方面具有的优势与基础。

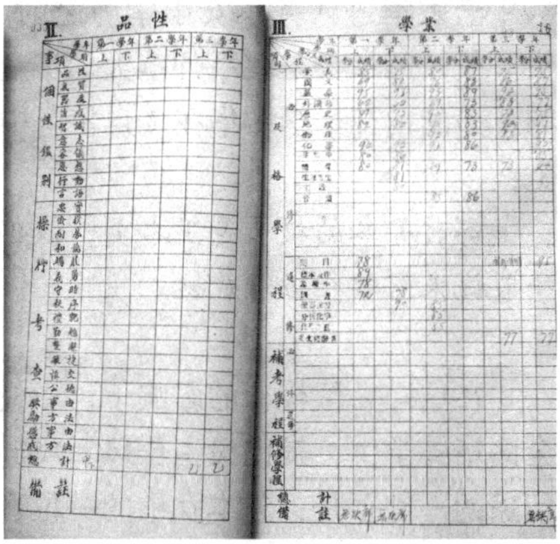

李敏华的高中学业与品行成绩单

应当说，当时务本女中的教学理念是相当先进的，学校里除了讲授书本知识外，还设有特别教室及工艺作坊供学生们实习所用。此外，在高中学习阶段，学校会组织学生们走出校门去参观在上海的各类工厂，包括制钙厂、酒精厂、味精厂、纺织厂等。加上那时人们排除外货的情绪很高，所以促成李敏华希望中学毕业后去大学学习工业，以便将来可以直接参加生产工作。1997 年，李敏华接受苏州有线电视台记者采访时，还回忆道：

我们的化学老师带我们参观过上海的化工厂，所以我就想学化工，将来可以为中国生产出自制的东西来。

而且，她指出，外国列强对我们“一个是军事侵略，一个是经济侵略。经济上侵略不去掉，国家还是不能强大的”。

这就是李敏华那一代学子“理工救国”理念形成的思想基础。因此，学校教育与社会现实紧密融合的做法十分重要，这样培养出来的学子不会是“只读圣贤书，不闻窗外事”的学究，而将是为国家与民族的利益而奋斗献身的志士。

三、“好”校长引领进步风气

李敏华进入务本女中学习之时，正好是王孝英就任校长的第一个年头。校长王孝英是北平师范大学毕业的，她给学校带来了五四运动的民主与革命的精神。李敏华在《自传》中写道：

那时务本的校长是王孝英，我们和她私人直接接触的机会不多，但是一般说来同学相当喜欢她。

在这样一位校长的影响下，学校中充满着革命的进步风气，十分注重全面培养学生，提倡民主作风、民族风格和纯朴校风。给李敏华留下深刻印象的一件事是：务本女中的一位音乐教师，和王孝英同是北平师范大学的毕业生，她和同学们讲起她在北平读书时发生的五四运动的情形，这使李敏华在思想上受到了一次革命洗礼，也促使她下定了决心：毕业后要去北平读大学！那时的教务长是曹一华先生，是学物理的，刚毕业不久，为人诚恳直爽，很爱护及关心同学，鼓励同学好好学习。他和其他几位老师都住在校内，和同学们接触的机会较多，深受同学们的爱戴。在那时，校内的氛围相当自由，壁报及其他的课外活动很多，同时，学校对学习课程与体育锻炼均极其注重，还坚持强调要诚实、俭朴、勤勉、谦恭。这些都受到了外界的一致好评，并且使李敏华从少年时代起就形成了开放、上进、淳朴的品格，以及热爱自由、全面发

务本女中时任校长王孝英

展的价值取向。

这里特别要提到的是，务本女中的时任校长和老师都具有强烈的爱国主义精神。他们不仅给同学们灌输“国家兴亡匹夫有责”的思想，而且在“九一八”事件、“一·二八”事件带动下发动并组织同学们参加了一系列学生运动。1931 年，“九一八”事件发生，李敏华当时正在初中三年级学习。数十年后，李敏华记得很清楚，事件发生的消息是在晚上自修课时候传来的，那时同学们年纪还小，禁不住在教室里哭了起来，大家都非常愤恨：政府居然毫不抵抗地撤出整个东北？！这时曹一华先生走进教室，他用很响亮、很严肃而又很气愤的口吻对同学们说：“你们哭什么！哭又有什么用！你们应当用行动表示。”之后，他还继续讲了学生们应当如何采取行动，应当如何向政府抗议，应当如何要求政府抗日。第二天，学校在礼堂外的操场上，召开了全体（中小学）大会，王孝英校长给同学们作了很长的演讲，她说：“我们应当向政府要求抗日，同时要排除日货及洋货，要训练自己来参加武装中国的活动。”不久以后，李敏华和同学们在学校老师的组织下，参加了上海的学生运动，包括罢课、游行、示威和分组出发宣传抗日及排除日货等工作。同时，学校开始了军事训练，还举办了抗日运动展览会，而且将学生制服都改用国产土布做原材料……尽管这一段时期，李敏华“一直在很不安停的心情中过着”，但是如她在《自传》里回忆的“我们常常开会，出去宣传等”那样，她已经开始把自己的命运和国家的命运紧紧地连在一起了。这种爱国情怀的增长和积淀构成了李敏华终生取之不尽的精神财富，也促使她能够在战火纷飞的艰难困苦条件下在西南联合大学坚持学习继而讲授航空学。

不久，“一·二八”事件发生。这是 1932 年发生在上海的一次事件，对李敏华的思想变化有着更直接的影响。这个事件完全是由日本人制造事端挑起的，因为 1931 年的“九一八”事件后，中国民间的反日情绪高涨，上海日本工厂工人举行抗日同盟罢工，各界人民组织反日救国会，纷纷参加抗日义勇军、运输队、救护队等，积极支援前线；这时，日本方面则声称将采取自卫手段保护日侨利益，其企图是侵占上海作为继续侵略中国的基地。1932 年 1 月 18 日下午 4 时，日本僧人天崎启升等 5 人在杨树浦马玉山路的三友实业社外面，向正在操练的工人义勇军抛石挑衅，同日，另有两起冲突在上海发生，这显然是蓄意组织的。1 月 21 日，日本驻上海总领事村井苍松向上海市长吴铁城提出了无理的四项强硬要求：①上海市长对该事件进行公开道歉；②逮捕和处罚作案者；③对被害者进行经济赔偿；④取缔和解散上海以抗日救国会为首的一切反日组织和团体。1 月 24

日，日本海军陆战队向上海增兵。1月27日，日驻沪总领事发出最后通牒，声称“24小时不见满意答复，即采取自由行动”。上海市市政府于28日下午4时答复日方，全部承认所提4项要求。但1月28日23时30分，日军海军陆战队2300人在坦克的掩护下，沿北四川路西侧的每一条支路（靶子路、虬江路、横浜路等）向西占领淞沪铁路防线。1月29日凌晨，日机从停泊在黄浦江上的“能登吕”号航空母舰上起飞轰炸闸北华界。然而，日军在天通庵车站遭遇到中国驻军十九路军的坚决抵抗，“一·二八”事件爆发，开始了淞沪抗战。作为已经升入初三学习的李敏华，对于这一个发生在身边的重大事件有着铭心、切肤的感受：日本挑起事端的无理，上海政府应付挑衅的无奈，十九路军的悲壮抵抗……特别是，中国驻军在上海民众的支持下，坚守江湾长达一个多月，在李敏华的心中激起一股股热浪。她在《自传》里写道：

我们很兴奋，我们出发募款和宣传抗日，我们参加捐助和缝制军衣。

然而，当时政府采取的不抵抗政策，使得十九路军最终被迫全面后撤，淞沪抗战以调解停战告终，这又使她心痛不已。李敏华的《自传》以这样一句悲伤的话语，结束对这一事件的回顾：“但不久，一切又变成失望。”不过，失望与麻木不仁的淡漠不同，对有志的人而言，失望也可能转化为一种动力，会激起矢志改变现状的渴望，李敏华便是这样的有志之人。

初中阶段的李敏华在这些怀有一股爱国家、爱民族的师长的引领下，已经形成了与国家、民族大局同呼吸、共命运的气质。

四、“坏”校长导致务本风潮

1933年，李敏华进入高中二年级时，务本女中校长王孝英卸任，改由闫振玉继任，而且教务主任程赓祚亦坚辞其行政职务。学生们不喜欢新校长闫振玉，李敏华亦然。为什么呢？同学们们不喜欢新校长的原因很多，李敏华则认为：

（一）她的先生常常在学校里帮她管理学校事务，而他又不在学校里担任任何职务。这证明了她的不独立，证明了她并不是以她自己的能力来担任她的工作。（二）她很拥护蒋介石效法德国的政策，她并竭力以“女子回到厨房去”的口号向我们宣传，我们常和她争辩。（三）她的弟弟年纪很轻，但担任事务主任。（四）她是学物理的，但讲课很不清楚，（总理）纪念周上的演讲也不好（也许是因为没有内容的缘故）。

从李敏华对新校长的判断与分析，可以看出少年李敏华的主张：做事要有独立性，要凭借个人能力独立担当工作；坚持女子走向社会的妇女解放路线；鄙视任人唯亲、中饱私囊的利己行为。这对于一个年仅16岁的女孩来说，有这种觉悟是难能可贵的，表明李敏华的思想走向了成熟，她从少年时代开始，就不迷信权威，会独立思考，而且能够提出颇有见地的看法。

1933年11月8日，闫振玉校长聘任一个同学们十分不喜欢的党义教员姜文宝担任教务主任。李敏华和同学们一起，因反对校长的这个聘任而提出了不同意见。可是，闫振玉不但不接受同学们的要求，反而运用自己身为校长的权力，对李敏华和一位姓方的同学给予了“休学”处分，以期起到“杀一儆百”的后效。因为其时高二普通科的李敏华和师范科的方秀芝都是学生自治会的干事，是她们代表同学们与校方交涉并提出意见的。但是，闫振玉低估了学生们的觉悟，两名学生会干事的被休学，导致了同学向校长的抗议，他们向校方提出了三点要求：一是收回方、李二人休学成命；二是拒绝教务主任姜文宝；三是学生自治会准予活动。但是，校方不仅不同意同学的要求，还通知了公安局派警员进入学校，继而发生了警察殴打学生的情况，一些学生还受了伤，事态如此扩大后便引发了罢课。罢课一周后，同学们获得了胜利。在同学们复课时，李敏华及方秀芝亦回到学校。所以说，休学仅仅两周，学校便被迫同意二人复学，但李敏华在高三时的“品行”却被评为“乙”。这个发生在一所中学内部的小小事件，使李敏华在“风口浪尖”上得到了一次实际的锻炼，既展示了她勇于坚持真理、敢于挑战权威的气质，也使她亲身体验到群众力量的巨大。

当然，李敏华本人并不知晓这个“小小事件”却是惊动了上海市教育局、上海市公安局、上海地方法院、国民党区党部以至国家教育部的重大学生风潮，上述官方单位将此次事件称之为“务本风潮”。国民政府的教育部部长文兴杰曾两次签署《教育部指令》，令上海教育局呈报务本女中风潮发生情形及办理经过。上海市市长吴铁城亦曾为务本女中学潮之事签发过三个指令，要求“因停课所缺功课，应于星期日或寒假期内补足”，最后还要求“将关于务本女中复课、补课的训令”刊发各报新闻”。足见届时学潮的影响力度是很大的。时隔将近 80 年之久，上海市档案馆仍然保存着有关这次务本女风潮的数百页档案资料。

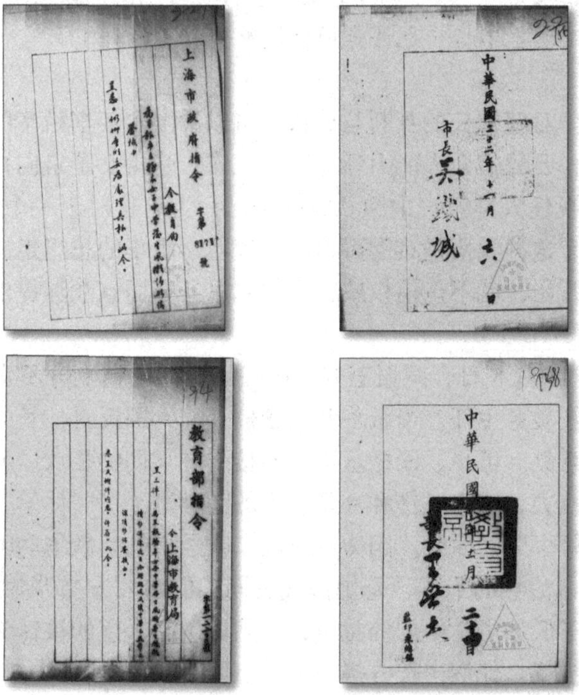
上海市政府指令
令教育局
市長吳鐵城
教育部指令
令上海市教育局

上海市档案馆馆藏“务本风潮”文档摘录

这里，仅摘录闫振玉在 1933 年 11 月 14 日向上海市教育局潘局长提交的《呈为呈报风潮发生经过，以明真相事：窃职奉》报告中有关务本风潮经过的描述：

因改请姜文宝担任教务主任职务，当于九号星期四到校亲事。是日上午十时许学生自治会推举代表四人向职要求校方停止聘任。……惟以不信仰三字了之。职以学生要求并无若何理由，遂令退出。旋代表等又来声请同学要求开全体大会，当即答以在此上课时间，并无开会必要。该代表等声称此系全体意见，无法阻止。职即至会场加以劝导，并告如有充分理由之议案，可用书面送至校长室，当加考虑，旋即退出会场。但为时不久，又派代表二十四人（每班两人）仍以不信仰为辞继续要求，职……加以严厉训责。此九号上午事也。迨至下午三时许，学生代表二十余人在会客室包围姜教务主任，并锁闭房门，迫令自动辞职，声势嚣张，无可理喻。……第二天（星期五）下午学生代表又来要求，依然并无相当理由，只说姜教务主任前在务本任课时，曾在教室屡问现已离校之学生金通芬平日成绩，同学加以窃笑，以至大哭，认姜教务主任有意侮辱女同学。……当晚学生代表召开秘密会议，预备在星期一纪念周时有所举动。职得此消息深恐事态扩大，难免旷及学业，从事迅行解决；查出为首学生李敏华、方秀芝二人在内煽动风潮，因招两生家长暂将李敏华、方秀芝领回，缓和情势，待学潮平息后，再行通知来校。……自方李两生离校后校中平静如常，职以为此事已可告一段落。孰意星期一（十三日）早晨，钧长因新旧校长交替之际，预拟在纪念周莅校训话。不料钧长尚未到校之前，学生籍口要求收回休学之二生成命，将校长包围。经职解释方李二生并非开除学籍，系暂时休学，只要该生保证人及家长能确保不再有非法干涉校行政行为，即可令其回校。讵学生人数众多不容校长解释理由，一意无理取闹。职正向学生说明理由之际，刚巧钧长于斯时莅校，睹此情形，命学生到礼堂听候训话，讵学生不惟听从命令，反将钧长包围，要求将方李两生无条件收回及撤换姜教务主任，手拿纸笔，强迫局长签字，包围近四五小时之久，过后由长警保护之下退出。当警察闻警进校维持秩序时，少数不良分子将教局职员及长警殴辱，撕破校长庶务衣服，幽禁警士，封锁校门，把守电话，如临大敌。似此不法举动，实属无理已极！为此沥陈风潮发生情形，呈请钧局鉴查，迅赐祇遵！实为学便。

当然，此报告是闫振玉站在镇压者立场、以半文言文官方语言写就，今日读起来有点费力，但务本风潮的起因和经过还是可以厘清的。

作为校长，闫振玉敢于如此气焰嚣张地压制学生，是因为有上海市教育局的支持。依据档案资料可知，1933 年 11 月 14 日，为务本女中发生风潮的事情，教育局的潘局长专程来到务本女中，召集该校教职员谈话，他同样拒绝学生要求撤换教务主任的做法。留档的会议记录中载有他如下的讲话：

闫（振玉）以请示于余，余谓今日可拒绝教务主任，明日可拒绝其他主任或其他教员。学生自治会岂不成为太上校长？因令闫查明学生代表之方李二生，暂令休学，由家长领回劝导，俟其悔悟再行回校。

他甚至表示要求国民党的市党部“令饬（学生自治会）停止活动”，

并提出如果学生不听劝导、不表示悔悟便要采取“暂行停课，令全体学生出校，再行登记，至有相当人数时开课，此系彻底解决”的措施。可见，这次学潮并非是要求更换一个教职任命的小事情，它是年轻学生对于教育系统官僚体制的一次勇敢挑战的尝试。

尽管闫振玉在所呈送的报告中，竭力污蔑学生以期为自己压制学生正当诉求的行为辩护，但从中可以得知李敏华是这次学潮的“首要人物”之一，应当是实际的组织者和领导者，因而被学校当局勒令休学回家。但是她勇于为维护学生的尊严而抗争、敢于向校长的错误决定提出反对意见的革命精神得到了同学们的拥戴，由于无理处分两名学生的决定引发了全校学生的更大不满并导致了学潮风波的升级。其实，从国民党上海特别市第一区党部执行委员会向市教育局提出的《为本市务本女中发生学潮建议善后办法请采纳由》文档中，可以看出第三方的意见：

迳启者查本市务本女中发生学潮，据所闻及，此次学生举动固属非礼不当，而该校校务措施亦难免稍有失宜，且旧教职员既失劝导学生能力，新教职员亦失学生信仰。似此情形，应即整顿。当经敝部执委会提议拟具善后办法三点希采纳：（一）该校旧教职员既失劝导学生能力新教职员亦失学生信仰，应予完全改组，暂时休学。（二）严令该校长物色曾受高等师范或师范大学教育并曾任著名中等学校训教主任之人为训教主任，尤须慎选教员，以期重整学风。（三）因此次学潮休学所缺之课程，应于寒假时补足，以重学业。

这份报告从另一个侧面表明了务本风潮的正义性。其最终获胜便是理所当然的。这次亲身“浴火”斗争的洗礼，应当对李敏华人生观、世界观的建立起着十分重要的作用。

五、从务本女中毕业后立志深造

1935年7月，李敏华从务本女中普通科毕业。务本女中的数年学习经历，不仅帮助她奠定了坚实的学识基础，灌输了革命的思想理念，也促成她学习理工的事业理想。因为那个时期人们排除日货等外货的情绪很高，所以她希望学习工业化学，这样将来可以直接参加生产工作，制造出品质优良的国货供国人使用。所以她和一位姓林的同学，决定到大学去学习工业化学，而且她们认为如果要好好地充实自己，应当先念化学，再转化工。而且，她决心到自己从初中起就向往的北平去读书。但是，男尊女卑思想在作祟的父亲，认为女孩子读到高中毕业已经足矣，加之家中经济状况不是十分富裕，因而不希望李敏华再升学了。依旧是母亲坚决站在李敏华一边，支持李敏华去北平读大学。她认为女孩子要独立必须接受高等教育，她理解女儿期望有深造机会的愿望，她也相信女儿具有取得大学入学资格的潜质，因此她全力多方筹划，终于使李敏华如愿以偿能够继续学习。

这里还要提到的另一位亲人，便是李敏华做律师的舅舅朱辅成，一直是她在上海就学期间的保证人，是她完成学业强有力的支持。当时，舅舅在苏州长春巷挂牌开业，设立有朱辅成律师事务所。朱辅成接受过高等教育，富有反封建意识，本持着强烈的正义感。而且，当时律师通过承接民事诉讼、刑事辩护等可以取得相当高的酬金，例如，朱辅成曾一直受任《同里导报》的常年法律顾问。在这种社会、经济地位及思想状况下，舅舅朱辅成便可以成为李敏华获得教育机会的“保证人”。的确，李敏华母女两代在争取受教育权利的争斗中，都幸运地得到了朱辅成的全力支持。更幸运的是，李敏华真的考上了清华大学化学系，可以踏进朝思暮想的最高学府了。

是的，李敏华这只生于江南、长于江南的娇燕长成了，她要离开母亲和姐姐振翅高飞，只身奔赴遥远的北平，以获求理工科的高等教育。不言而喻，只有通过在清华大学和西南联合大学的继续深造，打下坚实基础，才能使李敏华得以实现她的“科学救国”理念，才能使李敏华得以像一只矫健的飞燕那样昂首凌空，在美国、在中国、在固体力学前沿奋力搏击数十年。

第三章

跻身清华名校就学

1935年9月，李敏华考入清华大学化学系，学号为2869，属于“清华大学十一级”。那时清华大学已是我国享誉中外的最高学府之一，全国青年学子竞相投考，1935年的报名者有3403人，8月12日分别在北平、上海、汉口、广州四地举行考试，8月21日发榜，最终录取345人（含备取生27名）。当时的录取标准为：总平均分须在51分以上，其中，国语、英语、算术三门分平均分须在40分以上（总平均分在50分以上而不足51分者，列为备取）。在清华大学十一级的新生中，理学院共计有男生117名、女生9名。据统计，当年真正到清华大学报到者仅248名，约有100名录取者并未入学。翌年，清华大学又录取二年级转学生33名，到校报到者只有9名。这样低的入学率与日寇侵略、国难当头的形势有关，其时华北局势已经相当紧张。可是，李敏华这只娇燕勇敢地向着心仪已久的北平飞来，开始了大学的新生活。

一、在名校接受严格训育

众所周知，清华大学的前身是游美肄业馆，设在一座皇室赐园——清华园内。1908年，美国宣布将所得“庚子赔款”的半数退还给中国，以此作为资助留美学生之用，因此清政府内务部在北京建立了这所留美训练学校。随后，游美肄业馆改称为清华学堂，并于1911年3月正式开学。1928年，清华学校正式改名为国立清华大学，隶属国民政府教育部。正因为有“庚子赔款”的资助和选派留学生的背景，清华大学从正式成立到抗日战争前夕，在罗家伦校长、翁文灏代校长和梅贻琦校长的努力下，进入了一个辉煌的发展阶段，研究成果累累，精英人才辈出，在中国及世界的教育界与学术界中已经有了相当的地位。正如梅贻琦校长在1931年就职典礼上所讲的：“办大学应当有两个目的，一是研究学术，一是造就人才。”所以，清华大学的几任校长都十分重视师资的配备，即所谓的“罗致良好教师是大学校长第一责任”（罗家伦语）和“所谓大学者，非有大楼之谓也，有大师之谓也”（梅贻琦语），所以清华大学每年都要邀请大量著名学者专家来校执教。清华大学的几任校长还十分重视设备的配备，梅贻琦校长说：“大学之良窳，几全系于师资与设备之充实与否。”罗家伦校长则具体指出：“设备最需要的是两方面：一方面是仪器，一方面是图书。”所以清华大学自1929年以来，每年以经费的20%作为图书、仪器之购置费用。当然，清华大学的师长们亦一直注重培育学生养成良好的研究风气，罗家伦校长说过：“研究是大学之灵魂。”梅贻琦校长也说：“清华在学术的研究上应该有特殊的成就。”教授们的循循善诱和学生们的锐意进取汇聚在一起，使得研究好学之风弥漫校园并且成效斐然。正如冯友兰教授在1936年4月著文《清华二十五周年纪念》中所说的那样：“清华已经有了很多的成就，对于国家社会，已经有了相当的贡献。”清华大学是当时国内屈指可数的著名高等学府。

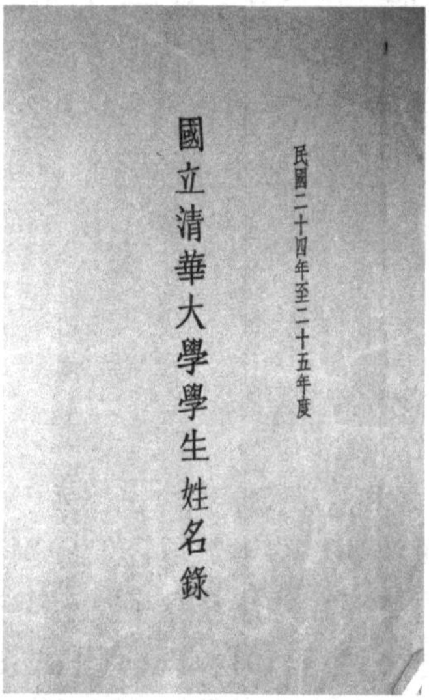
1

國立清華大學學生姓名錄

民國二十四年至二十五年度

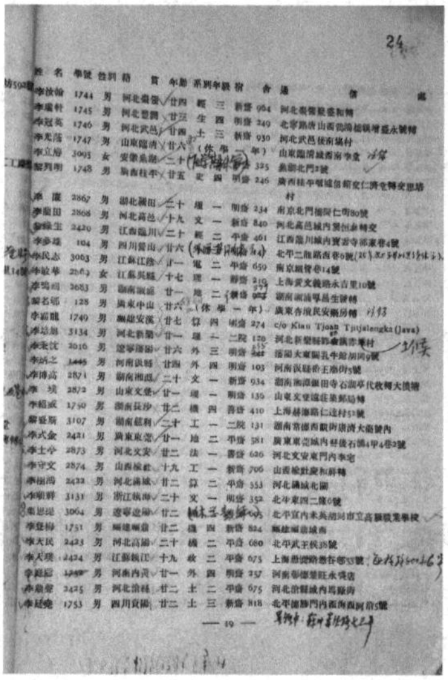
24

李敏华入清华大学时的学生姓名录

李敏华是在清华大学发展史上最辉煌的时段进入清华大学学习的。的确，对于广大青年学子来说，清华大学有着巨大的吸引力，因为它拥有三大优势：首先是大师云集，在1935年清华大学已有教授99人、讲师35人、教员21人、助教65人共221人的强大教师阵容；其次是设备齐全（包括仪器、图书和馆舍），清华大学十一级学生入学时学校已有新建的图书馆、生物馆、化学馆、气象台、体育馆及新学生宿舍、新大食堂等；最后是学术研究和俭朴好学已经蔚然成风，成为师生共同的“灵魂”。这里以清华大学的图书馆为例予以说明：那是一座仿欧洲文艺复兴时期的建筑，有大理石楼梯、软木地板，馆内设有中、西文阅览室，阅览室的桌上都安有台灯。更有意义的是图书馆的书库对所有学生开放，那搁置在透光玻璃地板上的高大钢书架里，装满了各种文字的书籍，供同学随意翻阅。

清华大学十一级学生就学时的清华大学校门

图书馆是学生们吸取知识、消磨时光的好去处。至于学生的修业，清华大学各系都采取学分选课制，所选课程包括必修和选修两种，一般文、理、法三学院规定四年内必须修满 132 学分，但工学院则规定必须修满 140 学分。一年级所选课程分为三类：一是全校必修课。全校必修课包括大一国文、大一英文和体育；二是全院必修课。清华大学规定文、法学院学生必须在物理、化学、生物和地质四门自然科学中选修一门，理学院学生必须在中国通史、政治学、经济学和社会学四门人文社会科学中选修一门，工学院学生则必须统一选修经济学概论；三是各系必修课。文、理、法三学院各有各的必修课（例如，化学系在一年级必修普通化学和定性分析，在二年级必修普通物理学、有机化学、定量分析等），而工学院则不论何系均需必修微积分、普通物理学、工程制图、工厂实习等。可以说，清华大学的本科一年级学生基本上是不分院系的，只是学习一些固定的基础学科。不过，任课教师则都是知名人士，如朱自清（教授大一国文）、吴宓（教授大一英文）、吴有训（教授物理）、张子高（教授化学）、华罗庚（教授微积分）、雷海宗（教授历史）等，这对于初入大学之门的学生来说，无疑具有重要的启蒙作用。这也是清华大学学子中涌现诸多知名学者的原因之一。仅以清华大学十一级学生为例，就涌现了李敏华、吴仲华、严东生、叶笃正、孟少农、谢义炳等数名院士。

李敏华入学那年，清华大学共有 15 个系，每个系只有一个班。当时学校规定学生在升入二年级时必须经过较严格的资格审核，不达要求者需重读或转系，所以实际上学生在升入二年级后才算入了系。李敏华前两年在清华大学是读化学系的，按照清华大学的学制，化学系学生第一年都在理学院学习。在一年级所必修的普通化学和定性分析需取得高分方准于二年级入系，升入二年级后的必修课包括普通物理学、有机化学、定量分析等，其时在化学系任职的教授有张子高、黄子卿、高崇熙、张大煜等。尽管在化学系读完一年级以后通过了资格审核并接着读完了二年级，李敏华却发现自己并不喜欢化学这个学科，她在《自传》里写道：

在大学一年级时，普通化学念得不好，二年级的定量分析又需要很多记忆，对我很不适应。

清华大学的机械工程馆（1935 年）

于是她毅然决定转学机械工程，并在机械工程学系重读了二年级。这是因为机械系属于工学院，和属于理学院的化学系所修习的课程与次序均不相同，例如，化学系一年级要学普通化学，而机械系一年级则学普通物理。所以转系之后，李敏华只能在机械系重读二年级。机械工程学系二年级的课程有静动力学、机件学、微分方程、材料力学、热机学等，其时在机械工程学系任职的教授计有庄前鼎、刘仙洲、李辑祥、殷文友、殷祖澜、江一彪、秦大钧和陈继善，还有张捷迁任教员，林同骅任专职讲师。李敏华和后来成为她丈夫的吴仲华当时都在机械系就读，由于该系的师资力量雄厚，基础课均有最好的老师来讲授，他们得到了严格的训练。1988 年，当李敏华和吴仲华接受美国记者杜开昔采访时，仍然高度评价清华大学所给予他们的基础教育，认为在清华大学打下的基础使他们得以在麻省理工学院成功地攻读研究生课程并双双获得博士学位。吴仲华回忆说：

我在大学一年级学物理，有的一年级学化学，都是系主任亲自教，由最好的老师来教。一开始概念搞清楚了，下面再继续学就好学了。……到美国，他们给我最难的题，有一个老师，叫西蒙的教授是教热力学的。他的一个考试题目，到我之前没有一个人做对过，到我才做对。这个题目中间全是概念，不是一般情况，而是特殊情况下如何来分析这个问题，不是代代公式就能算的。这是我们在清华大学打下的基础。

李敏华也回忆道：

我是学机械的，我本来是搞飞机结构的。后来看到了麻省理工学院的机械系有好多比较强的教授，像邓·哈托，是教振动学的。因为在中国的时候，念过他的书了，我就进了机械系，跟他做论文了。

不言而喻，在清华大学这座有着先进教育理念的高等学府，特别是在清华大学的两年时间里，李敏华接受了广泛的通才教育和严格的专业训练，打下了坚实的学业基础，从而奠定了日后在学术前沿不断拼搏奋进所需的深厚而扎实的功底。

二、丰富多彩的大学生活

在清华大学学习期间，李敏华除了接受大师灌输的科学知识之外，还参加了各类学生课外活动，因而大学生活十分丰富多彩。入学时，李敏华年仅 17 岁，住在静斋 210 舍，后来又搬至 220 舍。清华大学女生宿舍“静斋”有着很幽静的环境：宿舍后面环围着一带小丘，生长着密密的树丛，不远处的一片湖水便是有名的“环池”，再远眺就是一带西山。宿舍前门面向一条南北走向的人行道，横过人行道是一条小溪环绕着的错落的树林，还连着宽阔的草坪。清华大学的花草树木都管理得很好，宿舍间的空地种着紫丁香、榆叶梅等，花期很长，总是散发着幽香。在生物馆的楼顶上还有一个温室，四季如春，鲜花不断。草坪的北部便是校园中心的大礼堂、图书馆和工字厅了。图书馆里，中西文书籍杂志琳琅满库，阅览室总是坐满了在埋头钻研的学生。清华大学也给学生们提供了舒适的生活条件：静斋里备有淋浴设备，两人一室，宿舍里可以用几毛钱租盆花放在架上一个月；全校的厕所都是一色白瓷砖到顶，配有抽水马桶。因此，清华大学当时在北平被视为贵族学校，曾经流传有所谓“北大老，师大穷，唯有清华才通融”的说法。但是，同学们的穿着其实都是十分朴素的，或者是藏青色的呢制校服，或者是长袍大褂（夏天是清一色的鱼白色大褂，冬天则是棉皮袍外罩安安蓝长衫），这代表着一种欣欣向荣、朝气蓬勃的新派思潮，也是学生们专心致志学业的反映。在这里，李敏华开始了大学生活，直到1937年暑假，由于平、津形势恶化学校南迁，才结束了她在清华园平静而多彩的大学生活。

清华大学十一级学生就学时清华大学生物馆附近景致

清华大学十一级学生就学时清华大学图书馆阅览室

的确，在北平清华大学的校园里，李敏华只度过了短暂的两年时光，但那个时期的大学生团体生活情况给李敏华留下了深深的印象：多次学生会主办的集体远足，一起歌唱爱国抗日歌曲……

李敏华在《自传》里回忆道：

学生会主办的郊游中对我印象最深的是有一次在无量殿露营，晚上分队爬山。我们的一队有一个曾在东北参加过游击战的同学领路。他先在前面走一段再告诉我们应当怎样走。他的动作非常快而敏捷，这说明了为什么游击部队在黑夜行军和调动的灵敏和迅速。

她能够如此思索而把露营活动和抗日游击队行动联系起来，表明当时清华大学的学生生活已经深深地卷入社会的大动荡环境之中了，每个人都会自觉或不自觉地在国难当头的时刻展示自己的政治倾向。

当时，清华大学学生入学还有一个被“拖尸”的笑谈，这是新生报到时所做的“体能测验”：首先，要面对一个大镜子立正，检查“肚子大不大，腰杆直不直，两腿拢不拢，下巴收不收”；然后，在做几个引体向上动作后便脱去外衣外裤进入体育馆做各种器械活动（如吊环、滚木等）；还要去绕着橡胶跑道跑上若干圈；最后，会被四名二年级同学分别拉着手、足先向上闪几闪再丢进游泳池中。这样，新生才能在臂上（甚至脸上）被盖上一个蓝油墨大印，以示测验通过。不少新生（特别是中学毕业于非沿海城市学校的）被搞得狼狈不堪，这个项目的英文名称为 TOSS，意为“抛扔”动作，但被同学们戏称为“拖尸”，它是音译但颇为传神。不知女生是否也须经过同样的测验程式，但吴仲华肯定被如此“拖尸”过。不过，清华大学十一级老大哥对于第二年新入学的十二级新同学则不再施加“拖尸”之举，从而新老同学之间感情水乳交融倍胜于往昔。当然，这只是表明清华大学十分注重学生体质的一件趣事，不过那时清华大学提倡体育之举已经是闻名全国的了，例如，学校规定四年级学生游泳不能游 40 米的话便不可毕业。李敏华在校期间，清华大学校园内到处绿草如茵，同学们早起后都到草地上做体操或练功夫。体育馆就在宿舍附近，有新旧两个，各类运动设备一应俱全，馆内还有健身房、篮球场、橡胶跑道和游泳池，而且游泳池的水温冬暖夏凉，同学们下课后大多到体育馆做高强度的运动。那时有一种所谓的“斗牛”活动吸引了诸多男生，大家涌入篮球场混战一番：没有人数限制，没有输赢规则，甚至没有固定的篮筐（就是说，你愿意投哪一个篮筐都行），充分消耗体力后就到附设的浴室里冲一下，再跳进游泳池泡个痛快，然后容光焕发地奔向食堂。因此，许多学生回忆道：在清华大学，不仅书读好了，连身体也锻炼强壮了。

在大学一年级时，李敏华结识了在机械工程学系读书的吴仲华，他们是在学生团体组织的课外活动中相识、相知的，因为清华大学的课外活动都是按年级组织进行的。那时他们二人都喜欢摄影和音乐：摄影组经常要外出游玩，他们在旅游中切磋取景的技艺；乐器组的琴房亦是相聚的场所，李敏华学钢琴而吴仲华学小提琴，他们在琴房里欣赏对方的心声。而且吴仲华曾是清华大学乐队的第一小提琴手，所以至今他们家中还珍藏着李敏华为吴仲华拍摄的第一张照片，那是一种“剪影式”的艺术照，展现着吴仲华昂首激情演奏小提琴的英姿。1997 年夏，吴仲华已经离开人世五年之久，李敏华在接受苏州老家的电视台采访时，对他们相遇、相识、相知的美好浪漫情景依然记忆犹新、历历在目。可以想象，李敏华和吴仲华在课余之时，漫步在学校大礼堂后，一泓流水在身边湍动，溪水旁树影扶疏、溪水上桥影微动，颇有“此身合是诗人未”的感觉；也可以想象，李敏华和吴仲华在课外活动结束后，行走在学校体育馆前，浩瀚穹空沿着西山峰顶铺展，背上白云蓝天、身下斜阳余晖，令人兴起“此景只是天堂有”的遐想。当然，更重要的是“理工救国”的共同奋斗目标，使他们相互吸引，在校时成为好友，毕业后结为伉俪，并终生携手并肩奋战在科学研究的第一线。

在清华大学读书时，吴仲华对李敏华的学术生涯有着重要影响的一件事，便是吴仲华支持她改换专业的想法。在得知李敏华觉得自己很不适应学化学之后，吴仲华就鼓励她离开不喜欢的化学系而转入机械系，他知道她学习化学是为了从事化工、生产国货的夙愿，就劝告说：“机械制造将来亦可为生产工作。”这样就坚定了李敏华转系改学机械工程的决心，并因此就转变了李敏华原来选定的研究方向。这恰恰是李敏华日后能在塑性力学取得成就的一个起点。

李敏华为吴仲华拍摄的
第一张照片一直摆放在家中

三、结识终身伴侣吴仲华

吴仲华祖籍也是江苏苏州，但他本人于1917年7月27日出生于上海。苏州吴氏史上曾被称为“吴中第一世家”，其中的“桐泾支”因出过“叔侄状元”而知名，那就是清朝的吴廷琛（1773—1844）和吴锺骏（1798—1853）。吴廷琛在嘉庆七年（1802年）连得会元、状元，成为清朝开科以来第十个也是最后一个“两元”；他后来历任学政、知府、道台、云南按察使、署布政使等官，能为民众办实事；道光六年（1826年），朝廷召他回京以四品京堂用，吴廷琛想自己年近花甲，在云南久患疾病，遂辞官返还苏州；他在家乡曾主讲于正谊书院，热心公益事业，捐田三百余亩入义仓，又捐百余亩助士子应试的费用。他还著有《池上老人遗稿》《归田草》等。吴廷琛之嗣子吴思树起初在广东做州县官，得到钦差大臣林则徐的器重；1840年第一次鸦片战争爆发时，林则徐特派他到海防要冲香山县当知事；他昼夜堵御，屡退英兵，在当时沿海各城多被蹂躏的情况下，唯有香山独得保全，故为民众所称颂。吴思树之长子吴宝恕在同治七年（1868年）成为二甲第二名进士，后在大考翰（林院）詹（事府）中获殿试第一，因此，当时有“祖孙叔侄殿试第一”之誉；他曾任陕甘学政、侍读学士，后任广东学政，以执法严正著称。吴宝恕之子吴曾瀛则是光绪八年（1882年）举人，在朝中做过官。吴仲华的父亲吴孟庵是吴曾瀛的嗣孙。因此按照辈分，吴仲华是桐泾吴氏的第十九世，是吴廷琛的六世孙。桐泾吴氏家族中有多人或为清朝官宦或为名医良士，其厚重的家学渊源对后辈人的成长必定会有潜移默化的影响，吴仲华便是其中之一。

吴孟庵1891年出生于苏州，1911年在上海南洋公学读高中期间曾短期参加了辛亥革命军。他从南洋公学毕业后先后在安庆电报局、上海某洋行、上海物品交易所及上海法学院等处工作，抗战期间在广州中山大学、西安中央信托局储蓄处工作，日本投降后回到上海在其昌银行、珊瑚化工厂等处工作。吴仲华的母亲张珮珊1893年出生于广东新会，其父亲是上海某洋行的买办级职员，家境条件较为优裕，也接受过良好的教育。生长在这样家庭中的吴仲华，从小就被父母要求要勤奋读书，并养成了认真、刻苦、严谨与执着的品格。吴仲华从上海格致公学读完初中后，就转入南京金陵大学附属中学读高中，两年后考入了清华大学机械工程学系。1936年，在清华大学就读机械工程一年级的时候，他结识了同年考入清华大学化学系的李敏华。

吴仲华的曾祖父在朝里做官时，便在家乡置有田产；其祖父在20多岁时早逝，其父亲在成人后承继了20亩“田面”。所谓的“田面”，是当时城里人一种较稳妥的投资方式，这里的“田底”仍属于农民，买“田面”的人通过一定的投资而收租获利，城里人和农民彼此并不见面，他们通过栈房交租和收租。1925年，吴仲华在8岁时曾过嗣给一个刚刚病故的堂叔，从而继承了他的遗产，但由自己的生父吴孟庵保管使用之。3年后，生父因为失业数年便卖去了嗣产的绝大部分，只留下一份与其他几房合有的田产，每年可以有一定收入来支持他读高中、念大学，但1937年抗日战争爆发后田租就收不到了。所以，尽管吴仲华的先辈曾是官宦人家，但其父亲只是职员，而且曾经失业过，家中生活相当拮据，经常靠卖家中物品、卖吴仲华嗣产过日子，甚至姐姐吴雪华那时就失学了，哥哥吴强华则是放弃学理工的理想考入中央政治学校外交系从而可凭借公费以接受高等教育。这种情形对于子女辈的思想有着很大影响。一方面，母亲总是鼓励孩子们要用功读书，以便将来能找到好的职业；另一方面，吴仲华自己开始形成一种追求更好社会的理想。尽管这种思想还处于模模糊糊的混沌阶段，但它是一个萌芽。加上吴仲华在高中和大学时期，经常阅读《新中华》杂志，看到不少关于苏联建设的成就和社会新风尚的报导，受到了鼓舞与教育。这对于年轻的吴仲华的世界观建立起到了很好的引导作用。

吴仲华在1935年进入清华大学以后，遭遇了国难当头的动荡时局，并经历了爱国学生的抗日救亡运动。除了下文所记叙的、和李敏华一起经历的“一二·九”运动、“一二·一六”运动、“二二九”事件和“三三一”事件等事件外，1937年暑假的西苑军训对吴仲华等清华大学十一级的男同学来说也是一个难忘的经历。众所周知，日军自1931年占领中国东北后，为进一步发起全面战争，陆续运兵入关，到1936年日军及伪军已从东、西、北三面包围了北平，卢沟桥成为北平对外的唯一通道，战略地位十分重要。1937年7月7日夜晚，卢沟桥的日本驻军在未通知中国地方当局的情况下，径自在中国驻军阵地附近举行所谓的军事演习，并称有一名日军士兵于演习时失踪，要求进入卢沟桥所属的宛平县城搜查，中国驻军拒绝了这一要求。7月8日凌晨，日军包围了宛平城，并向卢沟桥中国驻军发动炮击。这次军训开始于卢沟桥事件之前是按照“凡北平的大学和高中二年级的男生，除有病或其他特殊原因，均参加暑期军训”的规定而组织的，总人数3000多人。吴仲华和清华大学同学集中在29军兵营，军长宋哲元任军训的名誉总队长，37师师长冯治安任总队长，旅长何基沣任总教官，从1937年6月初开始到7月下旬结束，长达40天。训练内容基本按《步兵操典》进行，也介绍一些战斗基本动作和枪支构造与装拆技术，还举行过实弹射击并参观过战斗演习。这不仅使同学们经过了较为正规的集体军事生活训练，为以后在抗战时期各种艰苦动荡、颠沛流离的生活进行了一次“预演”。更重要的是，它恰恰横跨震惊中外的七七事变的前后一段时间，同学们在这里听到了卢沟桥传来的抗战第一声炮响。那天，同学们正集合在操场上听何基沣训话，突然听到远处传来隆隆炮声，何旅长立即离队，而留下同学们继续操练，后来才知道日军在卢沟桥挑衅。此后日军飞机常飞来盘旋侦查，同学们每天要疏散到红山口一带农村，早出晚归，正常的训练已无法进行了。

日军在卢沟桥开炮后，29军军长宋哲元立即命令前线官兵确保卢沟桥和宛平城，并强调“卢沟桥即尔等之坟墓，应与桥共存亡，不得后退”。所以，29军官兵们坚守阵地顽强地抵抗日寇进击。1937年7月26日下午，日本华北驻屯军向29军发出最后通牒，要求中国守军于28日前全部撤出平津地区，否则将采取行动。宋哲元拒绝了这个无理要求，并于27日向全国发表“自卫守土”的通电。7月28日上午，日军按预定计划向驻守在北平西郊的南苑、北苑、西苑的中国第29军132师、37师、38师发起全面攻击。第29军将士在各自驻地背水一战，其中驻南苑部队8000余人（包括在南苑受训的学生军事训练团的学员1500余人）掘壕进行阻挠。最后，29军副军长佟麟阁、132师师长赵登禹战死，不少军训团的学生也在战斗中壮烈牺牲。然而，以一个军的兵力实难抗击20多万的日军，7月29日北平沦陷，7月30日天津失守。

尽管为了确保年轻学子们的安全，吴仲华参加的西苑军训于7月20日提前结束，但是这次军训的影响是深远的。29军官兵多是冯玉祥的旧部，曾参加过长城抗战，有着强烈的爱国思想，军营中贴满了抗日标语，行道路上不时出现用鹅卵石镶嵌的“日本亡了”等字样，军训间隙时常常听到官兵们津津乐道谈论喜峰口打日军的情况。同学们每日与29军军士们一起生活，吃饭睡觉，还和普通士兵一起唱歌，完全融入一种爱国激情之中。例如，军士教学员们唱《吃饭歌》[①]《睡觉歌》[②]等，学员则教唱《救国军歌》《义勇军进行曲》和《救亡进行曲》等抗日歌曲。军训期间，总

① 歌词是：这些饮食人民供给，我们应该为民努力，帝国主义国民之敌，救国救民吾辈天职。

② 歌词是：今日工作又完了，平安快乐去睡觉。明清晨，要起早，精神休养好，国耻莫忘掉。将来练得学术高，复兴民族显英豪。外患方多，卧薪枕戈，人人振刷奋勉，不可懒惰，努力工作，救我中华。

队多次邀请胡适、梅贻琦等名流学者给学员们作报告；“七七”事变后，何基沣亲临前线指挥战斗后也曾给学员们作报告，介绍我军浴血奋战的情况，并以“一个民族无论武器装备多么低劣，只要一心抗战，就必然会打败侵略者，取得最后胜利”来鼓励学员。这使军训学员感受到中国军人的抗日决心，更激励了同学们的爱国热情。

这就是吴仲华那一代学子的成长大环境。直到 1988 年，吴仲华在接受美国记者杜开昔采访时曾说道：

> 我们当年出国与现在的年轻人不一样，Background 差别很大。我们出国前一直是受外国的侵略，最厉害的就是日本。“九一八”“八一三”，我们当时在北京，他们打进北京来。我们的爱国主义比现在的年轻人要强一点。

国难当头，匹夫有责，莫忘国耻，强我中华，是那一代学子铭记在心的抱负。

四、爱国学生运动的洗礼

李敏华考入清华大学之际，正值日寇侵华活动日益加剧的时期。当时的日本侵略者已不满足于占领东北，而是不断制造事件向华北进犯，他们指使汉奸殷汝耕建立“冀东防共自治政府”，而国民政府亦准备成立“冀察政务委员会”，以适应日本侵略者提出的“华北政权特殊化”的要求，这激发了各地的学生运动。平津各大学校长胡适、蒋梦麟、梅贻琦等亦联名发表公开宣言称：“近有人假借民意，策动所谓华北自治运动，实行卖国阴谋。天津、北平国立学校全体教职员二千余人，坚决反对。”清华大学的全体学生大会也通过了《通电全国，反对一切伪组织、伪自治，联合北平各大中学进行游行请愿》的决议，清华大学的校园已是“山雨欲来风满楼”。李敏华和同学们一起参加了在北平发生的“一二·九”运动“一二·一六”运动等学生运动，显示了热血青年反对冀察特殊化的政治诉求。

李敏华在《自传》中写道：

我的大学初期，有很多事件影响到我的思想，那时日本制造的事件的愈来愈多，以及冀察政委会的成立等激动了各地的学生运动……

1935年12月9日，北平各所大学、中学在“北平学联”的组织领导下，爆发了大规模的请愿游行。李敏华随着清华大学的队伍从城外向市内步行进发，但是行至西直门因城门紧闭只好转至阜成门，然而同样是城门紧闭又返回西直门。在军警设置的阻拦岗哨前，同学们和军警发生了冲突，但学生手无寸铁无法制胜，只好宣布解散返校。12月10日，北平各大中学校发表联合宣言，宣布自即日起举行总罢课。在罢课中，清华大学等校学生会组织专题讨论会、文艺社、宣传队等，开展抗日救亡活动，李敏华积极置身之中。接着，12月16日，北平各校学生分为4个大队，分别由东北大学、中国大学、北京大学和清华大学率领，又一次举行了声势浩大的示威游行，预定在天安门召开大会。那天清晨，清华大学和燕京大学的同学从郊外出发准备进城与北京大学等学校同学会合，但他们步行到西直门时，城门关闭无法入内，绕道阜成门也吃了闭门羹，又转向西便门。这里的城门虽然紧闭，但由于结构单薄，被同学们用巨木冲开，李敏华随人潮涌入外城，并随着游行队伍向正阳门（前门）狂奔，军警则以喷水方式来驱散学生。但仍有清华大学的队伍抵达了设有三个门洞的前门，不过此时仅有左边的小门洞还未关闭却已布满了军警，为队伍开前阵的同学不惧荷枪持械的军警继续挺进，忽然震耳的枪声响起并见军警挥舞着大刀过来，已经进入城门洞的同学纷纷后退，军警乘机关上左边城门，双方对立僵持着。此时军警宣布：前门内与东交民巷太接近，恐引起不幸之国际事件，请同学们转至宣武门进（内）城。但当大队抵达宣武门时，仍不能入内，同学们方知上当受骗。在这个僵持期间，清华大学一位体型瘦小的女同学陆璀自告奋勇，由宣武门的门槛下爬入城内，但她力量太弱无法打开城门闩，只得向门外的同学高呼“冲呀”，不幸被守城的军警发现，立即被捕，同学们坚持不散并要求放人。他们在宣武门外一直守候到夜幕深垂，由于时值寒冬同学们饥寒交迫，而且参加前门大会的希望已成泡影，只得再折返清华大学。尽管李敏华等清华同学未能亲临前门大会，但北平学生的第二次示威游行声势十分浩大，参加的学生总计1万余人，他们后来汇集到天桥广场上举行了大会，通过了8个决议案。北平学生的抗日救国示威游行，沉重地打击了国民党政府的卖国活动，迫使冀察政务委员会不得不延期成立。以上情景便是史称的“一二·九”运动，和李敏华尚在初中时就听到的五四运动一样，发生在近代中国学生运动发源地的北平。这一次，李敏华亲身沐浴了大规模群众爱国运动的洗礼，在脑海中刻下了深深的印记。

为了巩固学生运动的成果和深入广大群众，1936 年“北平学联”组织了平津学生的“南下扩大宣传团”，成立了自己的永久性团体——“中国青年救国先锋团”。1936 年 2 月 1 日，北平高校的三个宣传团的代表大会在北平师范大学召开，正式宣告成立“民族解放先锋队”（简称“民先”)。“民先”的主要活动是：在各学校组织读书会、座谈会、研究会，恢复军训，学习护理知识、游击战术等各种战时技能，为抗日实战做准备；另外，还举办政治训练班，提高队员的理论水平和政治素质；在宣传工作方面，办刊物、出壁报、写通讯、组建歌咏团、话剧团、巡回宣传队。2 月 26 日，“民先”发表了《民族解放先锋队宣言》，该宣言以警句“中华民族的危机，已经到了最后关头了！”开头，并提出了当前的任务：“(一）揭破汉奸及其走狗的阴谋并打击其种种阴谋的破坏手段，(二）联合一切抗日反帝力量，无党无派在抗日救亡的旗帜下，一致团结起来。”然而，学生们的抗日救亡活动为国民政府所不容，清华大学校园里发生的“二二九”事件便是一例。

1936 年 2 月 29 日是数年一遇的“闰日”。这天清晨，400 余名军警从圆明园废墟中越墙而入，闯进了清华大学校园，他们带着刀枪器械，包围了平斋、善斋、明斋、新斋等学生宿舍，按照所谓的“黑名单”来搜捕左派分子。但是，左派学生在事前接获消息因而大部分未在自己房间留宿，军警只逮捕到蒋南翔、姚依林和方左英三名学生及一名工友。军警在离去时，被学生发现，有人便高呼：“我们的同学被抓走了，快去西大门救人！”不少同学闻声冲出宿舍，连住在静斋的女同学也跑出来了。他们纷纷以砖石木棍抛袭军警，并砸毁了停放在西门的军警汽车，更夺回了被捕同学。军警悻悻而去，只带走那名工友。当日下午，北平公安局挂甲屯分署的舒姓署长来清华大学找校长交涉，同学们闻讯齐聚校长办公室，不准舒署长离去，直到警方释放工友后方同意舒署长离开。然而，当晚军警数千人将清华大学校园团团围住，再依据“黑名单”搜捕左派学生。但同学们已依照学校的告诫留在体育馆静坐，他们还关闭了电源，故校园一片漆黑，军警人数虽多但搜遍宿舍却寻不见一个左派学生。延至次日清晨，才发现大部分学生在体育馆里藏身。在清华大学的“二二九”事件中，军方一共逮捕了 21 人，主要是在图书馆等处胡乱抓来的，这些被五花大绑带离学校的同学大多数都是安分读书的好学生，他们被羁押到寒假后开学时才获释放。

这里还有一个情景，也使得李敏华和吴仲华难以忘却。对于二月底三月初的北平，气候依然寒冽，在体育馆坐候一夜的同学们已经疲惫不堪，此时恰被军警们发现。最先开门冲进体育馆的第一批军警，因不知地板打蜡全部滑倒且四脚朝天，引起学生们一阵狂笑。军警们恼羞成怒，强迫同学们双手反置背后，军警每两人共押学生一人前往校门口集中，直至上午9点钟才释放学生返回宿舍休息。在押解沿程中，军警还不时地用大刀在同学头上摇晃，对于表示不满的学生则以暴力压制，吴仲华便挨了军警一枪托的殴打。这“一枪托”一直留在吴仲华的记忆里，他在数十年后还亲口给儿子吴明讲述这个事情。是年6月，政府下令取缔所有学生会组织并禁止一切学生运动，该文件公布后激起学生公愤，北平学联和各校学生会决定6月18日起开始罢课。由于课程已停，李敏华和女同学们就到大食堂缝棉被，支援在古北口驻守的29军。发生在清华大学校园的“二二九”大搜捕，以及随后的一系列事件，无疑对李敏华和吴仲华这一批清华学子产生了深刻的影响。

还有一件李敏华亲临的事件是“三三一”事件。起因是北平第十七中学女学生郭清遭逮捕被投入监狱后竟然惨死狱中，这个事件引起了进步学生极大的震动。“北平学联”决定举行北平学生追悼郭清烈士大会以示对反动派的抗议。1936年3月31日，民先队员和进步学生约两千人在位于沙滩的燕京大学二院举行追悼郭清大会，会后抬棺游行。游行队伍从北池子走到南池子，在南池子南口附近与大队手持机关枪的军警遭遇，经过剧烈搏斗后被冲散，又有50多名同学被捕，近百人受伤。李敏华作为游行队伍中的一员，看见了军警持枪殴打同学甚至致伤的惨状，看到了许多同学被军警抓走甚至逮捕入狱的情景，这里就包括自己所在的清华大学十一级的傅国虎同学。她心中充满了对国民政府的愤恨。

上述大规模的学生爱国运动成为推动中国人民抗日救亡运动走向高涨的起点。在清华大学读书的李敏华，积极参与了1935年冬至1936年春爆发的爱国学生运动。她在1955年的《自传》中回忆写道：

那时我在清华大学念书，有机会参加了“一二·九”“一二·一六”以及其他多次的游行示威运动。当时的各种情景和情绪，像：冲击西便门、前门开枪后再集合、追悼郭清罹难、追悼郭清游行后的持有手提机关（枪）的军警的殴打同学以及同学被捕、警察及带大刀的宪兵来校捕人等，都一直很清楚地记着。并亲眼目睹持有机关枪的军警殴打同学、带着大刀的宪兵来校捕人等情景。……这说明了那时蒋介石政府的腐败无能，并对学生施加高压政策，而另一面说明了群众的力量的强大和群众的意志的坚定。这种情景的记忆在我以后遇到困难时给我以极大的鼓励，同时增加了我克服困难的力量。

青年时代的思想历练，对于李敏华而言，是一种取之不竭、用之不尽的无形宝贵财富。

除了参加学生的示威游行活动外，在北平的两年时间里，李敏华“常和‘民先’的女同学们在一起”，她觉得“她们中间的大部分同学都非常好”。当时，“民先”在清华大学及化学系的影响是较大的，因为当时化学系十一级的级友李昌（原名雷骏随）是中华民族解放先锋队的重要成员，曾任“民先”大队长（1936 年 3 月）、“民先”总队长兼党团书记（1936 年 8 月）和“民先”全国总队长兼党团书记（1937 年 2 月），一直在积极组织“民先”队员开展如火如荼的宣传、慰劳、捐献等救亡活动。在这样一种大的时代背景下，李敏华积极面对并勇敢地投入了历史潮流，她参加了‘民先’领导的妇女救国会”，常常和“民先”的女同学们一起“下乡宣传、慰问等”抗日救亡工作，以期促进广大民众的觉醒，撒下抗日的火种。那个时期，李敏华“也参加清华大学学生会主办的义务小学教课工作”，以期培育祖国未来的希望。此外，清华大学学生会还组织各种活动，例如，1937 年 11 月 3 日在学校大礼堂举办默哀大会，抗议日军在北平大演习并向东北抗日阵亡将士致敬；12 月 12 日清华大学参加北平学生万人游行，要求对日绝交、拥护 29 军保卫华北，并组织同学募捐、赶制棉衣慰问绥远前线将士等。对于在北平清华大学生活的回顾，她自己的评价是：“在这两年中，虽然在校课上不能很安心的用功，但在思想上确是重要的”。甚至在 20 世纪 50 年代回国以后，李敏华对这段火热生活仍然记忆犹新，在中国科学院力学研究所的政治学习等活动中，她还时常和同事和学生们谈起当年参加抗日救亡运动的经历。

总之，李敏华在清华大学校园的两年生活十分充实：一方面，她在这所名校里接受了严格的训育和大师的熏陶，迈出了其学术人生的重要一步；另一方面，她在这所名校里结交了一批学友，为今后的事业发展铺垫了人脉基础。根据民国二十五年至二十六年（1936～1937 年）的清华大学学生名录，当年在册并与李敏华熟悉的同学计有：陈树仁（女，地二）、汪瑾（女，工一）、赵芳瑛（女，物三）、白家祉（机二）、章光安（化二）、陈舜礼（经二）、吴仲华（机二）、沈元（工一）、屠守锷（工一）、

1989 年，李敏华（前排右四）和吴仲华（第二排右三）参加
清华大学十一级校友返校聚会时合影

杨汝楫（工一）、杨捷（工一）、郭世康（工一）、洪朝生（工一）、唐统一（工一）、杨士德（工一）及卞学鐄（工一）。此外，她在这所名校里，还受到了群众性革命浪潮的洗礼，形成了以国家、民族命运为己任的人生观。像那个时代的所有热血青年一样，李敏华决心更加刻苦学习并以己所学报效祖国，具有了更加坚定的信念去克服征途上可能遇到的各种艰难险阻。

这只从江南水乡飞来的娇燕将要展翅高飞，李敏华将要去迎接更大、更多的挑战了。

第四章

战乱中致志求学不辍

1937年夏，在离开化学系进入机械系学习之前的那个暑假，李敏华回上海探亲，去看望分别两年之久的父母和姐姐。恰恰在这个暑假期间，北平发生了“七七”事变。李敏华虽身在上海，但“七七”事变涉及校园所在城市的安危，因此她一直密切关注事变的进程。时隔一个月，上海又发生了“八一三”事变，这则是李敏华亲身经历的事件，关系到自己亲人的安危。这一件件痛彻心扉的事件，进一步提升了李敏华忧国忧民的情怀。

一、欣喜中国军民奋起抗战

“七七”事变，又称卢沟桥事变，是1937年7月7日发生在北平卢沟桥的中日军事冲突，是日本将在中国东北挑起的局部战争升级为全面侵华战争的开始，更是中国全面抗战开始的契机。发生卢沟桥事变之时，李敏华已经回到了上海，虽然她不能和留校的吴仲华等同学一样直接听到抗日战火的第一声炮响，但她一直密切关注着事变的进程，阅读报纸、听取广播新闻成为李敏华每日的“功课”。她在《自传》里写着：

卢沟桥事变发生后，一面气愤日本的无理，另一面却高兴中国开始抵抗。

仅仅过了一个月的时间，上海就发生了“八一三”事变。“八一三”事变，又称“八一三”淞沪抗战或第二次上海事变，这是李敏华亲身经历的事件。“八一三”事件完全是由日本侵略者一手挑起来的事端：1937年8月9日，驻上海日本海军陆战队中尉大山勇夫率士兵斋藤要藏，驾军用汽车强行冲击虹桥中国军用机场，被机场卫兵击毙。事件发生后，上海当局随即与日方交涉，要求以外交方式解决。但日军无理要求中国军队撤离上海、拆除军事设施，同时还向上海增派了军队。8月13日，日军便以租界和停泊在黄浦江中的日舰为基地，以虹口区预设阵地为依托，向淞沪铁路天通庵站至横滨路的中国守军开枪挑衅，并在坦克掩护下沿宝山路推进，对上海发动了大规模进攻。在日军8月的狂轰滥炸中，位于黄家阙路的务本女中二校舍化为一片瓦砾，其中的主教学楼和体育馆变成了废墟，随后连务本女中的校名都不存在了，学校更名为怀久女子中学。对于在务本女中度过了将近六年中学生活的李敏华而言，这是多么悲痛的消息！但是，和北平 29 军奋起抵抗的情景一样，上海的中国驻军奋起抵抗，击退了日本海军陆战队。李敏华在《自传》中如是说：

那时正在暑假，我已回家，在上海。不久，“八一三”事件发生，人们带着紧张而兴奋的心情，初期战事进行得非常顺利，这完全是由于士兵的决心和勇敢。

务本女中的黄家阙路校舍被日军狂轰滥炸前后对比

1937 年 8 月 14 日，中国政府发表《自卫抗战声明》；同时，以驻沪警备部队改编为第九集团军，担负反击虹口及杨树浦之敌任务；以苏浙边区部队改编为第八集团军，守备杭州湾北岸并扫荡浦东之敌。8 月 15 日，日本下达编组上海派遣军的命令，要求“占领上海及其北面地区的重要地带”。同时，蒋介石下达全国总动员令，将全国临战地区划为五个战区，其中沪杭地区为第三战区，目标是以主力集中华东，迅速扫荡淞沪日本海军基地，阻止后续敌军登陆。8 月 17 日，中国军队再次向虹口、杨树浦方面之敌反击，突破日军阵地全纵深，攻入汇山码头。但日军凭借坚固工事顽抗待援，中国军队进展困难。第 36 师第 215 团第 2 营 300 余名官兵攻入华德路十字街口并展开白刃格斗，最终全部壮烈牺牲。在此期间，中国军队亦与日本航空队展开激战，击落日机 47 架，击伤日舰 1 艘。8 月 23 日，日军上海派遣军于川沙河口、狮子林、吴淞一带强行登陆，次日中国第十五集团军先后进至上海，向登陆之敌发起反击。9 月 1 日，日军 1000 余人围攻狮子林炮台，第 98 师一部与敌反复白刃搏斗，多数牺牲。9 月 5 日，日军集中 30 余艘军舰，掩护陆军向宝山发起猛攻，守卫宝山的第十八军第 583 团第 3 营 500 名官兵浴血奋战两昼夜，击退日军数次冲击，多数壮烈牺牲。9 月下旬至 10 月初，日军增援部队陆续在上海登陆，加入上海派遣军之作战，至此日军总兵力达20万人，但至11月初仍未能获得决定性胜利，却付出了重大代价。11月5日拂晓，日军利用大雾、大潮在杭州湾登陆，对淞沪实施迂回包围。中国右翼军中的部分沿海守备部队已抽调去支援市区作战，猝不及防，阵地相继失守，战局急转直下。日军于11月6日占领金山。蒋介石被迫于11月8日下令全线撤退，日军于11月9日占据淞江，11月12日占领上海，至此，战役遂告结束。淞沪会战从1937年8月13日开始，至11月12日结束，历时3个月。其间日军投入10个师28万人的兵力，动用军舰30余艘、飞机500余架、坦克300余辆；中国投入70余个师的兵力，动用舰艇40艘、飞机250架。中国官兵在上海和全国人民的支持下，同仇敌忾，斗志昂扬，以劣势装备与敌人拼搏，致使日军伤亡4万多人，粉碎了日本帝国主义速战速决的白日梦。淞沪会战期间，上海人民以各种方式积极参加抗战，支援前线。各界群众都组织了救亡协会，诸如文艺界救亡协会、学生界救亡协会、上海市纱厂工友救亡协会等团体，都开展了宣传、募捐、演出、慰劳等活动。

时势造就英雄，中国军民英勇抗战的事迹激励着李敏华的一生，她在抗战期间坚持学习并成为航空工程学系第一个女毕业生、在怀孕过程中坚持跨洋过海出国深造、在有两个孩子的情况下坚持攻读博士学位并成为麻省理工学院第一个工学女博士，都是和她这段经历有关的。经历了战乱的李敏华，始终以中国人民的要求为己任，这就是一种情结。这种爱国忧民的情结支撑着李敏华像一只娇燕那样不断地迎接挑战，勇敢地在学科前沿中搏击翱翔。

二、炮火中奔赴长沙就读

1937年卢沟桥事变后，京津失陷，李敏华无法从上海返回北平的清华大学。依照清华大学南迁的安排，她只得由上海直接奔赴长沙。当时，家人对她在动乱中赴湘很担心，她却意志坚定地要和学校同学们在一起。2001年，李敏华在接受中央人民广播电台记者采访时，曾如此回忆起这段经历：

我们就随学校迁到长沙。家里还在担心：你们去长沙了，万一经济断了，怎么办？我当时就表示：如果长沙都要沦陷的话，那就不是念不念书的问题了，而是亡不亡国的问题了。

在报纸上见到学校定于1937年10月开课的通知后，李敏华和暑期在上海度假的清华大学同学胡可鏞等共计7人结伴同行，他们从上海南市乘长途汽车到南京，再从南京坐长江轮到汉口，又搭上从武昌开出的火车去长沙。一路颠簸，终于抵达长沙，如期到长沙临时大学报到，就读于机械工程学系二年级，学号改为T2869（T表示为清华大学学生）。

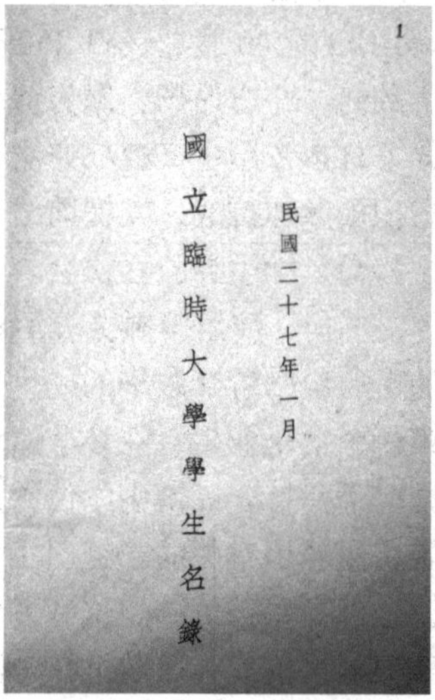
1

國立臨時大學學生名錄

民國二十七年一月

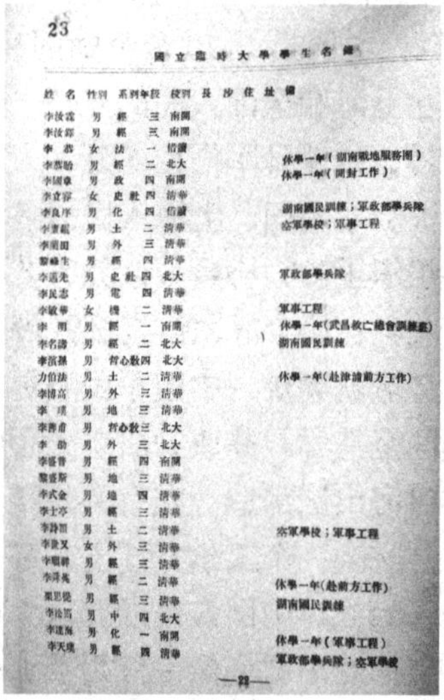
23

國立臨時大學學生名錄

姓名	性別	系別	年級	校別
[illegible]	男	經	三	南開
[illegible]	男	經	三	南開
[illegible]	女	法	一	借讀
[illegible]	男	經	二	北大
[illegible]	男	政	四	南開
[illegible]	女	史社	四	清華
[illegible]	男	化	四	借讀
[illegible]	男	土	二	清華
[illegible]	男	外	三	清華
[illegible]	男	經	四	清華
[illegible]	男	史社	四	北大
李民志	男	電	四	清華
李敏華	女	機	二	清華
李明	男	經	一	南開
[illegible]	男	經	二	北大
[illegible]	男	哲心教	四	北大
力伯法	男	土	二	清華
李博高	男	外	三	清華
[illegible]	男	地	三	清華
[illegible]	男	哲心教	三	北大
[illegible]	男	外	三	北大
[illegible]	男	經	四	南開
[illegible]	男	地	三	清華
[illegible]	男	地	四	清華
[illegible]	男	經	三	清華
[illegible]	男	土	二	清華
[illegible]	女	外	三	清華
[illegible]	男	經	三	清華
[illegible]	男	經	二	清華
[illegible]	男	經	三	清華
[illegible]	男	中	四	北大
[illegible]	男	化	一	南開
李天境	男	經	四	清華

長沙住址 備

休學一年（湖南戰地服務團）
休學一年（開封工作）
湖南國民訓練；軍政部學兵隊
空軍學校；軍事工程
軍政部學兵隊
軍事工程
休學一年（武昌救亡總會訓練班）
湖南國民訓練
休學一年（赴津浦前方工作）
空軍學校；軍事工程
休學一年（赴前方工作）
湖南國民訓練
休學一年（軍事工程）
軍政部學兵隊；空軍學校

—23—

长沙国立临时大学学生名录

清华大学十一级两名女同学李敏华（学号：T2869，右）
和李孝芳（学号：T2865）在1996年欣喜相聚

当年，针对日本全面发动侵华战争的情况，华北及沿海许多大城市的高等学校纷纷内迁，以保存中华民族教育精华免遭毁灭。其中，北京大学、清华大学和私立南开大学最先迁至湖南长沙，在岳麓山下组成长沙临时大学。9月10日，在三所大学原校长蒋梦麟、梅贻琦、张伯苓任常委的筹备委员会的主持下，长沙临时大学正式成立。其实，早在1935年北京局势日益危急之时，为了防止突发的不利情况，清华大学已秘密预备将学校转移至长沙。当年学校拨巨款在长沙岳麓山下的左家垅动工修建一整套的校舍，预计在1938年年初即可全部完工交付使用。1935年冬，清华大学还从清华园火车站秘密地南运了几列车的图书、仪器等教学研究必需品到湖北汉口暂时保存，以便随时可以运往新校址。由于清华大学所建立的校舍未完工，长沙临时大学的校址最终确定租用位于长沙市内的湖南圣经学院，但工学院的机、电两系则在湖南大学的岳麓书院借读。李敏华回忆道：

当年暑假，学校决定在长沙开课，那时上海的四周已沦陷。在我赴湘的途中，战事消息逐渐坏转。

但她坚持赶到了长沙。10月，全国各地1600多名来自三所大学的师生经过长途跋涉陆续到达长沙。长沙临时大学于10月25日正式开学，11月1日开始上课。开课当天，为了满足学生的要求，校方邀请了一批社会名流来校讲演，包括湖南省政府主席张治中，《大公报》总编张季鸾，国民党高级将领白崇禧、陈诚及徐特立等，他们的演讲深受学生欢迎。这是战时大学特有的开学典礼，国家的存亡和大学生的命运连在了一起。为了纪念这个不平常的时刻，西南联合大学的校庆日就选定在11月1日。12月13日，南京沦陷，全校同学自动集合在湖南圣经学院的广场上，高唱救亡歌曲，展现热血青年以国家、民族命运为己任的豪情壮志。1938年年初，上海、南京相继失陷后，日军直逼武汉，长沙的局势也十分危急了，教育部通知长沙临时大学准备西迁云南昆明。这是战争时期的特有情况：长沙临时大学正常办学仅仅一个学期，1月20日开始放寒假。

在长沙上课期间，同学们的心境十分动荡不安，因为战事不利，不少同学的家乡沦陷，同学们不仅惦念家人安危，而且经济接济断绝，生活变得相当拮据。李敏华也不例外，她本来是"由父亲工作收入供给求学"的，但是"抗战随学校内迁（那时在清华大学），与家庭经济关系隔断，由贷金维持生活"。更有甚者，他们时常会遇到日本飞机轰炸的情况，这时他们只好钻到睡床或书桌底下，轰炸过后，街道上布满了一个个深坑，路旁树上挂着一个个残肢。这使李敏华又一次亲身感受到战争的残酷，更期盼抗日战争的胜利。“上课后不久，南京沦陷，并且紧接着继续败退，那时同学的情绪都非常紧张，纷纷加入军队，参加保卫祖国的工作”，李敏华在《自传》里这样写道。的确，1937 年年底，抗日局势不断恶化：11 月 12 日上海陷落，12 月 13 日南京陷落，随之武汉告急……12 月 31 日，周恩来在国立武汉大学发表《现阶段青年运动的性质和任务》的演讲，号召青年从军或以其他方式抗日，长沙临时大学掀起第一次从军高潮。当时，有一些军事单位前来招收学员，校方也鼓励同学参军，并同意对参军离校的学生可以保留学籍以备他日返校复学完成大学学业。李敏华在《自传》中描述了机械系同学踊跃参军的情况：

那时机械系三、四年级同学大部（只极少数除外，几为全体）参加了机械化部队。我们那时为机械系二年级，亦都要求参加，但因班次低而被拒绝，只得随校西迁昆明。

当时，机械工程学系共有 17 名同学报名参加了机械化部队 200 师（师长杜聿明）的学员队。其时，吴仲华在机械系三年级学习，也响应长沙临时大学国防工作介绍委员会的号召，申请报考国民政府为筹建机械化部队而在湖南开办的陆军交通辎重学校。

三、随学校西迁昆明

1938 年 2 月，李敏华随学校开始西迁，全校师生分海、陆两线入滇。她参加由女生、教师和部分体弱的男生组成的团队，乘火车经粤汉铁路从长沙到广州，分批自广州沿广九铁路至九龙，乘船到香港，继续乘船到安南（今日越南）的海防再到云南的蒙自，然后由蒙自顺滇越铁路坐火车到达昆明，一路颠簸，历时两个多月。此即所谓的“海线”，而“陆路”则循公路经湘西、贵州至昆明，后者由 300 余名师生组成的“湘黔滇旅行团”步行 68 天、途经 1500 千米完成。海陆两线，校方听凭师生自由意志参加，没有设置任何限制。这次西迁昆明，对三所大学的学子们无疑是又一次的精神洗礼。取“海线”的同学们记得，他们离开长沙的那天晚上大雨磅礴，车站内泥泞的湿地上躺满前线撤下的伤兵，断肢残臂，面容憔悴。车站上不但缺医少药，而且连口热水都喝不上，同学中有带热水壶者纷纷慷慨解囊。这种寒风苦雨的凄惨景况，更坚定了同学们去云南奋发学习、充实自己、报效祖国的信念。

西南联合大学西迁路线图

与此同时，吴仲华和一起参军的同学则来到位于长沙东乡金井镇的陆军交通辎重学校（后改名为陆军机械化学校），通过第二期技术学员队的学习，掌握了驾驶和修理卡车、装甲车的技术。这批学员都是大学机电三、四年级学生，除了清华大学外，还有来自南开大学、浙江大学、武汉大学等校的同学，一共 81 人。清华大学方面为配合培训计划，还特派了教授、讲师和助教各一名，为学员开设了机械设计和汽车工程等课程，再加上陆军交通辎重学校的汽车修理与驾驶等培训课目，同学们便算是修满了三年级下学期的学分。对于吴仲华他们而言，感到最有收获的是真刀真枪的训练：学校分配给他们一辆从前线退役下来且已经无法开动的破卡车，同学们几乎把每一个螺丝钉都卸下来，把每一个零部件都拆开来，逐个检查修理，甚至连发动机的八个汽缸都扩了孔并进行镗磨再选用加大的活塞与活塞环装回去；完成大修以后，同学们就开着自己修好的卡车进行长途驾驶训练，从湖南金井开到江西万载一个来回；到达万载后，他们住在一个荒废的学校里，每人打开自己的铺盖卷搭个地铺就睡下了。尽管条件如此艰苦，但同学们毫无怨言，有的同学还提议每人出两毛钱去买点花生、糖果，大家一起庆贺了一番。1938 年 8 月培训结束，吴仲华毕业后被分配到位于湘潭的第五军（新建的机械化部队）200 师 1149 团，任中尉技术员，先在团部工厂，后来又进入师部技术室。一同分配到团部工厂的有

吴仲华（右一）在机械化部队服役

清华大学机械系的“拜把五兄弟”（李安宁、张世恩、马廷声、白家祉和吴仲华）。在团部工厂服役时，他们名义上为“中尉”，月工资应为60元，但实际上只是月工资40元的“寄名机工”，故戏称自己是“部队里的老百姓”。但部队生活和老百姓的生活完全不同，尽管是后勤也要经常转移，长沙大火后他们撤退到柳州，然后又转回到湖南。200师扩编为新11军后，吴仲华等曾随部队调至江西上高，准备迎击日寇，但敌军没有打南昌，部队便驻防广西全州，经历过昆仑关战役。在全州时，吴仲华调至军部，一起工作的清华大学十一级校友有胡可鏋等。

1939年夏，吴仲华和胡可鏋两人请假，从贵阳到昆明，一起回到西南联合大学看看。因为他们收到白家祉从学校寄来的信函，告知他已经于1938年年底回校插班复读了。的确，此时抗日战争已处于僵持阶段，并非短期可以结束，而且部队里也没有什么事情需要这些“技术兵”来干的，所以不少同学均先后返校继续学业。于是，吴仲华也决定在西南联合大学复学，从而结束了一年多的部队生活。尽管时间不长，但这段不平常的经历使吴仲华对社会现实有了切身的体验，对于他今后的成长也是一种宝贵的精神财富。

四、西南联合大学成立

1938年4月，教育部正式宣布国立长沙临时大学改为国立西南联合大学，设立了文、理、法商、工、师范5个学院共计26个系，还设立2个专修科、1个选修班。西南联合大学自1938年5月4日开始上课，至1946年5月4日结束，在云南办学长达8年，是抗战时期中国最著名的一所大学，培养了一大批蜚声中外的一流学者专家。作为抗日战争大后方的昆明，不仅历史悠久，而且气候宜人、风景如画，北边有圆通公园和云南大学，西北角有翠湖公园，西部有大观楼、昆明湖、西山等名胜，南部正对着著名的金马碧鸡牌坊的近日楼是昆明城区的标志，附近还建有许多政府机关、娱乐设施。牌坊向东是拓东路，滇缅铁路的终点站便在这条路上。东南部则建有大型飞机场，是我国空军的重要基地。

初到云南时，西南联合大学租用蒙自海关与昆明大西门外昆华农业学校、大西门内昆华师范学校、南城拓东路迤西会馆等处为校舍，总办公处则设在城内崇仁街46号。1938年7月，为正式招收新生所需，学校以昆明市西北角城外荒地124亩为校址，修建新校舍。1939年4月，西南联合大学新校舍落成，前半部多为教室，后半部为学生宿舍。新校舍包括教室、办公室、实验室56栋（为土墙铁皮顶结构），学生宿舍36栋（全是土墙茅草顶结构），食堂2栋，图书馆1栋（为砖木结构）。当时西南联合大学虽集中在昆明，但实际上还是分散在昆华农校、昆华师范、迤西会馆和新校舍四处上课，最受同学们欢迎的地方是西南联合大学的图书馆。位于校区中心的图书馆内有一个特大的阅览室，设备虽简陋却很实用，座位多并有多种用途。例如，西南联合大学的工学院一年级有制图课程，每个学生所需使用的画图板、丁字尺、仪器等皆可放置于阅览桌上。所以晚饭后，同学们都从速前往，在灯火通明的大书桌上伏案学习，晚到的人因座位不足只得返回宿舍，坐在临时搭起的小台子前读书、写作。尽管战时学校的物质条件甚差，宿舍是上下铺的床，餐厅的桌椅不全，饮食相当粗糙，大家一律穿制服（冬天则是一件黑色棉大衣），但同学们都以自己是西南联合大学的学生为荣，他们制服领上缀着的银色校徽总是引来他人羡慕的眼光。特别是，大家的向学精神十分强烈，抱着“抗战必胜，建国必成”的信念勤奋学习，也努力克服着战乱导致的各种困难。李敏华和同期的同学们在昆明读书的时光，生活虽苦，功课虽忙，但依然不忘爱国，他们常常结队下乡宣传抗日，也经常组织劳军活动鼓舞士气。战时青年学子就是这样，在与祖国、人民同命运、共患难的斗争中逐步成长。

西南联合大学校门

机械系所在的拓东路是一条路面较宽的大街，路北有三座并列的会馆，经改建所构成的西南联合大学工学院规模是相当齐全的。“迤西会馆”在中间，进入大门后，对面有一座大殿，已改建成大教室，周围皆是二层楼房。二层楼房也进行了改造：楼下分割成小房间作为办公室（由南向北排列有院长、土木系、机械系和电机系办公室），楼上则建成为小教室及制图室。通过一个小门就进入另一个相似的、但房间较少的大院落，其中一个大殿也改造为大教室，西侧是教务处，南侧是医务室。迤西会馆东侧是“四川会馆”（亦称为“会蜀会馆”），其结构与迤西会馆的前院类似，中间的大殿改造为大食堂，四周的二层楼房改为学生宿舍。六人同住一间宿舍（在清华大学校园则是两人一间），都使用双层床铺，每位同学用四五个汽油箱摆成自己的书桌。出迤西会馆后门向西拐就进入“江西会馆”，那里设置的是设备齐全的实习工厂和各系的实验室。总之，工学院的教室、实验工厂和宿舍一直集中在位于拓东路上的迤西会馆区域。由于清华大学在北平沦陷前便有准备，预先运出了一些主要机床、仪表等，使得有关实验室与实习工厂得以及时恢复甚至有所扩建。例如，工厂里有一台用皮带带动的木工车床就是从清华大学运来的，而实验室有一台内燃机，则是到昆明后新购置的。当时有一个电信实验室，安置了一台大型电子管收音机，一些爱好西洋古典音乐的年轻教师曾利用它来接收过澳大利亚定期发出的音乐节目。西南联合大学工学院的基本力量是清华大学的工学院，因为北京大学没有工科而南开大学只有一个规模较小的化工系。清华大学工学院的教师和学生的人数在抗日战争前在全校已经占优势，到昆明后又扩建了航空工程学系和航空研究所，为国家和民族培养了大量人才。对于西南联合大学工学院的情形，吴仲华在 1988 年曾回忆道：

西南联合大学大部分都在城的西北方向。工学院单独在城的南部，借用了当时会馆的房子。我们住在会馆里面。北京的实验室设备搬去了，我们还有点实验设备。我们是机械工程，也有各种机械加工设备，如发动机、透平机。中国抗战时期的学校中，好的中国大学已经达到了美国好大学的水平了。虽然当时我国好的大学数目很少，但是水平很高，不管是在理论方面，还是在实验方面。当然与他们[①]的工程方面相比还差些，我们与自己的工业接触比较少。

① 指美国好的大学。

其时，西南联合大学的校训为“刚毅坚卓”，校风为“民主自由、严谨求实、活泼创新、团结实干”，而校歌是由冯友兰作词、张清常作曲的《满江红》。其“引词”为：八年辛苦备尝，喜日月重光，顾同心同德而歌唱！“校歌词”为：万里长征，辞却了五朝宫阙。暂驻足，衡山湘水，又成离别。绝徼移栽祯干质，九州遍洒黎元血。尽笳吹，弦诵在山城，情弥切！千秋耻，终当雪；中兴业，须人杰。便一城三户，壮怀难折。多难殷忧新国运，动心忍性希前哲。待驱逐仇寇复神京，还燕碣。“勉词”为：西山苍苍，滇水茫茫。这已不是渤海太行，这已不是衡岳潇湘。同学们，莫忘记失掉的家乡！莫辜负伟大的时代！莫耽误宝贵的辰光！赶紧学习，赶紧准备，抗战，建国，都要我们担当，都要我们担当！同学们，要利用宝贵的时光，要创造伟大的时代，要恢复失掉的家乡！最后的“凯歌词”为：千秋耻，终已雪；见仇寇，如烟灭。大一统，无倾折；中兴业，继往烈！维三校，如胶结；同艰难，共欢悦。神京复，还燕碣！李敏华就是在这种“同仇敌忾”的氛围中，和同学们一起在十分艰苦的条件下刻苦学习，在西南联合大学工学院航空工程学系度过了大学生活的最后两年。这段经历永远铭记在心间，2001 年，李敏华在接受中央人民广播电台记者采访时，曾这样阐述她在国难期间的求学心态：

我们想到祖国总会有一天要建设，这就像西南联合大学校歌里面的一句话那样，“中兴业，须人杰”！所以我们都是很用功的，就是“中兴业，须人杰”这种感觉。既然没有机会去打仗，那就刻苦读书。

五、改学航空工程

到昆明后，学校开办了航空工程学系，由机械工程学系同学转入，李敏华等 10 名同学成为西南联合大学航空工程学系的第一批学生。改学航空工程，是和李敏华所处的时代背景紧密相关的。

应当说，自 20 世纪初以来，“航空救国”论在中国成为一种相当流行的说法，这是革命先行者孙中山先生首先提出的口号。1910 年 6 月，正值 45 岁的孙中山流亡海外，在美国旧金山进行革命活动，得知华裔青年冯如倾心自制飞机的壮举，亲自赶往奥克兰观看“冯如 2 号”的飞行试

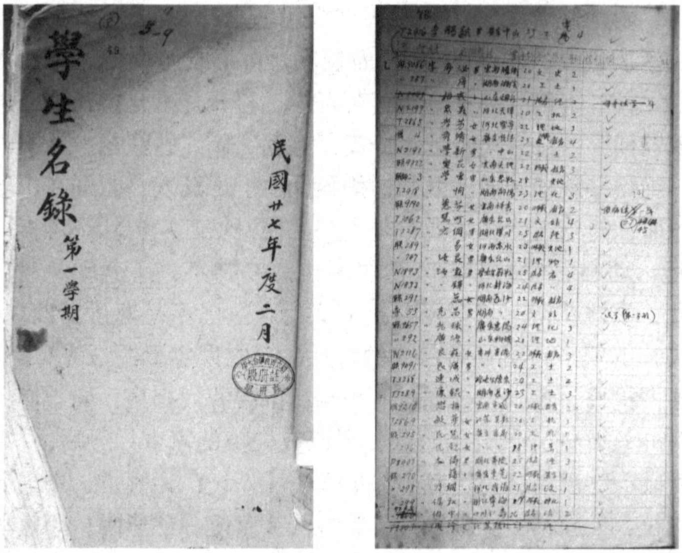

西南联合大学学生名录

验，并提出了“航空救国”的口号。此后，他在不同场合反复强调，“有了飞机，革命将取得成功”“飞机将是未来战争决胜之武器”。1923年7月，为协助孙中山创办革命空军而回国的旅美华侨杨仙逸在非常简陋的条件下，制造出第一架由中国人自行设计并在中国本土上制造出来的飞机“乐士文1号”，这是中国第一架双翼双座教练机。在8月10日的试飞仪式上，宋庆龄不仅陪同孙中山出席，而且勇敢地登上飞机完成了试飞。孙中山亲自为飞机命名，并题词“航空救国”作为鼓励，“航空救国”的思想由此更是席卷全国，振奋人心。这点在“庚子赔款”留美学生的专业选择上亦有体现：1914年周厚坤便在麻省理工学院获得了第一个航空专业硕士学位，以后又有王成志、江超西、王士倬、钱学森、钱学棨、程嘉垕、梁守槃、屠守锷等学子先后入读麻省理工学院航空航天工程系并获得硕士学位，他们大都成为中国航空航天界的重要人才。在20世纪30年代，日本入侵导致了国防形

孙中山手书的
“航空救国”题款

势的严峻，中国政府开始大力发展航空工业。1933 年，清华大学在机械工程学系的四年级筹设了航空工程组，由王士倬主持。从 1934 年夏天开始，清华大学与国民政府资源委员会合作在机械系开设了“航空讲座”，通过“美国航空之父”冯·卡门（von Karman）的介绍，美国航空专家华敦德（F.L.Wattendorf）于 1936 年到清华大学机械系担任客座教授。1936 年，航空组在王士倬、冯桂连等主持下建造了中国第一座自行设计的 5 英尺[①]风洞。1936 年年底，在清华大学工学院院长顾毓琇的主导下，清华大学成立了航空研究所，先后建立了机架实验室、发动机实验室和航空风洞。1937 年，航空组师生又在南昌参与建成了中国第一个大型 15 英尺的风洞。1938 年，西南联合大学正式将航空工程学独立出来成为一个新系，由航空研究所所长庄前鼎兼任航空工程学系主任。

李敏华作为一名女生，肯于学习航空工程，和她在抗日战争时期对于中日空战的感受直接相联系。如前所述，1937 年 8 月 13 日，第二次淞沪战争爆发。次日，日本海军航空队第二航空战队派出多批 34 架飞机从“加贺”号航母上起飞袭向杭州，时任中国空军第四航空大队大队长高志航在十多分钟的空战中，取得击落日军长机一架、共击落日机两架的战绩，后因左臂中弹返回机场。事后统计，仅是跌落在杭州笕桥附近的敌机残骸就有 6 架，这是全大队的战绩，“八一四空战”缔造的“6：0”首开中日空战全胜纪录，打破了“皇军无敌”的神话，极大鼓舞了中国军民的士气。11 月，侵华日军第三舰队的主力舰之一“龙骧”号航空母舰出现在浙江舟山群岛以北的大戢洋海面，对东南沿海中国军队的防御构成极大的威胁。11 日拂晓，中国空军轰炸机队在队长徐卓元率领下舍命攻击，日本航母被炸成重伤，也极大地振奋了民族精神，重庆的各大报纸以醒目的标题对这次行动进行了报道：“敌一母舰被我轰炸，十三敌机着弹起火。”这展现了中华儿女不可摧毁的意志与精神，然而在对日空战中，中国空军有多名战士以年轻身躯壮烈殉国。其中缘由不难解析：敌我空中力量极为悬殊，日本拥有自行生产的先进战机 3200 架，而中国只有购买、拼装各国杂牌二手战机 300 架，况且训练与后勤均相当落后。发生在上海地区的另一场空战，飞行员沈崇诲等在轰炸日本第三舰队旗舰“出云”号的战斗中壮烈牺牲的事迹，更是深深印刻在李敏华的脑海里。从 1932 年“一·二八”事变爆发以后，日本海军便调遣“出云”号舰停泊在上海江面上待命，成为第一外遣舰队旗舰，在第一次淞沪会战中，“出云”舰曾

① 1 英尺≈ 0.305 米。

日本“出云”号战舰

多次引领日本第三舰队对上海的军民目标开炮射击。“出云”也因此变成了日本海军在中国横行的符号，被中国军民当作记恨万分的重大目标。抗日战争全面爆发后，在第二次淞沪会战中，中国海军和空军分别组织空袭和水面偷袭，以期击沉这艘日本在华的最大舰艇。8 月 19 日，沈崇诲等驾驶的 7 架飞机向上海飞去，目标是佘山附近的日本航空母舰和白龙港的敌军舰。然而，当他们飞抵上海市南汇县上空时，沈崇诲所驾的 904 号飞机却发生了故障，尾部冒出浓烟，因为速度减慢而脱离了战斗队形。沈崇诲和同机战友陈锡纯知道飞机已经无法挽救，但是前方已经看得到停泊在那里的“出云”舰，他们就带着没有投放的 2000 多磅炸弹，对着“出云”号俯冲下去，实现了以身报国的夙愿。殉国时，沈崇诲年仅 26 岁。当时，沈崇诲的事迹不但被国内新闻媒体所传播，世界各地报纸也纷纷转载此消息，成为提振士气、鼓舞民心的宣传典型。尽管后来有些媒体对此事有过质疑，但这些发生在身边的故事情景给李敏华以极大的冲击，正如她在 1955 年《自传》中所写的那样：

沈崇诲

对我印象最深的是当时的空军的极旧式的飞机迎战，空军战士把自己连同飞机冲下轰炸出云号[①]的壮烈牺牲，这一切清楚地说明了中国人民的要求。也就是这种一件一件不能遗忘的事件使我们以后即使身处在美帝和蒋介石特务的宣传之中仍能认清新中国是合于人民的要求。也就是这种一件一件的不能遗忘的事件，使我在美帝的重重压迫下尚能克服困难而回到祖国。

① 原《自传》中写为“撤云舰”有误。

甚至到了1997年，李敏华在接受苏州有线电视台记者采访时，依然提到这段经历：

航空飞行员非常勇敢，但飞机性能很差。一个飞行员带着驾着飞机，飞机上带着炸弹，连人带飞机冲到出云舰上。炸中了，人当然也牺牲了，这种情况很感动的。但是，我们的飞机太差了，我们需要有好的飞机。

这是促使李敏华改学航空的重要原因，所以，她在《自传》记述道：

到昆明后，学校开办了航空工程学系，由机械系同学转入。（我）在抗战期间看到空军的重要，深感航空工程的需要。因此和其他的九位同学一同转入了新办的航空工程系，我所学的注重飞机结构。在这一个时期中，我们安心学习，希望将来能为国家多多工作。

西南联合大学航空系的课程设计基本上是参照麻省理工学院航空工程系编制的，而且该系所采用的教材一律使用美国的原版教科书，教师在讲课时一般多是中、英文并用，作业、考试基本使用英文。所以虽然是一个新建的学系，但从开始就有一个很高的起点，培养的学生很容易与国际前沿接轨。

李敏华在西南联合大学航空系的学习，为她终身的科研事业打下了坚实基础。西南联合大学航空工程学系是在清华大学机械工程学系航空组的基础上建立的，是中国大学的第一个航空工程系，初创阶段的教师只有冯桂连、王德荣和殷文友三位教授，开有航空工程、空气动力学、飞机结构学等课程。西南联合大学于1938年组建航空工程学系时，向远在英国的王德荣发出了担任系主任的聘书，但其时他正在返国路程中而没有收到聘书，便由冯桂连接替庄前鼎于1939～1940年担任系主任，王德荣则于1940年担任航空工程学系的第三届系主任。冯桂连和王德荣都是国外留学归来的学者。其中，冯桂连于1929年从清华大学毕业后入麻省理工学院航空工程系，1932年获硕士学位，1933～1935年在德国哥廷根大学（University of Göttingen）跟随力学大师普朗特（Ludwig Prandtl）教授学习风洞设计，1935年回国任清华大学机械工程学系航空组教授，曾亲自设计制造自动平衡式天平及滑翔教学机，还是清华大学5英尺风洞和南昌15英尺风洞设计制造的主要参与者。他继庄前鼎担任西南联合大学航空工程二学系主任期间同时负责航空研究所空气动力学组。而王德荣则是于

1928～1932 年在上海交通大学学习，毕业后到清华大学当助教。1935 年他考取了第三届“庚子赔款”留英生，在英国伦敦的皇家理工学院攻读航空工程专业研究生，1938 年获硕士学位后，放弃了继续攻读博士学位的机会，毅然返回战火中的祖国，来到西南联合大学并于 1940 年担任航空系第三届主任。尽管西南联合大学航空系是一个新成立的小规模学系，但教学和管理都十分严格。以王德荣为例，他的授课一直以概念清楚、内容精选、深入浅出而闻名。他在编写《结构学》等教材时，特别注意内容的取舍，反对把什么内容都编入教材的做法。王德荣给学生讲课，尽管教材是自己编的，又有丰富的教学经验，但每次上课前王德荣都要认真备课、精心组织讲授内容。他的讲授原则是：不要把什么都讲得一清二楚，但基本概念一定要讲清、讲透，同时要给学生留下一些问题，让学生自己去深入思考、去解决其中一些难题。他认为，在有些问题上，教师要启发学生去思考，明确解决问题的思路，有些问题则要学生自己独立地去解决。他一贯强调，从事力学研究的人首先要概念清楚，并要有很强的动手能力，要有运用理论解决实际问题的能力。他经常说，大学教师不能沦为教书匠，而应是学者，上课就是讲学。

清华大学机械工程系建立的 5 英尺航空风洞

在这样一批严师教育、训导下，在全国抗日战争的艰苦条件下，李敏华坚持走完了大学学习阶段。根据西南联合大学学生名录（民国二十七年二月，即 1938 年 2 月）及西南联合大学学生履历卡（正式生）可知，李敏华时年 20 岁，在西南联合大学工学院航空工程学系（性质为军事工程）三年级就读，其英文名字记为 Li Min Hua。航空工程学系第一年只有两名学生在读并于 1939 年毕业，第二年也不过是 10 名学生，而李敏华能够按期毕业。为什么一个娇弱的女孩子愿意选择连男孩子都不太敢学习的专业并坚持学成毕业？从李敏华的《自传》所述，可以看到她已经把自己选择的专业领域和国家的需求结合在一起了，走的仍然是“理工救国”的路线。李敏华正是亲眼看到空军在战争中的作用而深感航空工程的重要才专攻航空工程学的，所以能够做到攻读期间身心专注、乐此不疲，工作以后依然坚持在这个领域中拼搏。一个科学家能够做出重要的贡献，一定是要做国家和社会需要的事情。这也是李敏华青年时期所处时代的烙印：在民族危机环境下所激发出来的国防意识，与爱国进步学生的专业倾向（多与国防和工业有关）结合在一起，使他们形成了为国效力的理念并得到了国家与民族的认同。正如顾毓琇后来所说：“利用工程的知识和方法来帮助国家解决国防和民生问题，便是我们工程师的天职。”

1940 年 7 月，李敏华正式从西南联合大学（清华大学）毕业。70 余年后的今天，从清华大学的档案里，已经查阅不到李敏华当时是否提交了学士论文。然而，在她封存多年的个人资料里，有一篇书写规整、保存完整的论文，全部用英文撰写，封面上的标题为 *A Graphical Method of Bending Moment and Deflection In An Aeroplane Spar*（《飞机翼梁弯矩和挠曲的图解法》），作者为 Lee Ming -Hua（李敏华），时间为 July 1940。这时，李敏华已按照美国方式拼写其英文名字，并在美国学习与工作期间一直采用之。不难分析，这应当是一篇学士论文，其中给出了图解法的原理说明和 8 个应用实例。据当时西南联合大学的同学白家祉回忆：战乱时期的西南联合大学对学士论文是没有硬性要求的。这篇论文的完成，不仅表明了李敏华用实际行动继承了清华大学“研究”与“好学”的优良传统，而且也初步显示了她在固体力学方面的扎实功底和运用能力。

同年暑期，吴仲华也从机械系毕业。他们二人同为清华大学十一级学生，本应在 1939 年毕业。但是李敏华因为从化学系转至机械系，花了一年时间在机械系重读二年级；而吴仲华则是因为参加机械化部队受训与服役而耽误了一年课程。所以他们二人 1940 年才从西南联合大学毕业。

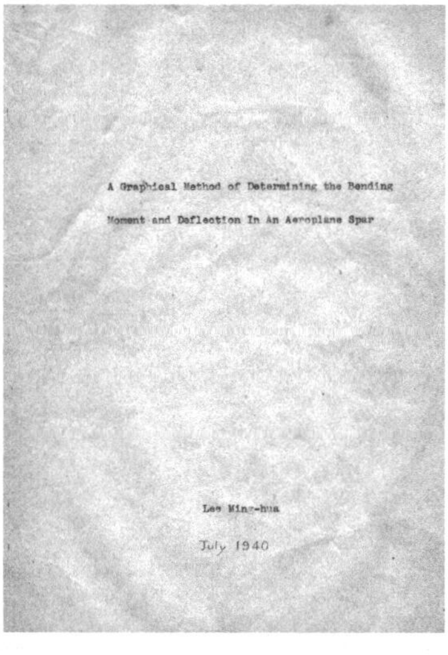
A Graphical Method of Determining the Bending Moment and Deflection In An Aeroplane Spar

Lee Ming-hua

July 1940

李敏华 1940 年完成的论文封面

在全国抗日战争的艰苦条件下，李敏华和吴仲华从北平的清华大学校园来到昆明的拓东路，由于战乱环境导致的思想动荡、生活困苦、学习艰难，并没有消磨他们求索知识的意志，再加上名校严师的训导，他们坚持走完了人生路程上的大学阶段，为以后在科学领域的拼搏奠定了坚实的学识基础和精神信念。李敏华这只娇燕已经长成了，她要为国家、为科学而奋力高飞！

第五章

留校任教并准备出国

清华大学学子大多都有留学深造的愿望，而对于留校任教的年轻教师，清华大学亦有工作两年以上者便可能获得出国留学机会的惯例。特别是，随着抗日战争胜利在望，政府放宽了战时的留学限制，“庚子赔款”留美与留英的考试也相继恢复。在这种情况下，再加上对蒋介石政府的失望和不满，促使李敏华和吴仲华决定赴美留学。他们一边在西南联合大学认真任教，一边积极准备出国。

一、在西南联合大学留校任教

1940年7月，从昆明西南联合大学毕业后，李敏华留校在航空工程学系里任教大约三年时间，先担任助教，后担任教员，主要是讲授飞机结构及材料力学。同年，吴仲华也从西南联合大学机械工程学系毕业，留校在机械工程学系任助教和教员，情况与李敏华基本相同。抗日战争期间，在各个沦陷区毕业的高中学生，通过不同的路线，纷纷来到昆明寻求接受高等教育的机会，而西南联合大学的名师甚多，因而吸引了众多的年轻学子。所以西南联合大学从1938年夏秋之间正式招收新生以后，规模不断扩大，这样就需要聘用较多的助教，特别是航空工程学系和机械工程学系担负了工科各系皆需选修的一些必修课，不少学业优秀的毕业生便留校工作了。根据清华大学员工名册，1940年，在航空工程学系任教的有王德荣（教授）、沈元（助教）、李敏华（助教）等；在机械工程学系任助教的有白家祉、林慰梓、郭世康、杨捷、吴仲华等，专任讲师有梁守槃。应当说，李敏华和吴仲华双双留校工作，既是西南联合大学发展的需要，也是他们学习优良的结果。

在这所抗日战争期间最好的大学里任教，对李敏华和吴仲华都是一个继续提高学识与能力的好机会。当时，西南联合大学的校行政有两个机构，一个是校务委员会，一个是教授会。其中，校务委员会是权力管理机构，校务委员会委员由教授会民主推荐、校长批准任命，校长为校务委员会当然主席。校务委员会通过民主讨论和决议全面主管全校重大事务。三位校长（张伯苓、蒋梦麟、梅贻琦）均为校务委员会主席，但前两位老教育家为了支持校长负责制一元化领导，公推年轻的梅贻琦校长主持校务，而他们则留守重庆，以期从国民政府教育部方面谋求对西南联合大学的实

西南联合大学三校长：梅贻琦（左）、张伯苓（中）、蒋梦麟（右）

力支持。所以，西南联合大学自始至终都是由梅贻琦校长主政，实行“校长负责制”。在西南联合大学校务委员会中，主管管理的职能部门的领导人（包括常设的校务委员会秘书长、教务长、总务长、训导长、建设长等）全部由教授担任，他们均由教授会民主推荐、校务委员会讨论通过、报校长批准任命。而教授会则是一个校务咨询机构，虽然不是权力机构，但很有威望，其成员包括全校教授，经常性工作则由全校教授推选常委会主办。各学院有院教授会，各学系有系教授会。后来，院教授会主席改称为院长，系教授会主席改称为系主任，由相应院系教授会民主推选、校务委员会讨论备案、报校长批准任命。各院系教学及管理业务，统由教授会评议，由院长或系主任执行实施。所以院系教授会实际上是院长或系主任领导下的民主办学权力机构。西南联合大学的行政管理机构相当简约，从领导到职工，各尽所能，各司其职，工作效率超高。对于不属于职能部门的临时性重要工作，则由校务委员会讨论研究，请教授会推荐适宜教授人选，组成各种临时工作委员会（推选主席）来主持工作。工作任务完成后即行解散，保持主体常设机构精干灵活。被推选参加这些临时工作委员会的人员，也是兼职不兼薪，没有任何工作津贴，完全是义务工。在这样一个宽松、高效但依然艰苦的环境里，李敏华和吴仲华努力工作并继续专注于学习知识。

李敏华在担当助教、教员期间，要给学生上辅导课、做答疑、出习题、改作业，需要强化、拓展、充实自己在求学期间学得的知识。李敏华常常将机械系两年学过的课本 *Engineering Mechanics*（《工程力学》）（Brown 著）、*Strength of Materials*（《材料强度》）（Timoshenko 著）等拿来重新细致研读。当她看到 1940 年出版的 *Mechanical Vibrations*（《机械振动》）（Den Hartog 著）的第二版时十分欣喜，因为它是工科学生奉为经典的一部精品专著。就是这样，李敏华千方百计地到处查阅书刊，寻找资料，收集习题。她要把概念一个个搞明确、把假设一个个摆出来、把理论一个个厘清楚，不仅自己要记笔记、写心得，而且自己还把全部习题都亲自做一遍。正是他们如此认真、负责地对待任教工作，他们不仅成为称职的好老师，而且也为自己的知识夯实了基础。

二、战时昆明生活的点点滴滴

工学院的教师都住在望苍院的教工宿舍里，在迤西会馆后院，通过后门向东拐便进入望苍院。该院的中心有一座精致的小花园，北头是一座二层楼房，为单身教授宿舍（两人一间），中间有食堂，楼下是一个大阅览室，西侧还有数间单身教授的房间及厨房等。通过南侧的小门，就进入望苍前院，里面有一座四面二层楼房，由于留校任教的人数大大增加，这个前院就改造成二十几位助教的集体宿舍了。前院南侧楼下有三间较大房间，此时已经改造成为食堂和厨房。食堂里摆放着三张大圆桌，每日助教们便围坐在圆桌旁就餐，每月的伙食账目由大家轮流管理，既民主又灵活。当时同学们开玩笑，把白家祉称作为“院长”，因为他爱管闲事、乐意为大家服务。其中一件“大事”，便是由白家祉负责大家的“饭团”，饭团收钱、跟大师傅开菜单等全由他一个承人包了。这是抗日战争时期大后方学校生活的一种典型模式，这种模式在同事间孕育了更为深厚的情谊。白家祉在 2012 年接受采访时，依然记得当他 1946 年去麻省理工学院攻读学位时，吴仲华详细向他推荐了选修课程的经验并鼓励他“你可以选，完全可以念下来”，从而使他在两个学期里就拿到了硕士学位；当他在 1949 年取得博士学位返回北京之前，曾到克利弗兰（Cleveland）城的吴仲华、李敏华家中告别，吴仲华怕他是“穷”学生囊中羞涩还送他一张 100 美元的支票。尽管白家祉领会了挚友的心意，但他觉得美元对他也没有什么用处，到了旧金山以后就把支票寄还给他们了。当然，这里面的友谊与情分是不能以金钱来衡量的。

望苍前院的北侧楼下也有同样的三间大房间，中间的那间改建成游乐室，摆有一个乒乓球台，台上还摆放着围棋和象棋。可见，即使在抗日战争大后方的艰苦条件下，西南联合大学工学院还保留着清华大学重视体育健身的风格。学院东边不远处还有一座大操场，甚至可以在此比赛踢足球，工学院的教师队也曾多次和学生队进行比赛，双方互有胜负。前院南端的屋檐下摆有两个报刊架，一架放“中央日报”，另一架放《新华日报》，可见西南联合大学的政治风气相对宽松，对于师生思想倾向没有严格的约束。所以，当时的西南联合大学在大后方有着与众不同的风气，不仅是孕育着浓厚学术空气的“高等学府”，也成为散发着不同政治思想的“民主堡垒”。这也是造就李敏华、吴仲华这一代大师们一直以国家强盛为己任的一种大环境。

那时，吴仲华和白家祉、林慰梓合住在前院的东侧。在这座小院东西两侧的二层楼上，由于设置有过道，故房间面积相应小一些。房间面积虽小，但这三位从一年级起便是机械系的同窗（林慰梓还是吴仲华在金陵中学的校友）、还一起参军到了陆军交通辎重学校受训并到机械化部队服役、现在又一起留校工作而且竟然能住在一起，真是喜不自胜，总是其乐融融。他们都喜好西洋古典音乐，特别是，那时吴仲华正好有一台收音机可以收听当地播送的节目，而昆明广播电台在这方面的节目还相当多，收藏的曲目比较丰富，使他们得以欣赏贝多芬、莫扎特、勃拉姆斯等名家作品。工学院电信实验室里有一台大型电子管收音机，他们也曾用它来接收澳大利亚定期发送的音乐节目。到了周六的晚饭后，他们还可以到大西门内文林街上的一座小基督教堂，去聆听唱片音乐会。另外，离工学院大约半小时路程处，有一座小学校，校长是一位钢琴家。该校在周末晚上也时常举办晚会，就是在小礼堂里摆上小椅子，一般是先欣赏校长的演奏，然后年轻的助教们就和小学的女教师跳起集体舞，有领舞师率领，有校长做伴奏，大家欢乐无比。

此外，他们还时而结伴到翠湖公园坐在石凳上欣赏池中绽放的荷花；时而结伴到近日楼附近的广东小吃店品尝绿豆沙或芝麻糊；甚至偶尔还去共和、春和、东月楼等昆明的大饭馆，叫上几样名菜品尝一番；或者到昆明湖边的海埂，这个小半岛的两边有着细软的沙滩，岸上还有几间小房子，可以玩水还可以打牌。当然，工学院对面是滇缅铁路终点站，平时车次不多，站台内十分清静，加之站内地域宽阔、树木整齐，也是大家散步的好去处。可见，即使在抗日战争时，青春活力仍然处处迸发。工学院的几位女助教生活在比邻望苍前院的迤西会馆后院里，但她们不单独开伙，也一起参加望苍前院的“饭团”。尽管当时大家过着“战时”的集体生活，但在这块小天地里还产生出一些缘分，成就了两对配偶。李敏华和吴仲华便是其中的一对，他们在这里确立了男女朋友关系，并且在这里正式结婚成家。

1986 年冬，李敏华（右）和吴仲华（中）回访西南联合大学工学院旧址

当然，战时生活不尽然总是如此舒适温馨，艰苦仍是在昆明期间生活的主旋律。这里仅以“跑警报”为例，说明李敏华、吴仲华他们当时的工作与生活环境。远在昆明的西南联合大学并没有能够躲开日本侵略者的袭扰，日本飞机不时地飞来空袭昆明，西南联合大学的师生常常在空袭警报声中匆忙躲避轰炸，此即西南联合大学师生所谓的“跑警报”。1938 年 9 月 28 日，日军飞机第一次轰炸昆明，造成昆明死伤甚重，计有轻伤 60 人、重伤 173 人、死亡 190 人，其他血肉横飞、尸身难觅者则不知多少。1940 年 10 月，日军占领了安南（即今日的越南）河内以后，为了切断中国同国外的唯一联系通道——滇缅公路，加大了空袭昆明的力度。在李敏华、吴仲华留校任教开始的那两年时间里（1940～1941 年），日军轰炸昆明的频度达到了高峰，成为西南联合大学师生“跑警报”最为频繁的时期。1941 年 12 月以后，随着陈纳德飞虎队进驻云南，日军对昆明的轰炸渐渐减少，西南联合大学师生才逐渐不用再“跑警报”了。为了能在日本飞机的频繁轰炸下坚持正常的教学活动，1940 年 10 月西南联合大学常委会第 157 次会议决定，“各院系上课时间，除假日外应自每日上午七时起至十时，下午三时起至六时、七时至九时止。如遇有空袭警报时，应一律停课疏散，于警报解除后一小时内仍照常上课”。因为上午十点是日本飞机来袭的时段。“跑警报”是西南联合大学师生在日军空袭下的一种生存方式，然而它却有更多的蕴涵——对中国民众民族心的刺激。“跑警报”的经历，也是让李敏华和吴仲华终生铭记在心的一个经历，激励着他们牢记“中兴业，须人杰”，立志为成为一流人才而努力发奋。当孩子长大懂事之后，

日寇对中国实施大规模轰炸

李敏华曾给儿子们讲述他们当年遭遇的险状：他们经常去一片庄稼地躲空袭，总是藏在一个玉米秸秆堆里。有一次，他们恰巧没有去那里藏身，而日本的炸弹正好落在玉米秸秆堆上。敌机轰炸给予他们一种关注抗日战争的警策、一种看透生死的意念，使他们更加坚持取得抗日战争胜利的决心。

此外，日本飞机轰炸还造成了昆明物价的一路飞升，使西南联合大学教师的生活水平大大降低，很多人不得不为生计而发愁。在抗日战争期间，西南联合大学的教师每月的工资是60元，尽管工资微薄，但开始尚可满足家庭温饱生活之需。后来由于政府官员的贪污腐败和不法商人的囤积走私，物价大幅高涨，货币迅速贬值，吃饭穿衣便出现了问题。往往每个月的薪水刚刚发下来，人们就得赶快把这个月的米买了，油盐及其他可以买的也要全买下来，否则到下个星期价钱又不一样了。此时，对李敏华而言，还存在一个十分严重的问题，就是她的身体状况很差。她在幼时左肺曾患有结核，后来已经钙化，但现在由于营养不良致使结核病重新复发了。因而她时常发烧并急速消瘦，体重由90多磅[①]减至70多磅。彼时昆明的医生水平低而且医疗条件差，开始误诊为疟疾，后来虽诊断为结核复发，却无药可施，只能打空气针压住左肺，可是这不但无效而且使体质更加减弱。这样，医生就嘱咐要注意营养和加强休息，但当时的教师收入实难满足增加营养的需求，李敏华只好将毛衣卖掉，买些小瓶鱼肝油来滋补身体。吴仲华看到这种情况也很着急，他们决定结婚，这是1943年。这样，他们可以自己单独开火做饭，从而将李敏华的营养水平略为提高一些。这就是抗日战争期间普通民众生活的一个真实写照！可以说，“国破家亡”不是空洞的字眼，战争的阴

---

① 1磅≈0.454千克。

霾笼罩着每一个家庭、每一个国人。当然，它也激励有志青年的救亡决心。

三、准备留美攻读学位

1942年秋，教育部重开出国留学考试，西南联合大学历届毕业的高材生都在摩拳擦掌跃跃欲试，李敏华和吴仲华也决定留学攻读学位。他们这一决定出于多种考虑，其中有届时社会大背景的因素，有个人期待求学深造的愿望，也有家庭生活方面的考虑。

首先，随着形势的发展，国民党政府的消极抗战、官员的贪污腐败和不法商人的囤积走私等现象不断滋生，使在校的老师和学生大失所望。李敏华在《自传》中写道：

但是慢慢地看到抗战不够积极，蒋介石政府人员的腐败贪污，商人的囤积走私，物价高涨，以及其他等等不公平的现象……我们又大大的失望。我们很感苦闷，因为学习工程的（同学）常在一起讨论，觉得在政治不上轨道的时候，学习工程是错误的，当从事政治工作。但我们平时对社会科学方面的学习又少，有无从着手之感，结果只能仍然向工程方面继续努力。

吴仲华在1988年接受美国记者杜开昔的采访时，也回忆了他在国民党机械化部队所经历的情况：

我们在那里训练了几个月，工作了不到一年，感觉到国民党政府非常腐败。这个部队，中国唯一的机械化部队，不跟日本人打仗，部队里面有各种各样的腐败情况。我就讲两个例子：一个例子是兵的数额是假的。比方说一个部队有500人，实际上没有500人。部队还是要点名的了，这边点名他来了，那边点名他又过去了。第二个很坏的现象是，我们到了师部，看到一个房间，里面有好多木工在刻图章。刻图章是做假的发票。他们要专门雇人来刻图章，搞假发票。

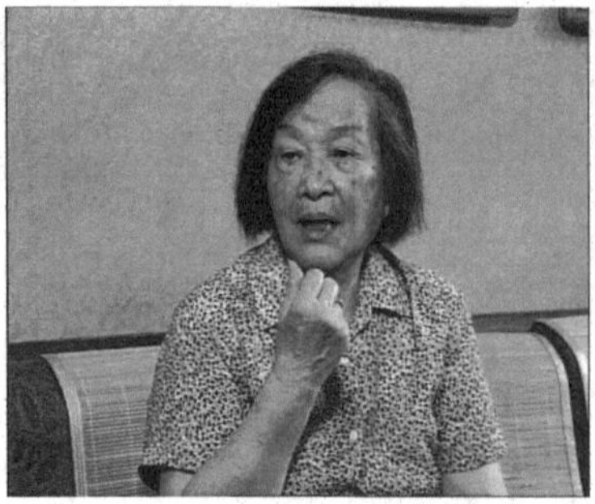

1997 年夏，李敏华接受苏州有线电视台记者采访

这些亲身经历、耳闻目睹的事例促使李敏华和吴仲华认真考虑在国民党统治的社会中何去何从的问题。

李敏华接着在《自传》中写道：

> 我们想至少我们应当充实自己，等将来政治上轨道时，可以尽我们最大的力量工作。所以，我们很多在学校工作的同学，在工余时候都自己念书，有时大家讨论些问题。同时我们准备考公费留学。因为那时有公费留英及留美，而英美在工程上比较中国有些经验，并且那时英美都是中国的盟国，关系并不像现在这样的坏。所以我们在工余的时候准备考公费留学。

这依然是她贯而有之的“理工救国”理念，只是经过了日本侵略这一国难的磨砺，她对此有了更明晰的理解，正如她在 1997 年接受苏州有线电视台记者采访时说的那样：敌人“一个是军事侵略，一个是经济侵略”“胜利以后的建设需要人，所以我们非常用功”。李敏华努力学习、出国深造，就是为了掌握知识和技能，以期把国家建设得强大起来，使同胞不再受人欺凌。

此外，其时李敏华的肺结核复发的实际情况，也促使他们决心尽早出国。大后方昆明的医疗条件十分恶劣，根本没有治疗肺结核的药物，只靠打空气针则毫无效果，李敏华的身体越来越虚弱。到国外去寻求更好的医治手段，也成为他们的一个考虑因素。李敏华在《自传》里记述了这一情况：

> 但那时我身体极坏，时常发烧。那时昆明的医药很坏，医生初以为是疟疾，后诊断是因营养不良而可能引起的我在小时候的已钙化的左肺结核病的复活（由 X-光透射后得的结论），嘱睡下休息和注意营养，因此我考公费的准备遂即停止。但营养方面很难注意，因那时收入极微，只能将毛衣卖掉。买了小瓶鱼肝油。那时我极弱，体重由九十多磅减至七十多磅，非常瘦，我爱人也为我很着急。我们决定结婚，因为这样他可以自己煮饭，我的营养可略提高些。……那时我虽然一直在就医，打空气针压住左肺等，但不但无效且更减弱，因此我们决定赴美，一方面能学习他们的

工程经验，另一方面还能医治肺病。

在身体如此虚弱的情况下，李敏华依然敢于决定赴美学习，其情操的确难能可贵。

四、鼓励留学的政策提供了机遇

当然，抗日战争后期政府重开留学考试的措施及鼓励留学的政策，也为李敏华、吴仲华这批年轻学子出国深造提供了机会，在客观上起到了培育高端人才的积极作用。

众所周知，清华大学一直有着这样的传统：毕业留校的教师在工作两年之后可以参加留学考试，任教期满五年可以得到一次出国进修的机会。这有点类似美国教授工作若干年后能够享受学术休假的做法。所以，清华大学本科生毕业后，特别是留校任教的，一般都会立志考取留学美国，到美国的名牌大学研究院读完硕士和博士，再去实习一年到一年半，方才回国工作。对于学生而言，这种深造之路，是 1925 年清华大学由留美预备学校改为本科大学后，那些有志学子追求深造的常规途径。对于学校而言，这种做法，应当是清华大学提高教师队伍水平的重要举措。

当然，清华大学的优秀学生形成这种留学美国的志愿，也和清华大学一直主持“庚子赔款”留美考试的背景有着联系。“庚子赔款”是清政府于庚子年（1900 年）被迫与俄、德、法、英、日、美等 11 国签订了《辛丑条约》并同意赔偿“关平银”4.5 亿两的款项。后来，分别在 1928 年和 1924 年，美国两次宣布退还部分“庚子赔款”，作为资助留美学生的基金。但是，派出的留学生需要通过必要的考试来选拔，这就是“庚子赔款”留美考试的来由。“庚子赔款”留美学生的选拔方式是不断变化的：刚开始时，各个省份每年依照该省所出赔款比例享有一定的名额，高中生在学制最后一年参加选拔考试，获胜者进入清华大学就读两年，在完成基础学业的同时，熟习美国的语言文字、生活方式、风俗习惯、社会政治等，然后前往美国完成余下的学业。在“九·一八”事变等事变以后，政府改变了项目名额分配方式，即选拔考试只面向每所大学数学和科学分数排在前 4 名的毕业生，以及至少有两年科学相关工作经验的专科毕业生，以解国家存亡之际对技术人才的迫切需要。留学生抵美后，由设在纽约的美中协进会（Chinese Society in America）接管他们的生活与财务状况。

在1908年美国宣布退还部分“庚子赔款”作为资助留美学生基金的决定之后，为了选派和培训留美学生，中美两国政府商定要建立一所学校，从而导致了日后清华大学的诞生。1909年，清政府在清华园内成立了游美学务处，它以“游美肄业馆”名义招考学生，再经学习考查后送往美国留学。1909年10月，便选派出第一批“庚子赔款”留美学生47人（赴美时，另外加上了3名贵胄子弟，共50人）。清华老校长梅贻琦先生就是第一批的留美学生之一。截止到1911年，中国先后派遣了三批“庚子赔款”留美学生，共计183名。辛亥革命以后，利用“庚子赔款”选拔留学生的工作仍继续进行。1911年，游美肄业馆改为清华留美预备学校，也称清华学校或清华学堂，依然承担利用“庚子赔款”培养赴美留学生的事宜。1911年3月，清华学校开学，有460余名学生入学接受教育。1912年民国政府外交部总长会晤美国大使，被告知美国政府承诺继续退还“庚子赔款”用于游学之用。此后，清华学校便按年招考并选送学生赴美，清华留美学生所选科目，以理、工、农、医、商居多，这也是中美两国商定

1911年，中等科游美学生合影

的原则。这里应当提到的是，1925年清华学校还公布了留美女生考试揭晓通启，正取5名、备取5名，这体现了一种破除“男尊女卑”旧习的新潮流。1928年8月，清华学校改名为清华大学，隶属教育部，它不再是专门的留美预备学校，但仍在1929年遣派37名毕业生、考选10名专科生赴美留学。不过，自此开始，留美预备部关闭，留美高潮回落，此后三年没有再遣派留美生，而“庚子赔款”的大部分则转为资助清华大学设校

之所需。自1933年起，清华大学又开始公开在全国招考留美公费生，此为第一届，以后连续招考了四届，故而留学人数逐年增加，并于1935年达到高峰的1033人。抗日战争爆发后，考试曾中断数年，1941年后恢复考试，又继续招考了两届。因此，清华大学“庚子赔款”留美公费生总共招收了6届，总计录取了131人，吴仲华便是通过清华第6届“庚子赔款”留美考试的一名佼佼者。

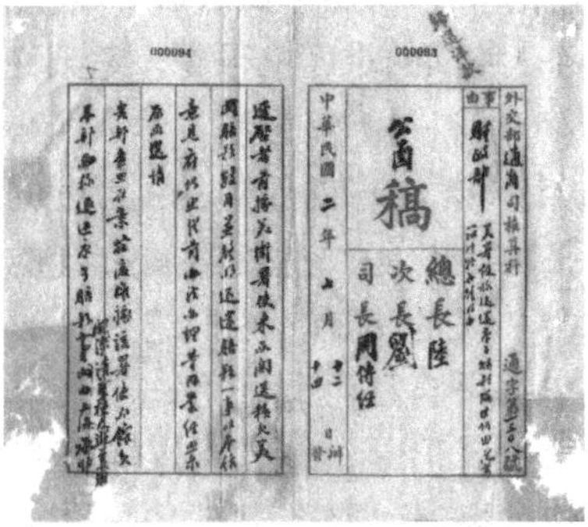

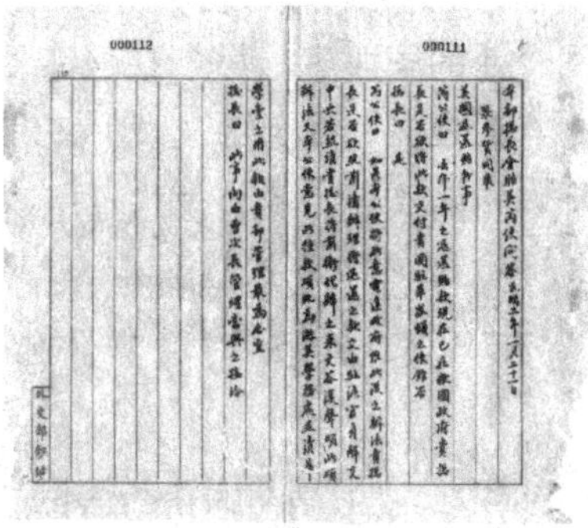

1912年，外交部就美国承诺继续退还“庚子赔款”事函告财政部

此外，除了美国退还“庚子赔款”外，第一次世界大战结束后，中国作为战胜国，多数国家表示愿与中国“友好”，所以都步美国的后尘，陆续放弃或退回了“庚子赔款”余额。例如，1926年年初英国国会也通过退还中国“庚子赔款”议案，用于向英国选派留学生等教育项目。由于有这种机会，李敏华曾于1943年年初参加过一次“庚子赔款”留英的考试。

1937年抗日战争爆发，政府宣布了留学限制的暂行办法，留学人数立即锐减，1941年跌至谷底，只有57人。1942年，抗日战争接近尾声，政府开始放宽留学政策，留学人数逐步回升。除了恢复公费留学考试外，政府这对留学生办法进行了调整，放宽了尺度，规定“凡有外国学校入学证者可请求留学护照”，同时对留学生的外汇汇率极为优待。鉴于李敏华的身体情况，他们决定先请求留学护照自费出国，结果被批准了。

五、夫妻双双踏上赴美征途

1943年年初，李敏华参加过一次留英考试，但没有考取，之后便一边继续准备考公费留学，一边争取自费留学。随后，她先后去信至麻省理工学院和密歇根大学，申请入学证并请求奖学金，不久就收到这两所学校的入学证。同时，麻省理工学院航空系还来函告之，奖学金需等本人到校后才能申请，但机会很多。当时因奖学金不能事先请求，她尚不敢办理留学手续，仍继续准备考公费留学。

1943 年年中，吴仲华参加了清华第 6 届“庚子赔款”留美考试。众所周知，“庚子赔款”留美考试的竞争相当激烈，每届考试录取 20 名左右不同专业的毕业生，每个专业只录取 1 名；考试的难度也很高，考试科目有七八门之多，除了国文和英文外，便是专业科目，多为本科学习的必修基础课，如物理、微积分、力学、机械设计等。录取的原则是：考生的总平均分数必须达到当届遴选委员会共议的标准。考试之后，吴仲华觉得自己考得还好，应当可以通过。但是，第 6 届留美公费生正式揭晓一直拖延到 1944 年 6 月 25 日才发榜，而这届学生离国赴美则是在 1945 年日本宣布投降之后，他们是“庚子赔款”资助留美的最后一批留学生。在清华大学的揭榜广告上，录取名单中列有 22 名佼佼者，包括杨振宁（物理学）、白家祉（机械制造）、黄茂光（原动力工程）、洪朝生（无线电学）、沈申甫（航空工程）等，吴仲华则是农具制造专业。

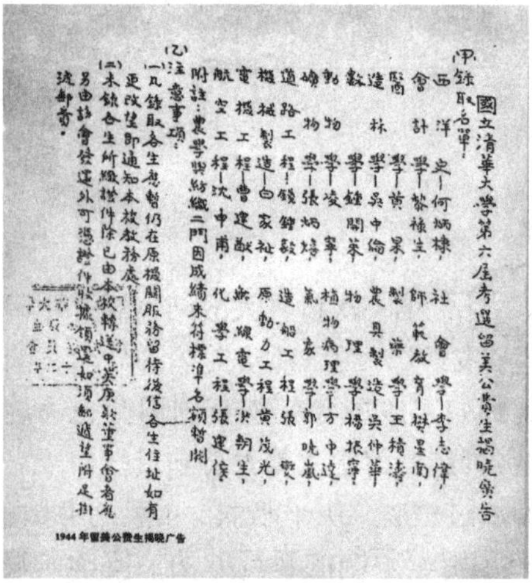
國立清華大學第六屆考選留美公費生揭曉廣告
(甲)錄取名單：
西洋史—何炳棣，社會學—李志偉，
會計學—黎祿生，師範教育—樊星南，
醫學—黄量，製藥學—王積濤，
造林學—吳中倫，農具製造—吳仲華，
數學—鍾開萊，物理學—楊振寧，
動物學—凌寧，植物病理學—方中達，
礦物學—張炳熹，氣象學—郭曉嵐，
道路工程—錢鍾毅，造船工程—張燮，
機械製造—白家祉，原動力工程—黄茂光，
電機工程—曹建猷，無線電學—洪朝生，
航空工程—沈申甫，化學工程—張建侯，
附註：農學與紡織二門因成績未符標準名額暫缺
(乙)注意事項：
(一)凡錄取各生應暫仍在原機關服務留待後信各生住址如有更改望即通知本校教務處
(二)未錄各生所繳證件除已由本校轉送中英庚款董事會者另由該會發還外可憑[illegible]如須郵遞望附足掛號郵費。
1944年留美公费生揭晓广告

清华大学第 6 届“庚子赔款”留美公费生揭晓广告

然而，李敏华的身体状况却越来越差，虽然一直在就医，如打空气针压住左肺等，然而非但无效而且更虚弱。这样，吴仲华与李敏华在 1943 年结婚成为伉俪，以期自行调理并增加营养；李敏华遂即停止了公费出国留学的准备，以便减轻身心负担并加强休息；而申请自费留学，除了要寻求深造机会外，也是希望在美国能得到更好的治疗条件来医治肺病。鉴于李敏华这样的身体状况，他们决定尽早赴美。正好那时候政府放宽了留学生管理办法，凡是获得了外国学校的入学证，皆可以申请留学护照。同时，政府又规定了极为优惠的留学生外汇汇率，这样就不必一定要事先获得美方的奖学金便可以实现了。这些鼓励留学的政策，为李敏华和吴仲华提供了更好的机遇。这样，他们就先行申请自费留学护照，很快获得了批准。于是，李敏华和吴仲华把他们所有的东西都卖掉，甚至包括吴仲华的一把小提琴和一部收音机，换成外汇。由于当时政府为留学生提供的外汇汇率极其低，他们很快就筹集到了出国的费用。随即他们双双在1943年年底离开昆明踏上了奔赴美国的旅程。

李敏华和吴仲华在1943年11月启程，由云南出境，经缅甸到印度加尔各答，然后搭乘轮船，在太平洋中绕过澳大利亚南部向东北方向折转，再经巴拿马运河，抵达美国东部。当他们从纽约上岸时，已经是1944年2月了，途中用了将近三个月的时间。特别是横跨太平洋的旅途，是常人都难以承受的，而李敏华已怀孕在身。这是一艘美国的运输船，它将物资运送到亚洲然后返航回美国。当时，珍珠港事件已经爆发，太平洋变成了战火纷飞的战场，运输船也是日本空军和潜艇日夜搜索的目标，随时可能受到攻击。为了安全起见，全船实行军事管制，只是在规定的时间内开放圆形舷窗通风。人们难以想象，李敏华当时不仅患着肺结核，而且已经是身怀六甲了，所以上船时都需要吴仲华在后面托扶帮助，但她却敢于颠簸在波浪滔滔的大洋之中去争取“负笈留学”的机会！下船不久，李敏华就被送进医院，产下了儿子吴明。几十年后，当李敏华给吴明说起这段经历时，十分轻描淡写地说道：“那时船上所有的人都呕吐不止，只有我一个人例外。也许是我早就吐光了？”这就是李敏华特有的“似弱却强，柔中有刚”的气质，当她决意到大洋彼岸凌飞高空时，任何困难都阻挡不了她的步伐。从此，李敏华和吴仲华一起在麻省理工学院这座世界知名的高等学府里并肩攻读，向着更高的险峰奋力攀登。

李敏华和吴仲华为什么选择去麻省理工学院攻读学位呢？首先，麻省理工学院和清华大学有着悠久的合作交流渊源。麻省理工学院曾经是接收清华大学早期学生留学最多的美国大学之一。从留美预备学校成立的1911年到撤销的1929年止，麻省理工学院总共接收了112名清华大学学生。清华大学成立后，从1933年开始负责全国留美公费生的招考事宜，先后招收6届总共录取131人，其中赴麻省理工学院就学的有39人，占总数的28%。除公费留学外，民国时期自费留学的学生也甚多，其中不少也毕业于清华大学，他们还有少数在美国申请获得清华大学公费津贴，李敏华便是这类津贴生之一。其次，两所大学虽屹立在太平洋的东西两岸，但他们在各自国家社会中所担负的使命十分类似，在教育目标、学术理想、社会价值上有着许多共通之处，培养了大批优秀人才。以1914年从麻省理工学院毕业的周厚坤为例，他写出了麻省理工学院第一篇航空硕士学位论文，还是全球第一台中文打字机的发明人。至于张准、顾毓琇、施嘉炀、任之恭等闪亮名字背后所展现的求学生涯之艰辛与人生追求之深沉，对清华大学学生是一种无声的召唤与强烈的激励。而且，两所大学都是理工类高等学府，注重于开拓科学与技术的知识领域。这完全符合李敏华和吴仲华的“理工救国”的理念。再次，由于大批留学麻省理工学院的毕业生回流加盟，清华大学拥有众多曾在麻省理工学院深造的杰出教师，他们对学生的取向必然会有潜移默化的影响。例如，清华大学机械系、航空系的任教老师或研究人员庄前鼎、王士倬、冯桂莲、林同桦、梁守槃、张捷迁等都是从麻省理工学院毕业的，这里所用的教材一律是美国原版教科书，教师讲课时往往是中英文双用，而黑板上一般是看不到汉字的，至于考题、答卷及作业等也基本上使用英文。特别是西南联合大学航空系的课程设计完全是参照麻省理工学院航空工程系的课程编制的。所以，李敏华和吴仲华会感到去麻省理工学院对他们而言是比较容易适应的。李敏华进入麻省理工学院后，选择机械系的邓·哈托（Den Hartog）教授作为博士生导师，其中一个原因就是她在西南联合大学期间就研读过他撰写的专著《机械振动》。

20 世纪 40 年代的麻省理工学院远眺

李敏华和吴仲华最终都在麻省理工学院取得了博士学位。据统计，1909～1943 年，从清华大学毕业并到麻省理工学院留学的总人数为 228 名，其中在麻省理工学院获得博士学位的只有 33 人，而李敏华和吴仲华便是其中两人！像他们这样夫妻双双成为麻省理工学院博士的情况十分罕见。更有甚者，李敏华是唯一的女性，这是一项值得载入史册的“纪录”。2011年，为纪念清华大学创建100年和麻省理工学院肇基150年，两校共同组织出版了一部研究专著《教育之桥：从清华到麻省理工》，关于李敏华的介绍列在了该书的“清华—麻省理工校友简传”中。显然，李敏华不仅是中国力学界永远纪念的一位大师，也是麻省理工学院引以为豪的学者之一。

李敏华这只娇燕，不畏艰险颠簸于大洋之上，在吴仲华的陪伴下飞抵美国，进入麻省理工学院攻读，是为了磨砺出更宽广、博大的能力，是为了更好地为国效力！

第六章

麻省理工学院第一位工科女博士

1944年2月，吴仲华进入美国马萨诸塞理工学院（麻省理工学院）机械工程系做博士研究生，攻读内燃机专业。其时，他自己仍希望攻读“庚子赔款”留美考试时录取的农业机械化专业，因为中国是农业国，发展农业机械化是当务之急。但是，那时的麻省理工学院已经不再招收该专业的研究生了，吴仲华只好改换专业。李敏华则因为长子吴明于1944年2月22日在纽约出生，加之身体依然虚弱，只好在家休养。直到7月，才到麻省理工学院的机械工程系注册申请攻读科学博士学位。从吴仲华入学起，他们夫妇就开始了在异国求学的生活。

一、选择在麻省理工学院进修工程力学

众所周知，麻省理工学院是一所综合性私立高等学校，由著名的自然科学家威廉·巴顿·罗杰斯创办，他希望能够创建一个自由的学院来适应正在快速发展中的美国。1861年建校于波士顿，1916年迁校至坎布里奇市（Cambridge）。麻省理工学院因美国南北战争爆发而延至1865年正式开学，最初只培养工程技术人员，后来逐渐增强理论科学并增设人文科学和社会科学等学科，但仍保持了其纯技术性质的特色，培养目标是高级科技人才和管理人才，办学方向是把理论科学和应用科学的教育与研究结合起来。麻省理工学院在创建之初只有15名学生，经过150年的发展，现已有约万名学生，先后有78位诺贝尔奖得主曾在麻省理工学院学习或工作过，从而荣获“世界理工大学之最”“全美最有声望的学校”等美名，并成为世界各地莘莘学子心向神往、趋之若鹜的科学圣殿。麻省理工学院的教育理念为：第一，实用知识的教育价值观。开设的课程要求“适于培养机械师、土木工程师、建筑师、矿冶工程师和实用化学师”等，社会所要求的知识越来越多，其教育重点也时刻在变，但“有用”始终是核心。正是这一价值观，使麻省理工学院把教学重心放在有利于促进科技发展的领域。麻省理工学院的办学宗旨是要使其成为埋葬僵死学术的一座“坟墓”，成为新思想、新方法和新活力的源泉，从而鼓励学生进行有创造性的努力以产生新的制度和解决方法，强调从实验室产生的大部分成果都能应用于现实世界。第二，社会责任感。为社会的利益而发现和应用知识是麻省理工学院的中心使命。1873年以前，机械工程一直是麻省理工学院

的第一专业；19 世纪 70 年代中期之后，由于当时美国有成千上万英里[①]的铁路铺设需要，还要开凿隧道、修筑桥梁、兴建公共设施，需要大批训练有素的工程技术人员，第一专业地位便让给了土木工程。此外，在第一次世界大战期间、1940 年前经济萧条时期以及第二次世界大战期间，麻省理工学院都依据美国工业发展趋势而广泛增减所设置的专业，例如，第二次世界大战时期航空工程、微波雷达、核技术等领域有了飞速发展，学校签署了许多国防合同并开展了一系列与军事有关的科学研究。第三，通识教育与专业教育相结合。麻省理工学院虽然是一所著名的理工学院，但它从来不忽视人文学科的教育。罗杰斯院长在 1865 年建校之初，为学院规定的宗旨之一便是：提供一般的教育，使其在数学、物理、自然科学、英语和其他现代语言及心理学和政治学的基础上，为学生在毕业后能适应任何领域的工作做好准备。从建校开始，麻省理工学院就既重视基础的理论知识又强调实际的操作能力。“通过实验进行教学”是罗杰斯的教育信条，他认为“学生应当从实在的数据中了解具体的结论”，并强调“让学生寻找新的信息，因而把个人的经验转化成知识”。总之，在麻省理工学院，传统的教育方法是没有市场的，它“最基本的注意点是研究，即独立地去探索新问题”，加之一贯的严酷学习任务和严谨学风环境，造就了一大批献身事业、顽强拼搏且成就卓著的科学家和工程师。也正因为如此，它成为全世界有志于科学技术事业的青年衷心向往的“麦加圣地”。

所以，1988 年 11 月，当美国记者杜开昔采访吴仲华、李敏华时提问道：“为什么选择麻省理工学院？”时，吴仲华明确地回答：

因为学机械工程，麻省理工学院是美国最好的，也是最难考的。现在，恐怕还是这样，当然也有好多学校与它竞争。清华的分数，麻省理工学院也是承认的。所以我们选择了麻省理工学院。

至于在问到在他们之前到麻省理工学院学习的其他人的问题时，吴仲华回答道：

机械方面有钱学森。他在麻省理工学院拿了 Master（硕士），后来到 CIT（加州理工学院）获得博士学位。还有梁守槃，现在搞国防科研的，他也是拿了 Master（硕士），现在在我国航空航天工业部工作。还有一个同学也是很成功的，叫屠守锷，他也是在麻省理工学院拿了 Master（硕

① 1 英里≈1.609 千米。

士），现在在我国航空航天部工作。他们两位都是院长。

麻省理工学院校徽上刻有校训“Mens et Manus”（手脑并用，创新世界）

这些事实再次表明：接受良好的教育对学术成长有着至关重要的作用。李敏华随同吴仲华到美国并获得读研的机会，为她日后的振翅高飞在进一步积蓄着能量。

的确，机械工程（MechE）是麻省理工学院的重要学科组成，从建校开始至今150余年一直在麻省理工学院存在着。当然其内涵则随着世界科技进步和社会发展不断演化，而且它对学院和社会发生了深刻影响。1865年正是美国南北战争的结束之年，学院就向工科班学生提供机械工程课程，在当时麻省理工学院具有的6门课程中被称作为“第一课程”（Course I），主要是学习现存机械及其建造与运行原理，特别关注动力工程和蒸汽发动机（既包括在运输装置中使用的，也包括在固定场合下使用的）。尽管从1872年起，由于土木工程的兴起，它变成“第二课程”（Course II），但麻省理工学院仍重视机械工程学课程，并强调在教学中要重视工程经验，还提出了要在校内建立教学用实验室，以及增加到工业部门现场的实习活动。1874年，第一个机械工程的实验室在麻省理工学院建成，其教学和研究计划主要集中在蒸汽机方面。此时工业革命正在北美地区蓬勃发展，学生们得以利用实验室工作将学习到的方法运用于实际的工程问题中。机械工程系正式成立是在1883年，其专业设置反映了当时发展最快的工业部门：船舶工程（1913年中止）、机车工程（1918年中止）、制造工程（最终变为纺织工程）、舰船制造（1894年单独建系）、传热通风（1899～1913年）、蒸汽透平工程（1908～1918年）。1916年，麻省理工学院从波士顿搬到了马萨诸塞州（Massachusetts）的坎布里奇市。为适应发展“新技术”的需求，机械工程系在这一时期里又增设了新的专业：发动机设计（1913～1925年），汽车工程（1923～1949年），军事机械（1923～1924年）及制冷与空调。显然，上述若干专业的设立亦有着鲜明的时代背景：有些是和第一次世界大战发生所形成的需求有着密切的关联（如蒸汽透平、发动机设计等），有些则是第一次世界大战后的新需求（如汽车工程）。1929年建成的Sloan汽车实验室成为当时世界第一流

1944 年，李敏华和吴仲华开始在麻省理工学院攻读学位

的汽车研究中心。1933 年，亨塞克（J. C. Hunsaker）被任命为机械工程系主任，他的任期一直到 1947 年才结束。李敏华和吴仲华正是在他担任系主任期间到麻省理工学院攻读研究生的。亨塞克教授对机械工程系的方向作了较大的调整，增加了航空学课程，将水力学课程并入流体力学，而且对实验室进行了现代化改造。一系列的新课程、新教材产生了：动力学（Dynamics）、传热学（Heat Transfer）、材料力学（Mechanics of Materials）及热力学（Thermodynamics）。对于选择进修工程力学，李敏华在《自传》中是这样说明的：

1944 年 2 月抵美，休养至 7 月，入麻省理工大学研究院，进修工程力学。因那时该校航空系飞机结构方面研究院课程和导师远不如机械系工程力学方面的好，并且工程力学更较飞机结构为基本，将来应用较广。

二、在麻省理工学院接受“魔鬼式”严格训练

2011 年，由香港溢达集团资助出版、由清华大学校长顾秉林和麻省理工学院校长苏珊·霍克菲尔分别作序的专著《教育之桥：从清华到麻省理工》（*BRIDGE OF EDUCATION*：*From Tsinghua to MIT*）对中国留学生在麻省理工学院的经历有着这样的描述：“麻省理工学费昂贵，课程更是出名的艰深。每位从麻省理工毕业的中国学生，几乎都会在回忆中讲到‘Tech is Hell！’（理工是地狱）这句‘名言’，可以想象当时求学过程的艰辛。”在麻省理工学院机械工程系攻读期间，李敏华的确是接受着“魔鬼式”的严格训练。下面所示的是李敏华在中国科学院力学研究所的研究生、现在美国哈佛大学任职的李国安教授于 2011 年从麻省理工学院索要到的 63 年前的一张学籍表，由此表可以看到：在 1944～1945 的一

年时间里，李敏华就学习了矢量分析（Vector Analysis）（课程编号：M77）、应用光弹（Applied Photo-Elasticity）（课程编号：2.121）、微积分（Advanced Calculus）（课程编号：M36、M37）、机械工程（Mechanical Engineering）（课程编号：2.211、2.212）、塑性力学（Plasticity）（课程编号：2.221）、机械振动（Mechanical Vibration）（课程编号：13.73）、理论及应用弹性力学（Theoretical and Applied Elasticity）（课程编号：M791、M792）等课程。而从她保存的资料来看，李敏华还旁听了动力学（Dynamics）等课程（未注册）。她是如此珍惜在这个高等学府就读的机会啊！

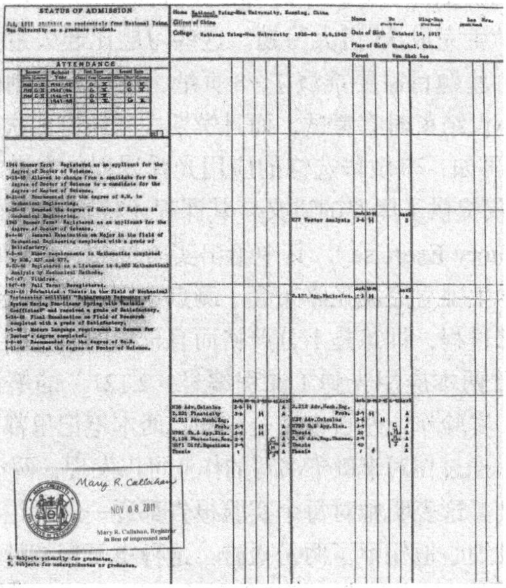
STATUS OF ADMISSION

ATTENDANCE

Home National Tsing-Hua University, Kunming, China

Citizen of China

College National Tsing-Hua University 1936-40 B.S.1940

Date of Birth October 16, 1917

Place of Birth Shanghai, China

M77 Vector Analysis

李敏华在麻省理工学院攻读学位期间的学籍表

从李敏华完整保留至今的在麻省理工学院的学习笔记本来看，当时麻省理工学院的课程设计和教学是十分严格的。首先，以李敏华选读的矢量分析课程为例。该课程学习笔记本的首页是课程的计划（Program），其中写明：总课时（Lesson）39 次，内容（Articles）包括 40 项课题外加 1 次课堂讨论和 3 次复习，每堂课要讲解的习题则包括教科书中例题（Examples）94 题和附加补充习题（Supplementary）80 题；笔记本的第二部分是该课程要求的补充习题（Vector Analysis / Supplementary Problems），计有 10 页打印稿纸；笔记本的第三部分是规格颜色各异、写满公式图表的 130 页手书稿纸；笔记本最后还附有两份考卷（Scheduled Examination in VECTOR ANALYSIS M77）。这两次考试分别在 1944 年 6 月 21 日和 10

月 27 日举行，每次 3 个小时（上午 9: 00～12: 00），考卷上注明（Note）：“允许学生使用他们带来的任意书籍、笔记或论文。”这表明麻省理工学院重视培养学生解决问题的能力而非记忆已知的具体知识点，而能力的培养则需要学生在平时学习中对基本概念的切实掌握和各类问题的切实求解。的确，通过仔细核对这些笔记可以得知：李敏华完成了课程计划要求的所有习题。要知道她这一年里学习了九门课程，每门课程都有大量作业要完成（尽管它们有各自的特点）。又如，李敏华学习的机械工程课程，作为麻省理工学院研究生课程，它以出现在机械工程中的高等问题（Advanced Problems）为教学内容，一方面强调力学基本原理的概念，另一方面要求学生完成 35 道大习题。这些习题比起矢量分析课程的习题就难得多了，有些题目需要推演 7～8 页纸，还包括绘制曲线、列表数据等，这门课程不仅结束时有考试，而且学期中间还有两次书面的测验（每次 2 个小时）。再如，李敏华选修的应用光弹课程，主讲的教授穆瑞（W. M. Murray）不仅提供了厚厚的讲义，其课程还特别设计了 13 个实验室练习作业（Laboratory Exercise），其中给出实验目的、报告内容和参考文献等说明，要求学生独立完成光路布置、测点选定、图像获取、数据处理及实验结果等全部过程，训练是十分严格而且全面的。更令人惊奇的是，李敏华竟然保存着两本应用光弹（课程编号：2.121）的笔记，其中的讲义部分完全相同，实验作业题目也完全相同，两本笔记里都有李敏华手写的 13 个作业内容。通过核对李敏华书写的作业可以发现：两本内容大体一致，但亦有不少差别。这表明她对每个实验报告都逐一进行过校验并作出了改进或修正，而且细心地保留了两份报告。这种重复校核计算、实验结果的习惯，应当说是李敏华在学术上不断取得成功的一个“秘诀”。

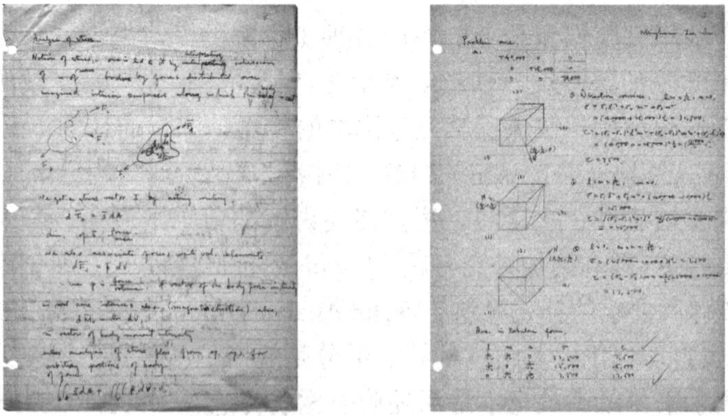

李敏华的课堂笔记与作业习题摘录

除了课程和教学以外，以“Mens et Manus（手脑并用，创新世界）”为校训的麻省理工学院，从创校开始就锐意成为一所将理论与实践熔于一炉的创新型理工大学，学生不仅需在校研习科学理论，更要全面培养动手实践的能力，参与科学实验，提出创新见解。因此，许多优秀的中国学生在就学期间，在教授指导下，均完成了重要的学术论文，并发表于专业刊物，他们与教授的合作研究，也促进了双方的学术发展。李敏华硕士论文的完成、博士论文的完成及后来的正式发表便是一个例证。当然，能做到这点并非易事，这和麻省理工学院对于学生在动手实践和实验能力方面的严格要求和训练是分不开的。李敏华虽身为女性，但对实验课程一直认真对待。除了前面提到的在攻读硕士学位期间学习应用光弹课程时完成了 13 个实验练习外，她在攻读博士学位期间不仅注册学习了光弹研究（Photoelasticity Research）（课程编号：2.125），还自习了实验应力分析（Experimental Stress Analysis）（课程编号：2.126 & 2.128）、X 射线金相学（X-ray Metallography）（课程编号：3.50）等课程中有关的实验内容，不仅做了详细的学习笔记，列出了大量的参考文献，还亲自写信给相关的仪表公司咨询购置光弹偏光仪（Photoelastic Polariscope）等事宜。此外，“庚子赔款”留美学生所获得的公费资助包括了 8 个学期的学费和一年半的实习费用。所以，除了攻读学位之外，这些留美学生亦多经历高素质的实习生涯，他们把工厂实习和实地考察视作最重要的学习过程，多数学生在归国前均会选择到各个重要工厂、公司实习，并对美国及欧洲各国之科学与工业发展进行详尽的考察。这些都是李敏华在麻省理工学院就读期间的匪浅受益，使她得以在今后的学术生涯中不断登高望远。

三、成为麻省理工学院的第一位工科女博士

1945 年 3 月，麻省理工学院的有关方面同意李敏华改为攻读科学硕士学位（Degree of Master of Science），并于 6 月推荐她申请工程力学硕士学位（Degree of Master of Science in Mechanical Engineering）。6 月 25 日，李敏华便获得了麻省理工学院的工程力学硕士学位，学位论文题目为《采用散射光的光弹法确定任意横截面的轴在扭矩作用下的应力》（*A Photoelastic Method Utilizing Scattered-Light to Determine Stresses in Shaft*

Having Any Cross-Section）。9 月 29 日，次子吴定出生，可见李敏华是因再次怀孕而改读硕士，而且是在妊娠期内完成硕士论文的，这需要何等的努力！而且在该年的 7 月，她再次正式申请攻读科学博士学位，在孩子快要降生的时候毅然提出读博的申请，这又需要何等的毅力！这只在东方古国诞生的娇燕在飞向彼岸时总是百折不回、矫健不屈的。

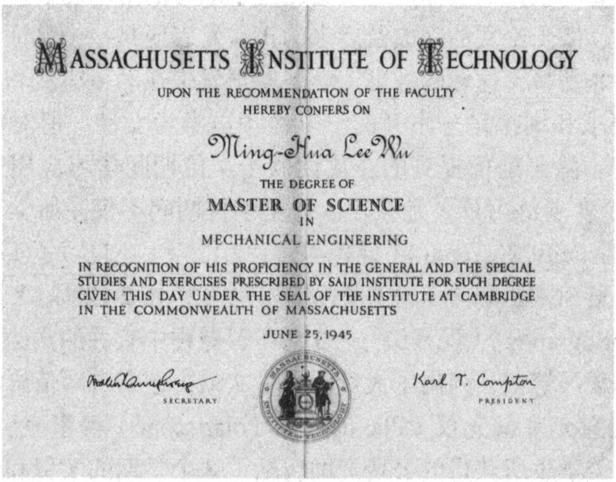

MASSACHUSETTS INSTITUTE OF TECHNOLOGY

UPON THE RECOMMENDATION OF THE FACULTY
HEREBY CONFERS ON

Ming-Hua Lee Wu

THE DEGREE OF
MASTER OF SCIENCE
IN
MECHANICAL ENGINEERING

IN RECOGNITION OF HIS PROFICIENCY IN THE GENERAL AND THE SPECIAL STUDIES AND EXERCISES PRESCRIBED BY SAID INSTITUTE FOR SUCH DEGREE GIVEN THIS DAY UNDER THE SEAL OF THE INSTITUTE AT CAMBRIDGE IN THE COMMONWEALTH OF MASSACHUSETTS

JUNE 25, 1945

SECRETARY

Karl T. Compton
PRESIDENT

李敏华的硕士学位证书

应当指出的是：当时美国大部分大学和研究院对于硕士并不要求提交论文，只要读满 8 门课程即可，但麻省理工学院对硕士要求做论文，这相当于两门课程的工作量。要求撰写硕士论文的这个特别规定，是麻省理工学院教育理念“最基本的注意点是研究，即独立地去探索新问题”的具体体现，是培养学生能力的重要步骤。但是，那时有的学生急于毕业，便以学校的最低要求行事，即只修 6 门课程加上一篇论文。而李敏华则不仅呈交了学位论文，而且选修了十余门课程，这些竟然都是她在怀孕期间完成的。功夫不负有心人，李敏华在读硕士期间，便因其才华出众而被遴选为西格玛克赛学会（The Society of the Sigma Xi）麻省理工分会（MIT Chapter）的副会员（Associate Member）。因为她在硕士论文中将散射光的特性、散射光弹原理与轴扭转问题的特点相结合，提出了一个运用散射光弹解决轴的扭转问题的简单新方法，得到了应变分布。李敏华的学业成绩和论文水平表明她是一名有潜质的研究科学人才。李敏华这只娇燕开始从麻省理工学院校园飞向高空，在工程力学的学科前沿处翱翔试飞了。

这里要说明的是，西格玛克赛学会是一个国际性的多学科研究学会组织，亦称科学研究会（The Society of Scientific Research）。它成立于 1886 年，目标是褒奖优秀的科学研究，鼓励科学与工程各个领域研究者之间的合作意识，其座右铭则为“至诚研究中的精诚合作”（Companionship in Zealous Research）。西格玛克赛学会的会员全部是由学会遴选邀请的：副会员是显示了潜在实力的研究者，而正式会员则是在研究中已取得显著成绩的研究者。目前，西格玛克赛学会在 100 多个国家的学院与大学、工业研究中心和政府实验室设立了 500 多个分会（Chapter），其会员中已有 200 多人获得过诺贝尔奖（还有两人曾两次获奖）。

THE SOCIETY OF THE SIGMA XI
DEVOTED TO THE PROMOTION OF RESEARCH IN SCIENCE
BY THIS CERTIFICATE WARRANTS THAT
MINGHUA LEE WU
WAS ELECTED AN ASSOCIATE MEMBER OF
THE M.I.T. CHAPTER
OF THE SOCIETY OF THE SIGMA XI ON THE
8TH DAY OF JUNE IN THE YEAR
1945 AND IS FULLY ENTITLED TO
ALL THE PRIVILEGES GRANTED BY THE
CONSTITUTION AND BY-LAWS.
Henry B. Phillips
CHAPTER PRESIDENT
Avery A. Ashdown
CHAPTER SECRETARY

李敏华的西格玛克赛学会副会员证书

在正式申请攻读科学博士学位（Degree of Doctor of Science）后的一年，李敏华在 1946 年 6 月通过了攻读机械工程专业（Major in the Field of Mechanical Engineering）的资格考试（General Examination）并获得了“满意”的成绩（Grade of Satisfactory）。这时的李敏华已经是两个孩子的母亲，在这种困难的情况下，她以常人难以想象的坚毅精神坚持着博士的学业：完成了光弹研究（Photoelasticity Research）（课程编号：2.125）、微分方程（Differential Equations）（课程编号：M571）、高等工程热力学（Advanced Engineering Thermodynamics）（课程编号：2.45）等课程的学习，听取了采用机械方法的数学分析（Mathematical Analysis by Mechanical Methods）（课程编号：6.602）的讲授，并且在邓·哈托教授（Den Hartog）的指导下完成了博士论文的撰写。由于家庭原因，李敏华曾经在 1947 年 2 月申请休学，前后共两个学期（即 1946～1947 学年的春季学期和 1947～1948 学年的夏季学期），1947 年秋季学期她又重新注册上学。其实，李敏华“休学在家”并不意味着在家休息，她一直在努力学习与工作着，并在很短的时间里取得了骄人的进展：1948 年 5 月 1 日，李敏华达到了博士学位所需的语言要求（德语）；5 月 8 日，麻省理工学院有关方面推荐李敏华申报科学博士学位（Degree of Science Doctor）；5月24日，李敏华提交了题为《变系数非线性弹簧系统的亚谐共振》（*Subharmonic Resonance of System Having Non-Linear Spring with Variable Coefficient*）的博士学位论文，同一天还通过了研究领域的最终考试（Final Examination on Field of Research）；这两项均获得了“满意”（Grade of Satisfactory）的评价。6 月 11 日，李敏华终于获得了博士学位，成为麻省理工学院建校以来的第一位工科女博士。

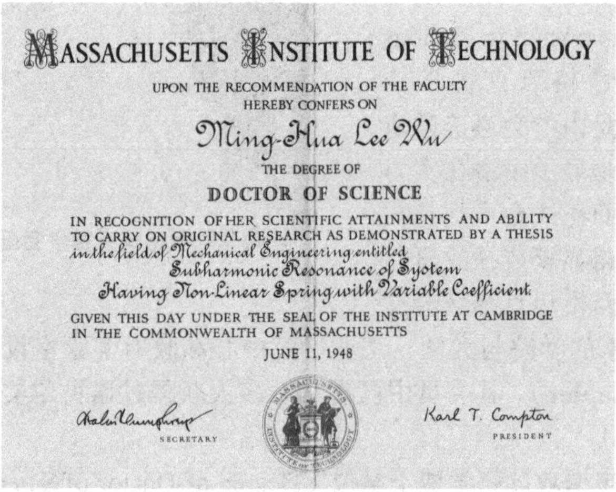
MASSACHUSETTS INSTITUTE OF TECHNOLOGY

UPON THE RECOMMENDATION OF THE FACULTY
HEREBY CONFERS ON

Ming-Hua Lee Wu

THE DEGREE OF

DOCTOR OF SCIENCE

IN RECOGNITION OF HER SCIENTIFIC ATTAINMENTS AND ABILITY TO CARRY ON ORIGINAL RESEARCH AS DEMONSTRATED BY A THESIS in the field of Mechanical Engineering entitled
Subharmonic Resonance of System
Having Non-Linear Spring with Variable Coefficient.

GIVEN THIS DAY UNDER THE SEAL OF THE INSTITUTE AT CAMBRIDGE IN THE COMMONWEALTH OF MASSACHUSETTS

JUNE 11, 1948

SECRETARY

Karl T. Compton
PRESIDENT

李敏华的博士学位证书

攻博成功，不仅是李敏华个人学术成长生涯中的一个重要事件，而且在社会上亦产生了一定的影响。1948 年，波士顿报纸《波士顿先驱报》（*Boston Herald*）在报道该届麻省理工学院毕业典礼时，特别地提道：“中国的李敏华，几个孩子的母亲，证明妇女可以与男子一样，获得博士学位。”前面提到的《教育之桥：从清华到麻省理工》研究专著，对于中美文化交流、清华大学学生留学麻省理工学院的历史作了深入的梳理与评述，书中把李敏华获得博士学位的事情作为“一项纪录”，而且写道：“最早从麻省理工获得博士学位的清华留学生是叶玉良和周铭……李敏华则是麻省理工机械工程专业第一位女博士。这些纪录，对中国人来说固然有其重要的纪念意义，也与麻省理工良好的学习环境，以及指导教授的努力分不开。”更要提到的是，李敏华和大多数“庚子赔款”留美生不同，她没有得到独立的助学金，因为按照当时美国的规定，有孩子的女子是不能申请助学金的，所以她读学位是靠着吴仲华的“庚子赔款”助学金、少量的储蓄和借债来维持的。这样一个东方女子，在如此困难的经济状况和抚育着两个襁褓中幼儿的情况下，在四年时间里，完成了高强度的学业并连续拿到了麻省理工学院的硕士、博士学位，的确令人钦佩！

李敏华和两个幼子在麻省理工学院校园里

四、博士导师邓·哈托教授

李敏华的博士生导师是著名振动专家邓·哈托教授，他在1901年出生于荷兰，1924年大学毕业之后来到美国，被招聘到西屋公司（Westinghouse）做电气工程师。此时，西屋公司研究实验室正好在举办内部讲习班，教员中有从俄国移民来的力学大师铁木辛柯（Stephen P. Timoshenko）。这位勤奋好学的荷兰年轻人给铁木辛柯留下了极其深刻的印象，培训课程结束时他被要求留在该研究实验室的力学室工作，作为铁木辛柯的助手。在随后的3年时间里，铁木辛柯将整个西屋产品所遇到的各种各样的振动问题都交给邓·哈托来负责处理，如电动机和发电机、汽轮机、水力涡轮机以及铁路的电气化等问题，从而使邓·哈托由一位年轻的电气工程师成长为机械工程师。而邓·哈托既精通力学又精通数学，在解决工程实际问题方面也表现出了非凡的天赋。例如，工程应用中的各类机械轴经常发生断裂，铁木辛柯认为是扭转疲劳所致，他就让邓·哈托进行计算。但是，邓·哈托的计算结果表明是由于共振的缘故，他大胆地提出将轴的直径减小1/16英寸[①]，圆满地解决了轴的断裂问题。这使邓·哈托作为振动专家的名声大振。在20世纪20年代这个工业发展和推广的时期，在机械工程部门具有影响力的人物铁木辛柯在西屋公司创造了时长5年的“力学黄金时代”，其间理性分析大大发扬，并代替了经验的方法。铁木辛柯还是在美国机械工程师学会（American Society of Mechanical Engineers，ASME）建立独立的应用力学分会的积极推动者。当这个分会在1927年开始成立的时候，邓·哈托以巨大的能量投入其中，以后在1940年和1941年成为这个分会的主席。1929年，邓·哈托在密歇根大学获得博士学位后，曾到德国哥廷根应用力学学派的大师普朗特（Prandtl）的实验室做博士后，亲身体验了欧洲工程界大师的研究风格和科学精髓。1932年9月，邓·哈托抵达哈佛大学并开始了他的学术生涯，将全部心血都投入振动课程的教学当中。在此期间，他收集了广泛的演示模型并开始《机械振动》的撰写工作。1934年，他的著名教科书《机械振动》正式出版，并且在1940年出版了第二版，成为振动领域的经典教材。1942年，邓·哈托从哈佛大学辞职，开始了在海军的四年岁月。珍珠港事件后，他被调到位于华盛顿的船舶局，介入了各类船舰的设计和海上测试工作，参与解决大部分的振动问题。1943年，他晋升为海军中校（Commander）。1944年8月，盟军在欧洲战胜纳粹已成定局，海军决定派遣特殊的技术小组去欧洲，以便跟随向前推进的盟军来审问敌军的技术人员和缴获有兴趣的技术设备。邓·哈托是这个小组的理想人选，从事了一年的辛苦工作后被晋升为上校（Captain）。1945年9月，邓·哈托中校退役，成为麻省理工机械工程系的教授，他开始教课并着手写作第三版的《机械振动》，后来还承担了系里研究生办公室的工作，并且被推选为博士生的导师。随后，他又撰写了三部教科书《力学》(*Mechanics*，1948)、《材料力学》(*Strength of Materials*，1949) 和《高等材料力学》(*Advanced Strength of Materials*，1952)。1954～1958年，邓·哈托在麻省理工学院机械工程系担任系主任，其间对《机械振动》一书进行了最后的修改，并于1956年出版了第四版。1972年，美国机械工程 师学会的应用力学分会为了奖励他对力学的贡献，特授予他以其早期良师益友名义设立的铁木辛柯奖章，他是第一位获得此奖章的教授；1981年，麻省理工学院机械工程系设立了用来奖励优秀教学工作者的邓·哈托奖；同年，他还获得了美国国家工程院授予的最高奖——奠基者奖。

---

① 1英寸=2.54厘米。

对于机械工程系的研究生来说，邓·哈托是一位称职的教师，他讲的课程是他们在麻省理工学院所受教育的最高点，因为他总是用许多实际生活中与生产发生的故事来讲解基本概念，给学生们以生动的图像，使学生们知道运动或变化是如何产生和为何如此。他始终是鼓舞人心的典范及和蔼可亲的良师益友，一代又一代的学生被他热情的、妙趣横生的、不可思议的物理洞察力所感动与充实。

李敏华的博士导师邓·哈托

李敏华能够在这位应用力学学派大师的直接熏染下学习、成长是十分幸运的。特别是，当李敏华在机械工程系申请攻读博士学位时，机械系负责本科生工作的教授说："我不能看到机械系有女博士。"幸好有负责研究生工作的教授苏特勃（Soderberg）给予了支持，李敏华才得以有读博士的机会。而且，这时邓·哈托从军队退役，成为麻省理工学院机械工程系的教授，还承担了系里研究生办公室的工作，并且被推为博士生的导师。为什么选择邓·哈托教授作为自己的博士导师？李敏华在接受美国记者杜开昔采访时曾经说道：

邓·哈托，是教 Vibration 的。因为在中国的时候，念过他的书了，我就进了机械系，跟他做论文了。

在导师邓·哈托指导下攻读博士学位是李敏华学术成长过程中的关键点，因为在麻省理工学院做博士一旦确定导师以后，课程、考试、论文便都由导师来负责管理了。

从李敏华保留至今的资料里，专门有一个档案袋存放着她在 1946 年 5 月参加博士资格考试的全部材料，包括 4 道考试题目和相应解答。在文件夹的硬纸封皮上有邓·哈托的亲笔字（其特有的字母 m 的写法显然是按照荷兰的方式）："Doctor's Exam for Mrs. Wu; Please return question paper and solutions to Room 3-463; Mrs. Wu, Tuesday, June 1, 1 p.m. Room 5-204"。其大意是：吴夫人的博士考试；（考完）请将试卷和解答交回到 3-463 房间；（面试）吴夫人，6月1日，星期二，下午1点，5-204房间。在邓·哈托给出的 4 道试题中，有一个题目属于 Plasticity（塑性力学）范畴，李敏华给出了完美的答案；有三个题目属于 Applied Mechanics（应用力学）范畴，李敏华的答案分别达到了 90%、70% 和 70% 的水平。其中有一个得 70% 的考题是因为邓·哈托专门对李敏华补充了一道很难的附加题，李敏华对原有的试题也给出了完美的答案，只是附加题做对了一半。从这份材料中，可以看出邓·哈托对学生的考试是十分认真的，他对所有答错的部分都亲自作了注解，具体指出问题的不足之处。可以感觉到，对于李敏华的考试结果，邓·哈托教授是满意的。接受李敏华作为自己的博士生以后，邓·哈托指着自己所著《机械振动》中的一段话说，“这就是你博士论文的题目”，这样就确立了李敏华的博士论文主题为“亚谐振动”，他还补充道：“博士论文的题目不一定能做得出结果的。”原来他在该书中写着：“由于这涉及变系数非线性方程，很显然，这样的分析工作是极其困难的。”李敏华查阅了屈指可数的几篇有关机械系统和电子系统亚谐振动的文献，她经过反复的分析得出了自己的看法：“电子系统在振荡过程中，系统的系数是变化的，在一定的条件下便会发生亚谐振动；而在机械系统中这些系数是固定不变的，只有在一定的初始条件下才产生亚谐振动。”根据这些理解，她得到亚谐振动的解法，并给出了一个算例。邓·哈托教授在看了她的求解方法和计算结果并进行简单的校验之后，感到无比高兴，对她说：“你解决了！”于是，邓·哈托进一步要求她对初始相位差的整个范围进行计算。最终，李敏华完成了题为 *Subharmonic Resonance of System Having Non-Linear Spring with Variable Coefficient*（《“可变系数的非线性系统的亚谐共振”》）的学位论文，并获得了好评。

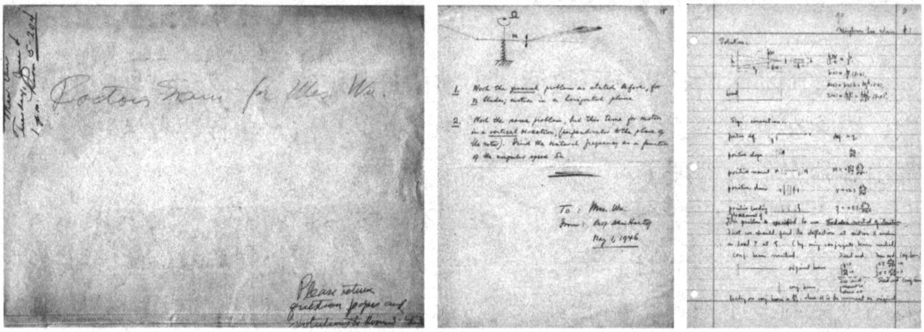

李敏华参加博士资格考试资料的封面与内页摘录

在准备进入一个新的领域之初，李敏华不忘提炼读研期间完成的学位论文并准备在相关的学术会议和刊物上正式发表，以充分利用美国学术氛围浓厚的环境来增强自己的研究积累。例如，1949 年 6 月 14～16 日她出席了在密歇根大学召开的美国第三届应用数学弹性力学学术会议，又在

1951 年参加了美国第一届全国应用力学大会。在后一个会议上宣读的论文便主要是其博士工作的介绍，但是李敏华在提交前对该文作了实质性的增补，即增加了第四阶共振的计算结果并给出了细致的讨论，该文被收入 1952 年出版的大会论文集中而正式发表。从保存到现在的文稿资料可以看出，李敏华在正式打印成文后还反复校改了三遍。这反映了她对工作的认真态度，这种认真是李敏华贯而有之的品质，也是她得以成功的保障。

五、攻读成功的背后

李敏华攻读学位取得成功，既在于“理工救国”理念的支撑、吴仲华的鼓励与支持，还与她本人特有的聪颖刻苦及其在清华大学学习、工作期间打下的坚实基础有关。尽管对她而言，这个求学过程是相当艰辛的，因为她和吴仲华是在有孩子的情况下到麻省理工学院这个著名学府来读学位的。在做硕士论文时，李敏华带着年仅 1 岁的大儿子、怀着小儿子，所以她只能“开夜车”写论文。在做博士论文时，吴仲华已经取得了博士学位、离开麻省理工学院而需要去位于克利弗兰城的美国国家航空咨询委员会的路易斯飞行推进实验室工作，为此全家迁至克利弗兰城。家庭生活的变迁要花费不少的精力，白天吴仲华上班，李敏华必须在家照顾小孩，因为当时美国没有托儿所（Nursery）。因而她只得申请停学在家，但她抓紧

MASSACHUSETTS INSTITUTE OF TECHNOLOGY
UPON THE RECOMMENDATION OF THE FACULTY
HEREBY CONFERS ON
Chung Hua Wu
THE DEGREE OF
DOCTOR OF SCIENCE
IN RECOGNITION OF HIS SCIENTIFIC ATTAINMENTS AND ABILITY TO CARRY ON ORIGINAL RESEARCH AS DEMONSTRATED BY A THESIS in the field of Mechanical Engineering entitled
Thermodynamic Analysis of the Inlet Process of a Four-Stroke Internal Combustion Engine
GIVEN THIS DAY UNDER THE SEAL OF THE INSTITUTE AT CAMBRIDGE IN THE COMMONWEALTH OF MASSACHUSETTS
FEBRUARY 5, 1947
SECRETARY
Karl T. Compton
PRESIDENT

吴仲华的博士学位证书

一切可能利用的时间，经常挑灯夜战。在暑假期间，她请了一位学生来家里帮助看管孩子，这样才能挤出时间让自己集中精力做论文。作为一名女性，能这样发奋攻读确实不多见。

对于自己在麻省理工学院攻读学位的四年经历，李敏华在《自传》中是这样说明的：

1944年2月抵美，休养至7月，入麻省理工学院研究院，进修工程力学（因那时该校航空系飞机结构方面研究院课程和导师远不如机械系工程力学方面的好，并且工程力学更较飞机结构为基本，将来应用较广）。1945年修毕工程力学硕士。那时健康大部恢复，只较弱而已。继续进修工程力学博士，1948年完成。在这四年的初期，我们有了两个孩子。因此对我的工作负担增加极多，对经济负担也增加不少。同时很多人觉得女子在结婚后不能也不需要念书。所以在这种经济和舆论的双重压迫之下，度过这个时期也很不容易的。但是，我的选择学习工程和我的赴美留学的原因是很清楚和肯定的，是那么多年的实际环境所造成的，因此我的意志很坚决。

当然，李敏华取得成功，除了“理工救国”理念的支撑外，伴侣吴仲华的支持是十分重要的因素，她在《自传》中继续写道：

同时我的爱人吴仲华始终给我以鼓励和支持，因为他和我有同样的看法，他的学习工程以及在抗日战争时和同学一同离校参军也是为了同样的原因。

李敏华和吴仲华在麻省理工学院攻读学位时居住的研究生宿舍楼

吴仲华不仅在精神上鼓励李敏华坚持攻读学位，而且在行动上支持李敏华完成全部学业。谈起他们两人相互搀扶共同学习的情景，至今仍然令人感动。1944年年中，他们终于分配到了在麻省理工学院校园里的学生宿舍，居住在位于马萨诸塞大街50号（50 Massachusetts Avenue）的麻省理工学院研究生宿舍楼1层，这里很靠近学校的大礼堂和教学区，下课的铃声可以清晰听见。由于家中有婴幼孩子需要看管，他们只能轮流上课：一个人去听课，另一个人在家照顾孩子。每当下课铃声响起时，在家的那位就做好“立即出发”的一切准备并站在一楼宿舍的窗前，一旦看到听课的那位从教室出来的身影，便像战士冲锋一样跑出去，以便在下一堂课开始前进入教室。直到1979年他们回访麻省理工学院校园后，还津津乐道地对国内的年轻人谈起当年这种“换班”上课的模式，李敏华说：“不能等到他进屋，那样就来不及了。”当他们第二个孩子出生以后，吴仲华承担了大量的家务，做饭、烧菜、带孩子，样样都干。对此，李敏华一辈子记在心里，2007年，在她90岁高龄之时，腾讯网科技频道访谈节目的主持人对李敏华提出了一个问题：“您在人生当中，感觉最幸福的事情是什么？”她的回答是：“我念书得到了先生的支持，我先生总是很支持我。”在李敏华“开夜车”做论文的时候，吴仲华就负责照顾孩子，给孩子喂奶、吃饭、洗澡。正如李敏华所说：“我念书的时候，他什么事情都帮我做的。”要知道，当时吴仲华自己也在读研究生，然而他念的功课全部是5分，而且3年就拿到了博士学位。

李敏华和吴仲华二人攻读学位成功还得益于他们在清华大学学习、工作期间打下的坚实基础。对此，他们在接受美国记者杜开昔采访时，有着正面的评述。吴仲华说：

清华大学在教学方面的一个Philosophy（原则）就是注重概念……一开始概念搞清楚了，下面再继续学就好学了。

他还以自己在麻省理工学院的一次考试经历来证明：

到美国，他们给我最难的难题，有一个题目是考博士生的。有一个老师叫西蒙教授，他教Thermodynamics（热力学）。他的一个考试题目，到我之前没有一个人做对过，到我才做对。这个题目中间全是概念，不是一般情况，而是特殊情况下如何来分析这个问题。不是代代公式就能算的。这是我们在清华打下的基础。

对于在清华大学打下的基础，李敏华补充说：

我要补充的一点是我们在清华做助教是很有用的，因为我们教材料力学和理论力学这两门基础课。……为了教学生，我们就去收集新的外文书和杂志来看，找到题目来做，概念搞得比较清楚。这与我们做助教期间难的题目我们都做得通透了、基础比较扎实有关系。

在读博期间，李敏华选修了高等工程热力学课程，主讲的教授肯能（Keenan）在一次总结考试结果时说："这次考题很难，很多人不及格，第一名考 95 分，是吴夫人（Mrs. Wu）。"。当时，老师还给她开玩笑说："是否是你先生帮了忙？"李敏华马上回答："没有，可以再考一次！"后来肯能教授夫人在一次茶会上对李敏华说："开始肯能教授对你不相信，所以出难题考考你。通过这次考试肯能教授才相信了。"就这样，她靠实力取得了教授们的认可与青睐，也博得了同学们的信服与钦佩。60 余年后，和李敏华一起参加那次考试的白家祉教授在 2012 年接受采访时对此仍记忆犹新："李敏华考得最好！她在麻省理工学院书念得好是出了名的，很受肯能教授的器重。"改革开放以后，1979 年陪同吴仲华、李敏华回访麻省理工学院的吴文权也回忆道："我们那次见到肯能教授时，他又提起了此事并说'一个小个子女孩打败了所有的男孩（A little girl beats all the boys）'。"

李敏华在麻省理工学院攻读学位的四年，对她的学术成长有着十分关键的作用。这四年为娇燕冲向高空腾飞凝聚了力量，为娇燕施展才华开辟了一片广阔的天地。

第七章

奋力拼搏攻占学术高点

1947年2月吴仲华取得博士学位后，应聘到美国国家航空咨询委员会（NACA）下属的路易斯飞行推进实验室工作，从事叶轮机械流动问题研究。而李敏华也在取得博士学位后，于1949年1月正式应聘到路易斯飞行推进实验室的应力与振动研究部（Stress and Vibration Section）担任航空研究科学家（Aeronautical Research Scientist），开始塑性力学的研究工作。

一、供职于美国国家航空咨询委员会

能够在美国国家航空咨询委员会的路易斯飞行推进实验室获得一个工作职位，回到在中国西南联合大学所选定的航空工程学专业，担任航空研究科学家，对李敏华而言是很幸运的。当然，这和吴仲华于1947年先期应聘到该部门工作有关。1988年，吴仲华在接受美国记者杜开昔采访时回忆了他们是如何介入航空研究部门工作的：

这也很有意思。我本来是学机械的，主要是学 Internal Combustion Engine（内燃机）。毕业之后，想到汽车厂去看看实际的设计工作什么的，当时没有人要。需要人的是美国国家航空咨询委员会，现在是美国国家航空航天局（NASA）。它有个 Engine Research Institute at Cleveland（克利弗兰发动机研究所），当时他们正在从 Internal Combustion Engine Shift to Internal Combustion Turbine（内燃机转型到燃气轮机），需要有博士学位的人去搞研究工作。我是学 Engine（发动机）的，她是学 Structure（结构）的。他们说两个人都要，很不容易，因为我们是外国人。由于这是美国 Congress（国会）的规定，批准他们只能录用4个外国人。这样，它那里只有一个德国人、一个意大利人和两个中国人。德国人是从德国去的，意大利人是从意大利去的，我们是从美国学校去的。这是1947年的事。……对我来讲，这是一个很好的做科学研究的机会。因为当时刚刚 Gas turbine generation（出现燃气轮机），理论方面很不够，设计得好的发动机还没有。他们给了我一个最难的题目，怎么能搞清楚 Three Dimensional Internal Flow（三维内部流动）？开始的工作不好做，很辛苦。做了四年，做出结果来了。

是的，要攻克这个科学难关，需要有拼搏精神。对于这段经历，李敏华在《自传》中还写道：

1947 年春，我的爱人吴仲华在麻省理工学院完成博士学位，而正好那时美国国家航空咨询委员会需要有博士学位的人做研究工作。吴仲华同志与美国国家航空咨询委员会派来麻省理工接洽的负责人（Dr. Batdof, 是一位物理学博士）谈后，他积极欢迎吴仲华同志去工作，并且在他知道我正在做博士论文后，他盼望我能在完成博士学位后亦立即去该所工作。那时我们因国内非常混乱，蒋介石政府腐败到极点，解放战争刚在东北开始，我们认为除非回国直接参加解放战争，不然能在美学些实际研究经验，对于将来回国参加建设工作时有帮助。我们决定在美国国家航空咨询委员会做一段短期的研究工作，我们觉得我们已经在所学的方面花了很多的时间，仍继续往这方面努力，也许成效可大些（当然这种看法可能错误的）。此外还有一点私人的小问题，但也是实际问题，我们因两人同时入学及有两个孩子，我们有些负债，并且没有回国路费。当然这是较小的问题，但也需待解决的。1947 年秋初，吴仲华入美国国家航空咨询委员会工作。在工作前，美国国家航空咨询委员会要我们开始申请为居留民（我们仍为中国公民），因为我们本为留学生身份，不能在美工作，外籍公民在美工作需请求为居留民。1947 年秋，我们迁至克城（Cleveland），1948 年 7 月我完成博士论文，1949 年 1 月开始在美国国家航空咨询委员会做塑性力学的研究工作。我们对于工作本身，以及对于解决实际工程问题的研究工作，颇感兴趣。当然我们在那里工作的目的是得到实际经验，为将来回国后工作做准备。

的确，无论是对于李敏华还是吴仲华，在美国国家航空咨询委员会工作是非常好的机遇，如吴仲华对美国记者杜开昔所说的那样：

我觉得在美国工作还是很好的。这是一个很好的机会，做最新的题目，有最好的条件。他们那里的试验设备是最好的，得到最好的实验数据，做理论工作也要依靠那里的实验。

众所周知，美国国家航空咨询委员会是美国联邦政府的一个机构，成立于 1915 年。当时正值第一次世界大战期间，这是一项备战的应急措施，目的在于促进工业界、学术界和政府部门与军事相关项目方面的合作。该委员会由第63届国会批准组建。国会通过的法令指明：该委员会应当以能解决实际问题的观点来监督和引导飞行问题的科学研究，确定应当开展实验研究的课题，讨论飞行问题的求解及其对实际问题的应用。美国国家航空咨询委员会成立时，只有12名不付薪酬的委员，每年经费额度5000美元，到1922年也只有100名雇员。但从20世纪20年代开始，美国国家航空咨询委员会接受了更加宏伟的新使命：通过应用研究促进超越当前需要的军事和民用航空事业。为完成此项使命，美国国家航空咨询委员会的研究人员建设了各类室内风洞、发动机实验台架及飞行实验设备，利用这些装置开展了大量的应用研究。这些工作为第二次世界大战期间的研究工作、战后的政府实验室建设，以及后继者美国国家航空航天局（NASA）积累了很好的经验和有用的模式。1958年，美国国家航空咨询委员会使命结束而其机构过渡为美国国家航空航天局时，它已有7500名雇员和价值3亿美元的装备，并设有4个下属机构：①朗雷航空实验室（Langley Memorial Aeronautical Laboratory）；②阿姆斯航空实验室（Ames Aeronautical Laboratory）；③飞机发动机研究实验室，即路易斯研究中心（Aircraft Engine Research Laboratory，Lewis Research Center）；④穆洛克飞行实验基地（Muroc Flight Test Unit）。李敏华和吴仲华当时所在的路易斯飞行推进实验室是1940年6月被批准、1942年正式建立的。一开始的名称是飞机发动机研究实验室（Aircraft Engine Research Laboratory），1947年更名为飞行推进研究实验室（Flight Propulsion Research Laboratory）。1948年，它又更名为路易斯飞行推进实验室（Lewis Flight Propulsion Laboratory）。这是以1919～1947年美国国家航空咨询委员会主席（Head of NACA）的名字路易斯（George W. Lewis）来命名的。1958年该实验室又更名为美国航空航天局路易斯研究中心（NASA Lewis Research Center）。1999年3月1日，

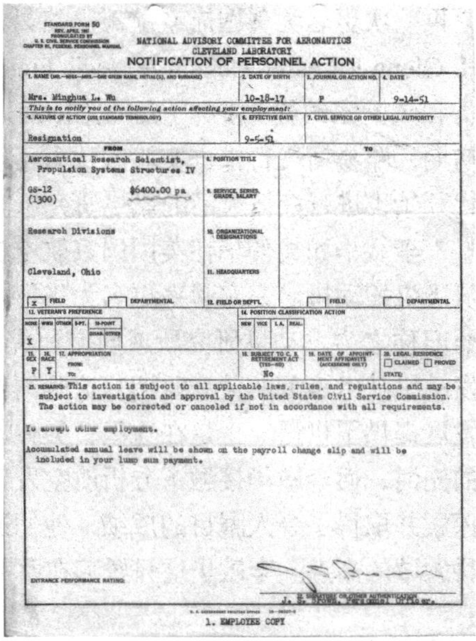
STANDARD FORM 50

NATIONAL ADVISORY COMMITTEE FOR AERONAUTICS
CLEVELAND LABORATORY
NOTIFICATION OF PERSONNEL ACTION

1. NAME: Mrs. Minghua L. Wu
2. DATE OF BIRTH: 10-18-17
3. JOURNAL OR ACTION NO.: P
4. DATE: 9-14-51

This is to notify you of the following action affecting your employment:

5. NATURE OF ACTION: Resignation
6. EFFECTIVE DATE: 9-5-51
7. CIVIL SERVICE OR OTHER LEGAL AUTHORITY:

FROM		TO
Aeronautical Research Scientist, Propulsion Systems Structures IV	8. POSITION TITLE	
GS-12 (1300) $6400.00 pa	9. SERVICE, SERIES, GRADE, SALARY	
Research Divisions	10. ORGANIZATIONAL DESIGNATIONS	
Cleveland, Ohio	11. HEADQUARTERS	
X FIELD DEPARTMENTAL	12. FIELD OR DEPT'L	FIELD DEPARTMENTAL

13. VETERAN'S PREFERENCE: NONE X
14. POSITION CLASSIFICATION ACTION
15. SEX: F 16. RACE: Y 17. APPROPRIATION
18. SUBJECT TO C. S. RETIREMENT ACT (YES—NO): No
19. DATE OF APPOINTMENT AFFIDAVITS
20. LEGAL RESIDENCE

21. REMARKS: This action is subject to all applicable laws, rules, and regulations and may be subject to investigation and approval by the United States Civil Service Commission. The action may be corrected or canceled if not in accordance with all requirements.

To accept other employment.

Accumulated annual leave will be shown on the payroll change slip and will be included in your lump sum payment.

ENTRANCE PERFORMANCE RATING:

22. SIGNATURE OR OTHER AUTHENTICATION

1. EMPLOYEE COPY

李敏华在美国国家航空咨询委员会工作时的工资单（1951年）

它再一次更名为美国航空航天局路易斯发射场格兰研究中心（NASA John H. Glenn Research Center at Lewis Field），这是以美国战斗机飞行员、宇航员和政治家约翰·格林（John Glenn）的名字来命名的。在实验室运行的初期，路易斯飞行推进实验室致力于航空发动机的研制，从20世纪50年代开始也进行液体火箭的燃烧研究。

李敏华和吴仲华在美国国家航空咨询委员会工作期间，正是实验室刚从飞机发动机研究实验室更名为飞行推进研究实验室之时（所以他们时常照旧称之为发动机研究所或航空研究所），正值该实验室在全力攻克航空发动机技术难关的关键时期。这既给他们的工作提出了挑战，也为他们的发展提供了机遇。正是在这里，吴仲华开创了叶轮机械三元流动数值仿真的先河，而李敏华接触了分析航空发动机强度的问题，开始了塑性力学的探索并取得了令人瞩目的成绩，他们通过自己的奋力拼搏，攻占了各自学科领域的高点。李敏华这只娇燕在蓄势凌空！

二、挑战燃气轮机涡轮盘强度问题

李敏华在1949～1951年的研究课题是“燃气轮机涡轮盘强度分析（塑性变形）”，在20世纪40～50年代，航空发动机强度是一个挑战性问题。李敏华基于塑性力学全量理论，为解决发动机强度问题做了独特的、卓有成效的工作。众所周知，强度是指机械零件承受外力载荷后抵抗发生断裂或超过容许限度的残余变形的能力，它是衡量零件本身承载能力（即抵抗失效能力）的重要指标，是机械零部件首先应满足的基本要求，因而也是机械工程师和应用力学家共同关注的问题。随着机械工业的发展，特别是航空工业的发展，要求机械零件既要强度高又要重量轻，塑性问题的研究就变得越来越重要了。一般而言，工程材料受力后的变形分为弹性变形和塑性变形两类。对于前者，外力撤销后结构可以恢复原来形状，而且应变和应力呈现按比例变化的关系；对于后者，外力撤销后结构不能恢复成原来形状，形状发生永久性变化（伸长或缩短）。按照力学学术术语，塑性是结构材料在某种给定载荷下产生永久变形而不破坏的能力。对大多数的工程材料，当其应力低于比例极限（弹性极限）时，应力-应变关系是线性的，表现为弹性行为；而当应力超过弹性极限后，发生的变形包括弹性变形和塑性变形两部分，其中塑性变形不可逆。

李敏华在独立进入正式研究工作领域时，便接受了所处时代的挑战性课题：以塑性变形为探索的目标进行燃气轮机涡轮盘的强度分析。对此，她自己是这样描述的：

近代工业和航空事业的迅速发展，促使塑性应力分析和应变分析迅速增加。但由于塑性变形的不可逆性、塑性应力应变关系理论发展的复杂性和描述问题的微分方程的非线性等，使问题的解变成非常困难，并且不能应用叠加原理。大部塑性变形问题的解都是近似的，少数比较准确的解的计算又很复杂，一般需采用逐次趋近法或试解法和逐次趋近法的组合，因此对于塑性变形问题中的应力和应变方面的情况和特点了解得很少，而这些情况的了解又有助于今后所需要解决的很多的塑性变形问题的简单而又比较准确的近似解的获得。同时，准确解本身可以给出问题的准确的解答并可用来决定其他的近似解的准确程度。

因此，如李敏华所说，塑性变形的分析要比弹性变形困难得多，在这种背景下开始发展的塑性力学也比传统的弹性力学复杂得多。按照力学学科的分类，塑性力学又称塑性理论，是固体力学的一个分支，它主要研究固体受力后处于塑性变形状态时，塑性变形与外力的关系，物体中的应力场、应变场及有关规律，以及其相应的数值分析方法。

因为研究思路恰当，李敏华在不到三年的时间里，连续给出了旋转盘、圆孔薄圆板、圆形薄膜和非均匀材料的旋转盘等问题在硬化区大塑性变形下的研究结果，撰写完成三篇署名 M. H. Lee Wu（吴李敏华）的美国国家航空咨询委员会技术报告：①《在金属应变硬化区的轴对称的塑性平面应力问题的分析》, NACA TR 1021, 1951；②《圆孔大薄板在应变硬化区的线性化解和一般性的结果》, NACA TN 2301, March，1951；③《旋转盘在应变硬化区的一般性结果和线性化解》, NACA TN 2367, May，1951。这一系列工作适应了当时由于航空发动机发展导致的对于机械设计和结构设计要求的提高，从而必须考虑物体进入塑性范围的应力和应变分布及相关的其他问题的需要，并为工程师们提供了一种切实可行的途径来处理这类困难问题。由于她在研究领域取得的成绩，李敏华在 1951 年就成为美国国家航空咨询委员会路易斯飞行推进实验室的技术部成员，同时还是美国机械工程师学会会员。在美国国家航空咨询委员会这片天地里，李敏华这只娇燕在应用力学的新前沿——塑性力学领域里开始奋力翱翔搏击。

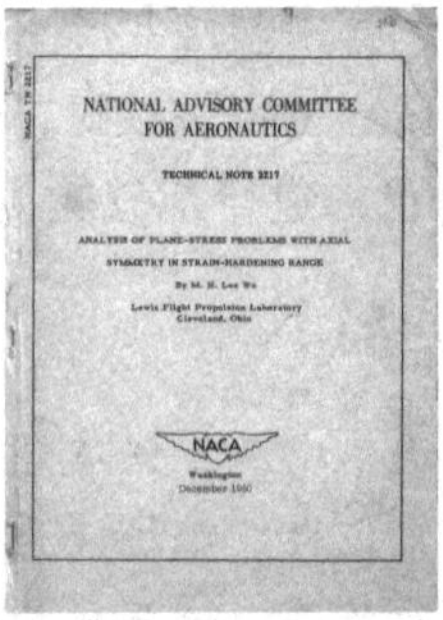

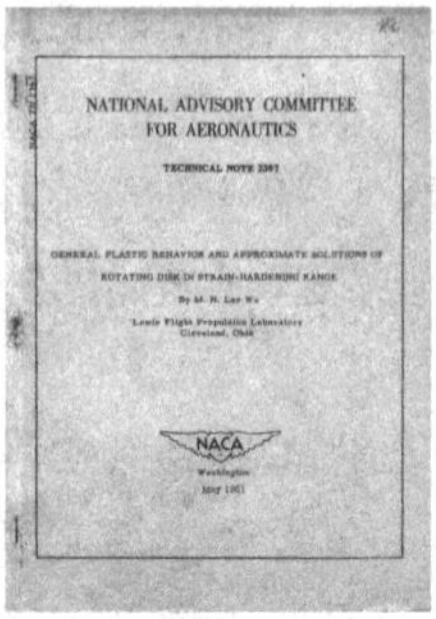

李敏华完成的三篇美国国家航空咨询委员会研究报告

李敏华并不满足于从理论上解决了旋转盘等塑性变形问题的求解，而且十分重视应用力学的研究必须满足实际工程的需求，她认为：

实际的机械零件的材料的力学性质都有某种程度的非均匀性，这种非均匀性是由于制造的过程，如冷加工和热处理等所引起的。有时材料性质的不均匀性也可能由于外在的因素造成的，如温度等。

李敏华当时不仅考虑了不均匀性的工程材料的实际问题，还“得到了直接从材料的应力应变曲线和转盘中最大应变来计算旋转盘转速的近似方程”。特别难能可贵的是，这些研究并非是美国国家航空咨询委员会的工作要求，而是她利用工余时间自行完成的。对于一位有两个幼小孩子需要照管的母亲而言，能够出色完成研究所下达的任务已属不易，何况还要亲自开展便于工程师直接应用其研究成果的“自选课题”！ 1951 年 5 月 29 日，李敏华从家中写信给时任美国机械工程师学会应用力学部（Applied Mechanics Division）主任的伊利诺伊理工学院力学系（Department of Mechanics，Illinois Institute of Technology）唐奈尔教授（L. H. Donnell），向他提交一篇题为《直接从非均匀材料性质的旋转盘的抗张应力－应变曲线来确定塑性应力和旋转速度》的论文摘要，希望参加当年的机械工程师学会年会并争取随后在《应用力学杂志》发表，她在信中写道：

按照美国国家航空咨询委员会的规定（我正在美国国家航空咨询委员会工作），美国国家航空咨询委员会雇员可以用个人名义向学术协会投送用于宣讲或发表的论文，只要该论文的内容尚未作为美国国家航空咨询委员会的出版物发表过。

而路易斯飞行推进实验室在向美国国家航空咨询委员会总部呈报的文档中也明确指出："该论文材料的主要部分不直接涉及作者在美国国家航空咨询委员会所开展的研究工作，之前亦没有发表或宣讲过。该论文的准备是作者利用她自己的时间完成的，没有涉及实验室任何成员提供的服务，完全是作者个人对学会的贡献。"在这篇论文中，李敏华强调指出，"实际中机械零件的材料特性必定是非均匀的（特别是在应变硬化区内），因而必须考虑具有非均匀性质零件的塑性变形问题。"她给出了一个确定塑性应力、应变和转速的简单方法，其中只要重复地运用一个小表格便可得到塑性应力、应变的分布，还把计算得到的转速用图表形式给出。1952 年 6 月 19 日，李敏华出席了在美国宾夕法尼亚州召开的应用力学会议（Applied Mechanics Conference），并宣读论文《径向不均匀金属材料性质的旋转盘的一个简单解法》（*A Simple Method of Determining Plastic Stresses and Strains in Rotating Disks with Nonuniform Metal Properties*）。到 12 月，该论文便正式在《应用力学杂志》第 74 卷第 4 期上发表。这里还有一个小"故事"：有关专家评审通过这篇论文后，建议把标题缩短，改为 *Determination of Plastic Stresses and Strains in Rotating Disks with Nonuniform Metal Properties*，然而李敏华在最终提交的文稿中却在标题上加了个关键词"一个简单方法"（A Simple Method）。初看起来，似乎李敏华把自己论文的调子降低了，只是一个简单的方法？！其实，她是在释放一个明确的信号：这篇文章不是科学家在玩弄深奥的理论，而是要解决实际工程问题，能为工程师们应用。

这种重视工程问题、强调工程应用、关注为工程师的研究工作态势，李敏华在其学术生涯中一直是坚持不渝的，包括她回国以后在中国科学院力学研究所工作的几十年间。2012 年 4 月，中国科学院力学研究所的梁乃刚研究员，作为李敏华在"文化大革命"结束后招收的第一批研究生，在接受采访时说："李先生从来没有问过我们发表多少文章。她都

在工作之余李敏华全家外出郊游

是要求我们解决别人没有解决的问题。你说解决了还不算，等到工程界使用的人觉得解决了问题才算数。人家点头了，那才是真解决了。这也很干脆，也不用说现在所要求的‘你给我列出你的创新点在哪里？’之类的话，李先生从来没有叫我们这么列。”这就是作为应用力学学派传承者的李敏华对于研究工作的理解。

三、独特构思攻克硬化材料塑性分析难题

李敏华在做科研课题的时候，通常采用这样的做法：先倾听提出课题的部门讲述要求做什么问题，然后开始自己动手做，包括试验工作和理论分析工作；做到一定阶段以后，再去查阅文献，这时候可以发现有些文献中工作的想法跟自己是不一样的，但有些跟自己的想法类似；于是就可以分析，自己的思路有哪些是“超越”在别人前面的而且是更合理的，还有哪些地方需要再吸收别人的东西，把自己的东西做得更完善。她认为这样做有一个好处，就是极大地锻炼了自己独立解决问题的能力。

通过听取航空应用部门的介绍，李敏华了解到燃气轮机涡轮盘问题“属于平面应力问题”，涡轮盘在运行过程中会承受很大的载荷，所产生的应变很大，达到材料的硬化区，因此要采用大应变概念。对于自己的研究思路，李敏华具体地写道：

塑性变形问题，由于应力应变曲线的非线性和塑性大变形所引起的非线性关系，描述问题的方程成为非线性微分方程。在不同载荷下的应力分布或应变分布，一般讲来，不成比例。要得到某一材料在某一载荷的解需要根据该材料的应力应变曲线和该载荷的数值进行计算。如果要希望能像大部分的弹性变形问题那样的，在不同的载荷下，甚至不同材料的各应力分布和各应变分布都分别成比例的这种可能性不大。但是不同材料不同载荷的解中的一部分关系成比例或接近于比例的可能性还是有的。这种比例关系的获得将使解法大大简化，因为可以从这种比例关系很简单地得到全部解答。

这样，李敏华针对旋转盘具有的轴对称特点，提出了解题思路。

由于轴对称的缘故，在加载过程中主应力的方向，即主轴方向，保持不变。主应变的比值在加载过程中的改变也可能不大。因此应用了形变理论来解这一组的问题，再从得到结果来讨论形变理论是否能应用在这一组问题上，也就是讨论所得到的结果是否可靠。

这里提到的“形变理论”就是所谓的塑性全量理论，它便于应用并解决了大量的实际问题，但是不适用于研究复杂的应力变化历程。在这种学科理论不甚成熟的现实情况下，李敏华认为：

塑性的应力应变关系比较复杂，主要因为塑性变形是不可逆的过程，在一般情况下，塑性应变和应变率不只受应力的影响而且受加载过程的影响；不同应力状态下的屈伏和继续屈伏决定于屈伏函数；以及塑性应变、应变率和应力之间存在着非线性的关系等。在目前室温下的塑性应力应变关系的理论虽然比较成熟，但也仍在发展中。这方面的理论很多，有些理论很复杂，难以应用；有些理论比较简单，但有应用范围的限制。因此在进行具体问题的应力分析和应变分析时，不但由于塑性应力应变关系的复杂而使问题的解答复杂，并且在选择所应用的理论时还要考虑是否适合。

她根据自己对旋转盘问题分析得到的看法“在加载过程中主应变的方向保持不变和主应变的数值成比例的增加”，因而推导出简单加载（亦称比例加载）条件下的塑性基本方程、平衡方程和协调方程，又巧妙地通过引入一些参数的办法，问题逐步简化并避免了“应用逐次趋近法的麻烦，可以用数值积分直接得到结果”。

因为当时国际上有关塑性力学的研究工作中考虑材料硬化的解很少见，人们通常都是采用形变理论迭代求解，这样求解过程十分繁复、耗时。但李敏华在运用形变理论时，构思十分巧妙，用椭圆方程的角度 α 和无量纲有效应变 γ/γ_0 来表达冯·米泽斯（von Mises）的屈服条件，使问题中的未知变量大为减少，即未知的应力应变分量由 5 个降为 2 个未知变量（α、γ/γ_0）。尽管变量 α 在边界上已知，但变量 γ/γ_0 是随应变分量变化的未知量，问题仍需要反复迭代求解。李敏华又引进了一个任意常数 k 并将半径无量纲化为 r/k，这样在一个边界选定了 γ/γ_0 值，从此边界沿 r/k 进行计算，直到 α 满足另一个边界值。这时的 r/k 值等于 β/k，由此可定出任意常数 k，从而不需要迭代可得到精确解。20 世纪 50 年代初期，计算机尚不发达，大部分数值计算都是用手摇计算器求得的，这种可用于轴对称平面应力问题的方法是非常有意义的。

四、研究成果获得学术界的认可

对于李敏华关于硬化材料塑性分析的研究成果，评审专家斯托威尔教授（E. T. Stowell）评价道："在求解应变硬化材料塑性应力分布时，几乎不能精确地求解。而对于轴对称问题，作者（李敏华）得到的解就属于精确的或近乎精确的解。……即使是在非常简单的圆孔薄板的一维情况，要同时满足协调方程、平衡方程、应力应变关系和边界条件，也不是一件容易的事。由于作者非常巧妙地引进了任意常参数，作者相当精确地满足了上述条件。"他最后说："作者提供了一系列精确解的典范，这是她的特殊贡献。"

如前所述，当时学术界对形变理论是否适用有不同看法，尽管薄管的实验结果已经证明：对于比例加载（即加载过程中主应力方向和比值不变），形变理论是可用的。而为了证明形变理论适用于轴对称平面应力问题，李敏华给出了两种不同硬化性能材料在不同载荷下圆孔薄板和旋转盘问题的解。计算结果表明：每种材料在不同载荷下的 α-r/b 曲线接近；而且对这一组轴对称平面应力问题，主应力的比值 σ_r/σ_θ 和 α 呈线性关系。这说明在加载过程中各点满足比例加载，因而形变理论能用于轴对称平面应力问题。1950 年 9 月，李敏华将此结果在布朗大学（Brown University）举行的塑性力学学术会议上报告，所宣读论文的题目是《论应变硬化区中轴对称平面塑性应力问题》(*On Plane Plastic Stress Problem with Axial Symmetry in the Strain-Hardening Range*)。虽然当时布朗大学有几位著名的塑性力学家对形变理论有不同看法，但他们对于李敏华的工作是很重视的。因为所有参会宣读的论文，都要经过相当严格的审查。

李敏华在塑性力学学术会议上的成功亮相，取得与会者的首肯，也获得了同行们的赞誉。1950 年 9 月 10 日，当地的报纸《普罗维登斯星期日报》(*The Providence Sunday*) 以"科学家接近塑性研究"(*Scientists Close Plasticity Study*) 为标题报道了这次会议，报道的副标题是"布朗大学研讨会表明：理论和实际试验之间的差距正在减小"。在文字报道的同时，该报还配发了一张10英寸的照片，标题是“国际间的对话”（*Internationally Speaking*），并加有具体的说明：“来自世界各国的科学家昨日在布朗大学召开的第三届塑性力学会议上进行研讨。从左至右：瑞典斯德哥尔摩皇家技术学院副校长厄德韦斯特教授；土耳其伊斯坦布尔大学科学部主任依瑞姆博士；大不列颠的图润特博士；美国国家航空咨询委员会克利弗兰研究所的吴李敏华女士；荷兰德尔弗特技术大学伯格斯博士。”上述的参会审查过程和会议报道情况，从另一个侧面表明李敏华在塑性大变形的研究成果在当时便获得了方方面面的认可。李敏华将这张报纸保存了60余年，尽管纸张已经泛黄、边角已经破损，但站在西方男性学术大伽们之间的年轻东方女士李敏华风采是如此的夺目。

6　THE PROVIDENCE SUNDA

SCIENTISTS CLOSE PLASTICITY STUDY

Gap Between Theory, Practical Experiment Is Narrowing, Brown Symposium Shows

The third annual symposium on plasticity ending yesterday at Brown University showed that the gap between theory and practical experiment is closing in this relatively new field of applied mechanics.

Some 250 scientists heard a series of papers given Friday and yesterday at the campus under the sponsorship of the university's graduate division of applied mathematics. They came from all parts of the United States and several foreign countries.

Dr. William Prager, division chairman expressed gratification particularly over a series of talks given yesterday morning which indicated that criticism of the gap between theory and experiment in former symposiums here has resulted in constructive action.

Researchers in the field are interested in constructing a practical mathematical theory of plasticity to develop reasonable theories of how materials react after the limit of their elasticity under stress or strain is reached. Such computations have practical value in the field of engineering.

Internationally Speaking: International scientists confer at the third symposium on plasticity yesterday at Brown University. Left to right: Prof. F. K. G. Odqvist, vice president of the Royal Institute of Technology, Stockholm, Sweden; Dr. Kerim Erim, dean of sciences at the University of Istanbul, Turkey; Dr. C. J. Tranter of Great Britain; Mrs. M. H. Lee Wu, Cleveland, of the National Advisory Committee for Aeronautics; Dr. J. M. Burgers, of the Technische Hogeschool, Delft, Holland.

G.E. Says New Device Will Boost Range of Commercial Airplanes

Lynn, Mass., Sept. 9.—(UP)—Commercial airliners soon will be able to fly non-stop from Chicago to London with heavy payloads, the General Electric Co. said tonight in announcing the development of a new turbosupercharger for piston powered engines.

E. S. Thompson, manager of sales for the company's aircraft gas turbine divisions, said that tests of the new turbosupercharger in combination with a Pratt & Whitney piston engine showed a 32 per cent increase in takeoff power and a reduction of 28 per cent in fuel consumption over transport power plants now in use.

NOTICE!

To those holding

Masonic Temple Trust

塑性力学学术会议的报道文章及照片

这激励着李敏华进一步深化研究工作，她把圆形薄膜、圆孔薄圆板和旋转盘作为一组问题来探讨，因为“所考虑的三个问题在工程上也都具有实用价值”。而且“这几个问题同属于轴对称平面应力问题，可以用同一方法来处理，并且有共同特点，因此作为一组问题来讨论”。通过严格的推导和巧妙的方法，李敏华“给出了这三个问题的根据塑性形变理论的准确解；求解时应用材料实际的应力应变曲线和考虑了由于大变形所引起的尺寸的改变，也就是应力和应变中采用瞬时尺寸。由于解法简单，增加了计算多种情况的可能性”。她基于自己得到的准确解，对具有不同结构尺寸和不同硬化特性的材料的旋转盘、薄圆板在若干不同载荷下的应力、应变分布进行了计算，用以证明所采用的理论和假设是恰当的。在“肯定计算结果是准确后，对于计算结果进行了分析”，李敏华发现，“所得到的曲线很接近。这些现象指示着有得到一般性结果的可能”。根据计算结果，不但上述每种材料的 α-r/a 曲线很接近，而且两种材料的 α-r/b 曲线及 γ/γ_0-r/b 曲线也分别得比较接近（这里 a 和 b 分别为孔和盘的半径）。因此，她又对理想塑性材料（即幂硬化指数 n=0），以及包括大部分工程材料的幂函数近似范围内的 n 值进行了计算。结果显示，不同 n 值的 α-r/b 曲线簇及 γ/γ_0-r/b 曲线簇都分别得相当接近。因此，她对协调方程和用幂函数近似材料曲线的平衡方程进行分析，略去其中的低阶小项，得到了材料曲线对主应力比值分布和比例应变分布的影响都不大但比例应力分布因受材料 $\tau(\gamma)$ 的影响各不相同之结论。这表明对塑性变形问题应变协调起主导作用，并由此提出一个近似解法。对每一个轴对称平面应力问题，只需计算一个解，所得到的 γ/γ_0-r/b 曲线可作为该问题的无量纲有效应变分布的近似解，再用实际材料曲线得到应力分布和外载。对于寻求线性化近似解的做法，在那个时代是很有意义的，李敏华认为："对方程进行线性化，这样不但可以使解法简单而且准确，并且容易看出问题的主要因素，从而可以得到一般性的结果。"李敏华进而利用近似解来探讨当时无法解决的材料性能非均匀性引起的问题，提出了径向非均匀材料的旋转盘的解法。这些研究成果不仅得到美国及西方集团国家学术界和工程界的认可，甚至也引起了东欧集团国家科学家的关注，波兰的塑性力学专家沃尔扎克（W. Olszak）对李敏华的方法就非常赞赏，当他于 1957 年访问中国科学院力学研究所时，便热情邀请李敏华参加 1958 年在华沙举行的非均匀材料性能塑性力学国际会议。

五、奠基叶轮机械三元流动的通用理论

与此同时，同在美国国家航空咨询委员会路易斯飞行推进实验室从事叶轮机械流动问题研究的吴仲华，也奋力拼搏在燃气轮机领域中并取得了令人瞩目的成就。20 世纪 90 年代，美国机械工程师学会国际燃气轮机学术大会曾经给出下述评论：在 20 世纪 50 年代初期，国际叶轮机械界发生了两件大事：计算机和叶轮机械吴氏通用理论的创立，促进了叶轮机械的发展。这两件事又是密切相关的，是吴仲华教授开创了叶轮机械三元流动数值仿真的先河，从此叶轮机械得到蓬勃发展。

叶轮机械是在旋转的轮子上安装叶片并通过叶片与流体进行能量交换的动力机械总称，航空涡轮喷气发动机（亦称燃气轮机）中的压气机、透平、蒸汽轮机、鼓风机等都属于这类机械。但是，在燃气轮机刚刚发明的 20 世纪 30 年代，由于内部流动复杂、设计不善，其工作效率十分低下。

随着第二次世界大战后世界各国经济的复苏与发展，航空事业受到前所未有的重视，涡轮喷气发动机的研究便吸引了工程界和学术界的极大关注。但是，叶轮机械内部流动十分复杂，不仅叶片形状复杂、数量巨大，而且动静叶片之间有相互作用，还会受到内外壁面的影响。当时研究叶轮机械内部流动的理论基础是航空工程中的绕机翼流动理论，很难满足叶轮机械内部流动研究的需求。所以，无怪乎吴仲华说："他们给了我一个最难的题目，怎么能搞清楚三维内部流动？开始的工作不好做，很辛苦。做了四年，做出结果来了。"1950 年，他完成了题为"径向平衡条件对轴流式压气机和透平设计的应用"（NACA TR 955，1950）等 3 篇美国国家航空咨询委员会技术报告，并在美国机械工程师学会年会上宣读了论文《轴流、径流和混流式亚声速与超声速叶轮机械中三元流动的通用理论》（ASME Paper Number 50-A-79）。1951 年，他提交了题为《任意轮毂和机匣形状的叶轮机械中亚声速或超声速流动的通用通流理论》（NACA TN 2302，1951）等 4 篇美国国家航空咨询委员会技术报告。1952～1953 年，他发表了题为《通过任意翼型叶栅可压缩流动的正逆问题理论》等 3 篇学术论文，还完成了 4 篇美国国家航空咨询委员会技术报告。这一系列研究成果构成了叶轮机械三元流动理论的完整体系，开辟了数值求解叶轮机械三元流动问题的新方向，推动了叶轮机械（特别是航空发动机和燃气轮机）的发展。吴仲华不愧为"叶轮机械先锋"，其时年仅 35 岁！然而，这里面包含的心血，只有吴仲华和李敏华才知道。几十年后，吴仲华给他的助手吴文权等介绍说，在美国国家航空咨询委员会工作时要发表文章很不容易，专门有一个小组来严格审查才能通过的。几十年后，李敏华曾告诉吴文权说："为了发表那篇关于通用理论的论文，吴仲华甚至累得胃都出血了。"

对于吴仲华而言，这的确是一个全新的挑战。他在麻省理工学院攻读博士学位期间，所完成的论文是《四冲程内燃机输入过程的热力学分析》，研究成果属于传统的内燃机范畴，涉及的现象要比叶轮机械内部的三元流动简单得多。在他读博的 20 世纪 40 年代后期，麻省理工学院才发明了一种名为"积分效应器"的仪器，该仪器是现在电子计算机的前身。而当时大部分的研究者在作计算分析时，都是使用手摇的或电动的机械计算器，做一次加法，就得手摇一圈。然而，吴仲华独具慧眼，他抓住了数值仿真这个科学发展的新动向，摒弃了孤立翼型与解析求解等常规做法，从而创立了叶轮机械内流的三元通用理论，其中，流动的三维性为考虑的主要因素，同时兼顾了黏性与非定常性。更为独特的是，吴仲华在推导基本方程时，没有采用一般流体力学所使用的自然求解函数（如压力、密度、速度），而是基于工程热力学原理提出了一个新的待求函数——相对滞止转子焓，并由此导出了一个新的基本方程。这个被人们称为“吴氏方程”的基本方程，物理意义明确，形式非常简洁，而且是矢量不变式，适合于各种坐标系统，从而成为叶轮机械三元流动计算的基础，这个被国际叶轮机械界称为“圣经”的理论一直广泛应用至今。

然而，在 20 世纪 50 年代初期，计算机还处于雏形阶段无法求解这样的三维流动方程。吴仲华便提出了流面模型，这些流面被分为两族：一族基本是从叶片到叶片，反映叶型的影响，被称为 S_1 流面；另一族基本上是从叶根到叶片顶部，反映流动沿径向的变化，被称为 S_2 流面。他又引入流面偏导数概念，导出了两类流面上的基本方程，它们都是二维的，求解过程大为简化，在当时成为可能。将这两组方程的解相互迭代，所得到的收敛解便是三维流动的完整解。流面模型将丰富的想象力、清晰的物理概念、严格的数学演绎和便利的工程应用完美地结合起来，从而为叶轮机械的设计、制造和研究部门所广泛采用，成功地研制了几代先进航空发动机。1997 年，李敏华在接受苏州有线电视台记者采访时，回忆了吴仲华对于推进世界航空工业不断前进的贡献，她介绍道：

吴仲华在美国国家航空咨询委员会开创了叶轮机械的三元流动理论

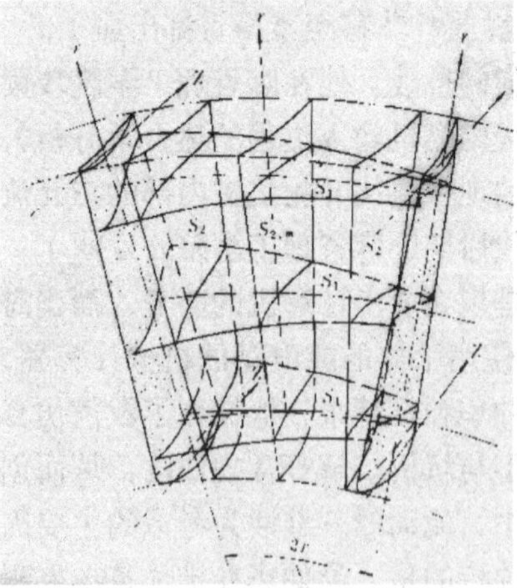

吴仲华关于两类流面理论的示意图

> 世界上先进性能的发动机大都是采用吴氏三元流动理论设计的，例如波音 707 的发动机 JT-3D、波音 747 的发动机 JT-9D、大黄蜂战斗机的发动机 F404 等。

吴仲华的巨大贡献是举世公认的，尽管他从 1954 年 8 月就离美返国效劳，而国际同行们一直在应用着吴氏理论并记着他的贡献，这里可以用几个小故事来说明之。1970 年，在美国国家航空航天局举办的国际会议上，有作者宣读了题为《吴氏方程的计算机解》的论文，首次提出了“吴氏方程”的说法。随后，在挪威、比利时相继召开的先进压气机国际会议上，与会科学家把吴仲华创立的叶轮机械三元流动理论明确定义为“吴氏通用理论”，其中的基本方程称为“吴氏方程”。从此，“吴氏通用理论”和“吴氏方程”便在学界中广泛使用了，它们都是国外科学家赋予而非自诩的。

1974 年 3 月，第二届国际吸气式发动机会议定于英国谢非尔德大学召开，会议组委会给我国发了邀请函。那个时候，国内有关部门根本不知道吴仲华在国际上的影响，英国人要开这个会，跑到伦敦的中国大使馆去说“我们要邀请你们的吴仲华先生参加这个国际会议”。这时，驻英大使馆才知道我们国内还有一位这么著名的科学家，于是将消息转回国内。中国科学院外事局征求了力学研究所的意见，因为吴仲华其时尚在力学研究所工作。那时“四人帮”还在当政，派团出国参加国际会议是存在一定风险的，但力学研究所领导反复研究后，决定组建“中国科学院动力热物理代表团”出席会议。代表团团长由吴仲华担任，还指定业务处的一位党员同志作为“政治带队”。代表团成员除了听取学术报告外，还主动与英国、德国、比利时、法国、美国等国家的学者进行了交流并建立了联系，并顺访了剑桥大学、燃气轮机研究所和英国劳斯莱斯公司（Rolls-Royce）等单位，均受到热烈欢迎。我国驻英使馆宋大使还专门举行了一次宴会，招待英国的会议组织者和有关大学、研究所和大公司的专家和学者，招待会的气氛非常好，许多人从很远处赶来，十分热情，表明了对于叶轮机械先驱吴仲华的敬意。

1976 年秋，吴仲华率团出席在德国慕尼黑召开的第三届国际吸气式发动机会议，宣读了题为《任意非正交曲线坐标系下基本方程组及其数值解法》的论文，报告结束后会场上的热烈掌声经久不息，大会主席在总结时说，“这样复杂问题的处理，只有三元理论的创始者才能提出来”，这是一个“重大发展”，并称吴仲华的报告“是会议的高潮与精彩之点”。1978 年，我国购买了英国劳斯莱斯（Rolls-Royce）公司的斯贝发动机制造专利，理应提供给我们图纸，但一开始英国人给的都是没有用处的“垃圾”。受王震副总理之邀，吴仲华率队去西安处理此事。看到吴仲华去了，他们才拿出真的设计资料。而在 1992 年吴仲华逝世时，美国机械工程师学会立即发表了讣告，并给予了极高的评价。可以说，从 1950 年创立开始，吴仲华一直占据着叶轮机械三元流动理论的制高点，这是无可非议的事实。

吴仲华在国际吸气式发动机会议上宣讲论文

的确，李敏华和吴仲华夫妇就职美国国家航空咨询委员会期间，攻克了各自研究领域的高地。娇燕和雄鹰相随相伴，双双展开羽翼，在航空科技的穹宇中翱翔。他们在为日后报效祖国而奋力拼搏、积蓄能量。

第八章

千方百计筹划回国效力

1951年9月，李敏华和吴仲华一起主动从美国国家航空咨询委员会辞职，转入大学工作。离开美国国家航空咨询委员会的原因并非学术工作本身，应当说，对于在美国国家航空咨询委员会路易斯飞行推进实验室的工作，他们是相当满意的，但是他们不忘初心，一直惦念着祖国，期望用自己学得的知识、积累的经验为国家建设效劳。尽管回国的历程充满着艰辛，但他们千方百计精心筹划，终于如愿以偿，于1954年年底回到了梦回萦绕的祖国，开始了为国效力的新征程。

一、主动辞去美国国家航空咨询委员会工作

对于在美国国家航空咨询委员会的工作及他们夫妻二人主动辞职的缘由，李敏华在《自传》中写道：

> 1949年1月开始在航空研究所做塑性力学的研究工作。我们对于工作本身，以及对于解决实际工程问题的研究工作，颇感兴趣。当然我们在那里工作的目的是：得到实际经验，为将来回国后工作做准备。那时我们订阅《华侨日报》，看到许多国内的好消息，更想早日回国（1950年已将负债还清），拟在1951年夏回国，因到那时我们两人所做的研究工作都可告一段落（由1951年我们所完成的多篇论文、美国国家航空咨询委员会的研究报告可见）。但在这个时期美帝的侵略野心日渐暴露，使我们更急急地想结束研究工作。在1950年夏朝鲜战争爆发，正拟草草结束研究工作，而钱学森先生在美西岸被扣事件发生，紧接着赵忠尧先生等在日本被扣一个短时。那时我们因在航空研究所工作，不敢直接向移民局办理回国手续，怕引起纠纷而不能达到回国的愿望，故决定设法转入学校工作，因那时在学校念书或工作的中国同学尚能离美返国。

其时正是李敏华和吴仲华两人在美国国家航空咨询委员会的研究工作进入“如日中天”的佳境阶段。的确，李敏华完成了3篇美国国家航空咨询委员会技术报告，在1950年第三届塑性力学年会上宣读了重要论文并获得了同行们的认可，奠定了她在这一领域中的地位。而吴仲华则先后撰写了11篇美国国家航空咨询委员会研究报告并发表了4篇学术论

文。特别是1950年冬在美国机械工程师学会的讲台上，吴仲华宣读了他的著名论文《轴流、径流和混流式亚声速与超声速叶轮机械中三元流动的通用理论》（*A General Theory of Three-Dimensional Flow in Subsonic and Supersonic Turbomachines of Axial-, Radial-,and Mixed-Flow Types*），这一划时代的工作开创了在三维空间精确分析燃气轮机中气体流动规律的新纪元。由于工作卓有成效，引起了美国有关方面的关注，“他们要我们参加美国籍”，吴仲华在1988年接受采访时是这样告诉美国记者杜开昔的。这不仅因为吴仲华的工作，也有李敏华工作的原因，吴仲华接着说道：“特别是她是在Material and Structure Division（材料与结构部），她们那边开始搞原子能。这样一来，要求更高。”所以，在美国国家航空咨询委员会工作时，美国移民局来人先后三次给了他们申请入籍的表格，美国国家航空咨询委员会研究部门的老板也询问过吴仲华是否入籍的事情，但吴仲华和李敏华都一直推说“还没有想长期留在美工作的打算”。

为什么他们当时不想加入美国籍？吴仲华是这样对美国记者杜开昔解释的：

我们不想加入美国籍。我们当年出国与现在的年轻人不一样，Background（背景）差别很大。我们出国前一直是受外国的侵略，最厉害的就是日本。“九一八”“八一三”，我们当时在北京，他们打进北京来。我们的爱国主义比现在的年轻人要强一点，所以根本就没有考虑入美国籍，连去美国学习的时候也没有想过要作美国人。我们做了几年工作，依然不想作美国人，学了就想要回来。

吴仲华还用英语告诉杜开昔：

We would have no problem if want to become an American. We did not like to do so. They keep to ask us.（如果那时想成为美国公民，我们不会有任何问题的，但我们不愿意这样做。他们就不停地问我们。）

可以说，他们心中只有一个想法：一定要回到祖国去工作，把祖国建设得强大起来！

正当工作告一段落，他们准备离开美国返回中国的时候，1950年6月朝鲜战争爆发了，1950年10月中国人民志愿军赴朝参战了。在这种情况下，李敏华的心情很不平静。

她在《自传》中写道：

在这个时期中，我们一方面为我们的回国问题担心，但另一方面又为我国的抗美援朝运动高兴。虽然在美帝和蒋匪特务大肆宣传之下，我们仍能清楚地在中国的抗美援朝运动中看出新中国政府对外政策的独立、自卫和追求和平。

尽管形势突变使他们回国的安排受阻，但李敏华和吴仲华回国效力的初衷依然不变。

二、专程驱车去旁听伍修权演讲

1950 年 11 月底，吴仲华专程驱车去位于成功湖畔的联合国大厦，旁听了中国政府特派代表伍修权在联合国大厦的演讲。这个演讲被毛泽东主席称为“去告玉皇大帝的状”，是新中国的外交家们在联合国安全理事会议上的第一次亮相，因此吸引了许多人早早地到场静候，特别是在美国的华侨和华裔人士，包括著名的教授、学者，甚至在美的国民党官方人士，都设法来到会场旁听。这里应当指出的是，吴仲华是第一个进入会场的旁听者。这便是他们一直心系着、惦念着祖国的明证。

当时，联合国安全理事会正在就中国政府控诉美国侵略朝鲜和侵占中国台湾议案展开大会辩论。中国代表团团长伍修权作了轰动世界的精彩演讲，他向全世界宣称：“我奉中华人民共和国中央人民政府之命，代表全中国四万万七千五百万人民，来这里控诉美国政府武装侵略中国领土台湾（包括澎湖群岛，以后凡称台湾，皆包括澎湖群岛）非法的和犯罪的行为！……这是我的明确的具体的使命。”伍修权本人则是这样回忆自己的演讲情形的：

这个发言共约两万多字，讲了近两个小时，各国代表通过同声翻译听到我的发言内容。事后有人说我演说时的嗓门很高，劲头特足，不论是发言的内容，还是演说的声音，都把会场给震动了，就像把中国人民憋了多年的气，一下子吐出来了。我倒没在意自己用了多大的嗓门，只觉得我讲时全场鸦雀无声，包括美国在内的各国代表和蒋帮“代表”，都以各种不同的感情和神态在凝神谛听。我讲得相当顺利，中间没有发生什么意外的事。演说结束后，许多人上前来同我热烈握手，向我们表示欢迎和祝愿，其中还有中国人民的老朋友、美国著名记者斯诺。他和华裔学者麦仁德教授一起听了我的讲演后，又挤向前同我紧紧握手。当时我自己也相当激动，感到近5亿中国人民是决不会孤立的。即使在帝国主义者直接控制着的地方，我们的朋友也是数不胜数。人们对我们演说的强烈反应和热情支持，也给了我们很大的鼓舞。在我发表演说的过程中，美国的电视台还作了实况转播，第二天各报又发表了有关我国代表团发言的消息和演说的内容摘要，可见其影响是不小的。

伍修权在联合国大会上代表中国政府发言

的确，那一年12月11日出版的美国《时代周刊》以毛泽东为封面人物，其中写道，“现代史上，没有比伍（修权）在成功湖发表演说更具戏剧性效果的场面了”，毛（泽东）的代表伍（修权）“晃动了广大的自由世界”。

当美国代表奥斯汀在联合国大会上，攻击中国政府“公开地遣送大量自己的战斗部队从满洲跨越国界”同“联合国部队作战”已构成“侵略”行为，并为美国侵略台湾的行径作辩护时，伍修权严词驳斥道：

好得很，那么美国的第七舰队和第十三航空队又跑到哪里去了呢？莫非是到火星上去了吗？不是的，美国第七舰队和第十三航空队并未跑到别的地方，它们是在台湾。那么，莫非是你们说的第七舰队和第十三航空队根本不是美国的武装力量吧？不，第七舰队和第十三航空队确实是美国的第七舰队和美国的第十三航空队。那么问题是在哪里呢？世界上的侵略行动，还有比侵占别国领土更甚的侵略行动吗？只有日本、德国那样法西斯的统治，才不承认侵占中国的东北及吞并奥地利和捷克为侵略行动。各位代表先生，我们不能容忍美国政府这种愚弄。我们都是生活在现实的世界里，生活在反法西斯战争胜利之后，任何诡辩、撒谎和捏造都不能改变这样一个铁一般的事实：美国武装力量侵略了中国领土台湾。……美国政府借口于它一手制造的朝鲜内战，同时发动了对朝鲜与中国台湾的武装侵略。美国武装侵略朝鲜，一开始就严重地威胁了中国的安全。各位代表先生，朝鲜离美国的国境约有5000英里，说朝鲜的内战会影响到美国的安全是十足的骗人的鬼话，但朝鲜和中国的国境却只有一江之隔，美国武装部队的侵略朝鲜不可避免地威胁到中国的安全。事实也证明了侵略朝鲜的美军，已直接地威胁了中国的安全。……所有这一切美国侵朝武装力量直接侵略我国的行为，都是向中国人民公然无忌的挑衅，中国人民绝对不能容忍。……中国人民眼见台湾的遭受侵略，美国侵略朝鲜战争的火焰迅速地烧向自己，因而激于义愤纷纷表示志愿援助朝鲜人民，反抗美国侵略乃是天经地义、完全合理的。中国人民是爱好和平的，但美国侵略者如果以为这是中国人民软弱的表示，那就大错特错了。中国人民从不，也永不害怕反抗侵略战争。不管美国政府采取任何军事阻挠，也不管它盗用什么样的联合国的名义，中国人民决心从美国侵略者手中收复台湾和一切属于中国的领土。美国政府对其侵占台湾而可能引起的一切后果应负完全的责任。这是全中国四万万七千五百万人民坚定不移的意志。

伍修权以激烈抨击“美帝国主义”的方式庄严宣布：新中国正昂首阔步地向世界走来！

在国际舞台上听到新中国代表的声音，使李敏华、吴仲华夫妇十分兴奋，更坚定他们回国效力的决心。2010年8月14日，凤凰卫视主持人曾子墨在主持《我的中国心》一档关于“1950年伍修权在联合国严厉控诉美国侵略台湾”的访谈节目时，是以这样的话语来结束访谈的：“当年在安理会上，旁听过伍修权演讲的吴仲华博士、美国哥伦比亚大学教授李铁铮和国民党派驻纽约总领事宗维贤等海外华人，深深地被伍修权的演讲所打动，他们都先后冲破重重阻力，毅然决然地返回了祖国大陆。”

对此，李敏华则在《自传》中写道：

我们清楚地看出新中国所做的一切，正与美帝的宣传相反的，是将数十年来中国人民的要求和希望付诸实现，并且所采取的一切步骤是那么的合理、确当和成功，使我们感到无限的兴奋和快乐。这一切更使我们急盼我们回国计划的早日实现，更急盼我们能早日参加祖国的建设工作。在抗美援朝以前，当中国人民解放军在发出警告后炮轰在长江帮助蒋匪撤退的军舰时，我们也很高兴，这是一百年来中国首次在自己的领江作有实力的自卫。所以我们积极地计划转入学校工作，以便工作一年后离校回国。

的确，尽管她没有亲自去会场，但是李敏华怀着激动的心情，通过无线电广播听取了大会的实况。晚上，吴仲华回家后，李敏华对他说："伍修权一开始就讲'我怀疑刚才发言的代表（指台湾地区驻联合国代表蒋廷黻）是不是中国人，因为他连中国话都不会讲'，这话真痛快！"要知道，中文在联合国是法定的通用语言之一，但国民党代表发言从来只用英语。所以，吴仲华也说道："中国人不用中国话发言，一点民族气节都没有！"回荡在李敏华和吴仲华心中的炎黄子孙强烈而执着的民族意识，激励着他们早日回国效力的决心。

三、转入大学工作为回国做准备

为什么要从美国国家航空咨询委员会辞职转入大学工作呢？在接受美国记者杜开昔的采访时，吴仲华解释道：

朝鲜战争之后，中美两国政府成为"敌人"，我们觉得在美国的国家机构给他们作研究，研究成果用来打中国人（当然没有那么快，但是早晚要有这样的结果），我们不愿意。但是要回来，在当时是不可能的。因为要从美国国家的一个军事研究所直接回国，也会遇到麻烦的。

当时，吴仲华还对杜开昔举例说：

因为朝鲜战争一发生，有些人回来发生问题了。你可能知道，像钱学森被扣起来了，因为他参加了一些更保密的工作。

因此，吴仲华告之：

所以我们决定离开美国国家航空咨询委员会到学校去教书。教书就到 Polytechnic Institute of Brooklyn at New York（纽约布鲁克林理工学院），他们正好需要。（我们可以）教书同时也做些研究工作，当时主要还是想回来。

李敏华则在《自传》中说明了他们去大学求职的情况：

1951年2月，吴仲华同志与布鲁克林理工学院（Polytechnic Institute of Brooklyn）接洽成功，待遇极优，为该校机械系正教授，负责该系热力工程组及发展该组的研究工作，工作定在1951年9月开始（因届时航空研究所工作可告一段落）。我的工作我们并没有向校方提及，因我们只想借此离开航空研究所，以便返国。但该校机械系主任间接知道我也为麻省理工学院博士，并做研究工作，而该校航空系主任Dr. Hoff曾在塑性力学年会上听过我的研究报告。所以，校方提出我的工作问题。那时我们因为希望吴同志在该校工作一年后即离美返国，所以觉得我以不参加工作为宜。当时回答他们：等秋季开学后再分别考虑。那时我们非常高兴，以为在学校工作一年后即能回国。

1951年9月5日，李敏华和吴仲华正式从美国国家航空咨询委员会辞职，随后全家搬到纽约居住，那是一座出租的公寓房。他们因为准备近期就要回国，所以没有买房子。尽管对于一个在美国居住的家庭来说，买房子比租房子合算多了，但他们不愿意找那个“麻烦”。他们不买房子，只是办了手续，可以住在那里，可以工作就行了。不难看出，对于李敏华和吴仲华而言，为祖国服务是他们心目中高于一切的使命。

李敏华一家在布鲁克林居住的公寓房

然而，时势的发展并不如人愿。在《自传》中，李敏华接着写道：

1951年9月中搬到纽约，满以为不久就能回国。但不幸约在10月中（日子记不清楚，只记得在我们搬到纽约后不久）美国在檀香山扣留回国途中的学习理工医的中国同学，同时其他正在办理回国手续的中国同学

（理工医的）亦都收到"不得回中国及不得企图离美"的通知。此外尚有中国同学被捕事件发生。这些都暴露了美帝的无理和他们的凶恶的手段。我们原拟在学校工作一年后直接回国的计划又不能成功。那时美国政府阻止中国同学（理工医的）离境的压力很大，所以我们很谨慎地考虑各种可能离美的办法。我们得很谨慎，因为万一没有做成而引起美国移民局的怀疑和注意，则以后回国的可能更少，特别是因为我们曾在航空研究所工作过的，知道他们一些普通保密的材料。

对此，李敏华记忆犹新，她在 2001 年接受中央人民广播电台采访时曾告诉记者说：

钱学森不是被扣留了嘛！我们就想：从美国国家航空咨询委员会走，那就很危险。所以，我们决定换一个工作，从学校里还好走，我们就换到学校里教书了。

在这种情况下，李敏华从 1952 年 9 月起到布鲁克林理工学院工作，先在航空工程和应用力学系担任研究教授，随后到机械工程系担任研究指导。对于这段经历，李敏华在《自传》中回忆道：

由当时情形看来知道一时不能立即离美，1952 年 9 月我开始在该校（Polytechnic Institute of Brooklyn）航空系做热冲击应力（Thermal Shock）的研究，任研究组长（Research Group Leader）。1952 年 12 月起至离美前 1 个月止（1954 年 7 月）在该校机械系做冲击波应力（Impact Wave Stress）的研究工作，任研究指导（Research Supervisor）。

应当说，这个职位在该校是很高的，在全校将近 600 名教职员工中，只有 3 名研究指导，其中仅仅李敏华是具有博士学位的，而且仅仅李敏华为一名东方女性。这表明布鲁克林理工学院对于李敏华的研究能力与水平的认可，她写道：

该校研究工作人员分为五级，最高级为研究指导，而全校任研究指导（Research Supervisor）者为数极少。并且，由于我的住处离校较远，以及同时我要自己照顾两个孩子的缘故（因那时小的孩子常病），在开始工作前，我向机械系主任提出：我的大部分工作在家中进行，以及工作时间的伸缩性，待遇可以不计。他都接受了。年薪定 7200 元，因工作时间和地点的有伸缩性对我非常方便。

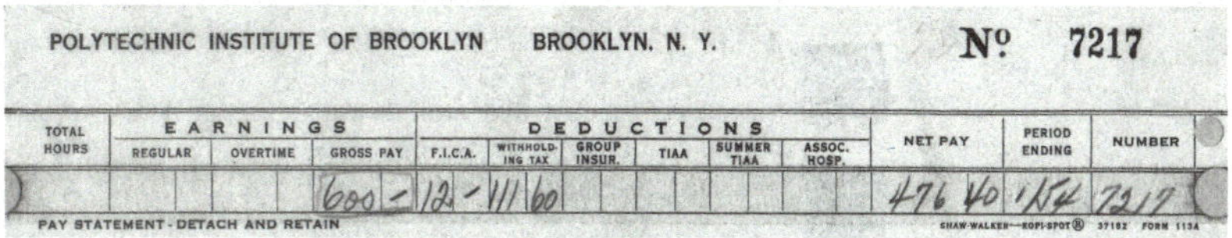
POLYTECHNIC INSTITUTE OF BROOKLYN BROOKLYN, N. Y. № 7217

TOTAL HOURS	EARNINGS			DEDUCTIONS						NET PAY	PERIOD ENDING	NUMBER
	REGULAR	OVERTIME	GROSS PAY	F.I.C.A.	WITHHOLDING TAX	GROUP INSUR.	TIAA	SUMMER TIAA	ASSOC. HOSP.			
			600 -	12 -	111 60					476 40	1/54	7217

PAY STATEMENT - DETACH AND RETAIN

SHAW-WALKER—KOPI-SPOT® 37182 FORM 113A

李敏华在布鲁克林理工学院的工资单

尽管转到纽约的布鲁克林理工学院以后，李敏华只得改变在美国国家航空咨询委员会已经取得斐然成绩的塑性力学研究方向，又重新开始在一个新的领域里探索，但她不愧为称职的研究指导，在不到两年的工作时间里，就完成了 3 篇布鲁克林理工学院研究报告，其中一份涉及一项合同任务工作，包括 5 份季度进展报告和 1 份总结报告。另外，李敏华还撰写了一个题为《用模型说明热冲击下的塑性应力和应变》的研究快报。其间，她每年都出席全美的学术会议并宣读论文，还在美国的《应用力学杂志》上发表了论文《确定非均匀材料金属旋转盘中塑性应力应变的一种简单方法》(*A simple method of determining plastic stresses and strains in rotating discs with non-uniform metal properties*)。

今日之布鲁克林理工学院校园

鉴于在学术上的成就，李敏华不仅成为美国机械工程师学会会员，而且被遴选为西格玛克赛学会布鲁克林理工学院分会的正式会员。在当时，被遴选为西格玛克赛学会的会员是优秀青年科学家才能够得到的一项崇高荣誉。

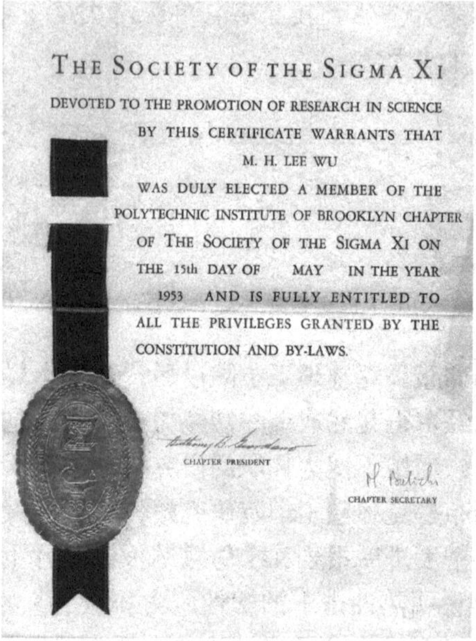

THE SOCIETY OF THE SIGMA XI
DEVOTED TO THE PROMOTION OF RESEARCH IN SCIENCE
BY THIS CERTIFICATE WARRANTS THAT
M. H. LEE WU
WAS DULY ELECTED A MEMBER OF THE
POLYTECHNIC INSTITUTE OF BROOKLYN CHAPTER
OF THE SOCIETY OF THE SIGMA XI ON
THE 15th DAY OF MAY IN THE YEAR
1953 AND IS FULLY ENTITLED TO
ALL THE PRIVILEGES GRANTED BY THE
CONSTITUTION AND BY-LAWS.

CHAPTER PRESIDENT

CHAPTER SECRETARY

李敏华的西格玛克赛学会正式会员证书

四、精心策划回国步骤

学成回来、报效祖国，是李敏华和吴仲华赴美留学的根本目的。对此，他们在 1988 年接受美国记者杜开昔采访时，曾强调说：

这是由于背景不一样，我们经过抗战时期的日本侵略，想法不一样。当时我们对于钱，没有像现在年轻人看得这样重。我当时在美国的工资是每个月 1000 美金，她是 860 美金，我们两个人每月 1860 美金，此外还有咨询费。回来以后呢？我是 287 元人民币，她是 240 元。差别是很大的。如果是为了钱，我们是不会回来的。

1997 年，李敏华对苏州有线电视台的记者也是这样说的：

那时条件非常非常好，我们已是教授级，国内简直不能比的。但我们思想是很明确的，我们出去就是为了回来工作的呀！理工救国嘛。所以，不管冒什么风险，我们也要回来。

因此，转到大学工作只是一个暂时的过渡而已。

李敏华在布鲁克林理工学院的安逸生活

李敏华与两个孩子在美国

此外，作为华人，在美国他们曾亲身体味到当时普遍存在着的种族歧视。例如，1944 年 2 月抵达美国波士顿求学之初，吴仲华还没有在麻省理工学院申请到研究生宿舍，他们需要自己租房子来解决住宿问题。但是，当他们循着出租房屋的广告找到了地方时，房东一看是黄面孔的中国人，往往就告诉他们“房子已经租出去了”。又如，当他们搬到纽约进入布鲁克林理工学院以后，一家人住在一个舒适的公寓房里。他们那时都已经是大学教授了，那里的环境相当不错，周围有大片的草地可供孩子们玩耍与嬉戏，不少在联合国工作的人员也住在那里。有一天，李敏华陪着大儿子吴明在草地上踢球玩，孩子一用力把皮球踢到附近一家的院子里，吴明便跑过去捡球。不料，一个高大粗壮的白皮肤女人冲了出来，抡起胳膊就向吴明打去。说时迟那时快，李敏华像一只护犊的猎豹扑向前去，她用自己的身体挡住了吴明并举手煽了那个白种女人两记响亮的耳光。2012 年，当年届 65 岁的吴明回忆起当时的情景时仍然唏嘘不已：“母亲那样瘦小的身躯，竟然毫不畏惧白女人的反应！如果那人还手，后果将不堪设想。”当然，其时年幼的孩子是无法理解父母在异国他乡所感受到的歧视与不公的。回到祖国，是李敏华和吴仲华永不言变的痴心矢志。

由于朝鲜战争爆发后，麦卡锡主义在美国盛行，特别是看到钱学森等人的遭遇，他们对回国事情的处理变得十分小心谨慎。李敏华对美国记者杜开昔回忆道：

钱学森因为是在美国加州理工学院做火箭方面的工作，他在上船之前被扣留了。他还有 Wife takes care of the children（夫人来照顾孩子），我们就不行了。如果我们两个人都被扣留了，谁来管孩子？因为我这个部门要搞原子核。

因此，他们像搞科研工作一样，精心策划着回国计划的每一个步骤。

首先，李敏华和吴仲华摆出了十分低调的姿态，不让一般人知道他们的回国倾向。例如，为了避免引起不必要的麻烦，他们没有参加中国留学生的“科协”组织，他们不再订阅有亲大陆倾向的中文报纸《华侨日报》，他们也不和邻居中从中国台湾来的联合国代表谈及任何有关回国的事宜。而且，他们也不再教孩子讲中文了。关于教孩子中文的事情，李敏华对美国记者杜开昔说：

在我们快要回国时，是想教他们中文的。但那时我们找中学生做

Baby Sitter（照顾小孩的保姆），每个周四下午，她放学以后，从3点到6点来帮助我们照看孩子。我们跟小孩子教了中文之后，Baby Sitter疑惑了。比如，我们告诉他们花生米是Peanut，以后Baby Sitter就来问我了：什么叫花生米？我们住的地方有许多是在联合国工作的人，也有的是来自中国台湾方面的人，我们楼下住的就是从中国台湾来的。我们突然一下子教孩子们中文，怕引起他们的怀疑。这样，我们就不再教孩子们中文了。

由于孩子尚小，不能告之回国的意图。但是，他们在引导孩子适应未来新生活方面也做了必要的铺垫。在美国时，他们特意把孩子带到贫苦的印第安人聚居的地方去旅游，让孩子们亲眼看到美国繁华社会的另一面。

其次，李敏华和吴仲华努力尝试着各种可能的离开美国的途径。李敏华在《自传》中写道：

虽然我们的工作地位及条件都很好，虽然我们的工作性质很适合，虽然我们的私人生活很富裕（我们的收入远超过美国薪水阶级家庭收入的平均值），虽然美国政府对中国学生离美的阻挠极严，但我们没有忘掉使我们决定学习工程的主要原因，没有忘掉在学生时代所目睹的一切事件。我们更清楚地看出新中国的一切是中国人民盼望已久的境地的实现。所以我们坚决地试探及进行了很多有可能性的离美计划。我们计划以参加在土耳其召开的国际工程力学学会（之名义离开），发现了困难。吴仲华同志向印度及其他外国找寻工作，没有成功。吴同志向联合国登记联合国派往亚洲国家的工程工作，没有下文。后来拟于1953年夏以省亲名义赴港，为同学所反对，他们认为如请求赴港则极易引起美国移民局的怀疑，不但赴港计划不成，反而因此使以后行动更为困难。

最后，李敏华和吴仲华决定以赴欧旅游的名义离美返国。李敏华对此计划做了如下的说明：

最后决定以暑期旅欧名义向美移民局旅行部请求旅行后再回美国的证明（在美的外国人夏季赴欧极多，不易被注意），我们因系居留民身份（开始在美国航空研究所工作时申请的）可请求美国的再入境证，而请得再反入境证后，一方面可以免去他们的怀疑，另一方面可用之请得欧洲各国旅行签证，有欧洲国家的旅行签证后就容易离美。经过谨慎的考虑和计划后，我们在1954年2月正式开始办理手续（1953年暑期先在美国旅行，以便与 1954 年暑期旅行欧洲计划有连贯性)。经过相当时期的紧张，办好了一切手续。最后，在友人那里知道了星期日飞机场美国移民局无工作人员在场询问，因此决定在 8 月 1 日（星期日）乘机离美赴英。在飞机离地的时候，我们真是说不出的高兴，知道一切已无问题了。

为了避免引起美国政府方面的怀疑，他们不仅向移民局申请了再入境证，而且在航空公司购买了 4 个人的往返机票。为了避免引起住在他们楼上的台湾地区常驻联合国的一个代表成员的疑心，他们一直等到那名代表回台度假后，在不到半个月的时间里急急忙忙打点家居、准备行装：把必要的书籍、资料和衣物打包暂存在邻居朱汉生处并托日后转运到香港，剩下的家具也托之以后代卖。由此可见他们离美之艰难、归国之急切，无怪乎李敏华说："在飞机离地的时候，我们真是说不出的高兴，知道一切已无问题了！"

1953 年暑期，李敏华一家人外出旅游

选择坐飞机离境并选择星期日的航班，李敏华和吴仲华可谓煞费苦心了。吴明曾提及母亲跟他讲的故事："当时许多人还不太敢坐飞机，因为有时会听到飞机失事的报道，但这样容易离境。"的确，20 世纪 50 年代，触目惊心的"彗星"号飞机的疲劳破坏失事的惨痛事实给人们留下了深刻印象。世界第一个大型喷气客机"彗星"号是英国德·哈维兰公司于 1949 年设计、1952 年正式投入试飞运营的。这种新型飞机可以载乘 80 名旅客，以 800 千米 / 时的速度在万米的高空飞行。它飞行平稳，而且由于它是密封机舱，旅客在 1 万米的高空中没有任何不适的感觉，因此被认为是当时在载客人数、飞行速度、舒适程度等方面都是最先进的机型。1954年1月10日，“彗星1号”客机从意大利的罗马起飞，航班的目的地是英国伦敦。然而不幸的是，起飞后不到半个小时，机身突然在空中爆裂，随即从9000米的高空坠入地中海，机上所有乘客和机组人员全部罹难。这次事故震惊了全世界。更令人震惊的是，时隔不久，另一架“彗星”号飞机也发生了同样的事故，坠毁在意大利的那不勒斯海中。在1953年5月至1954年4月不到一年的时间里，投入航线的9架“彗星”号飞机，竟有3架以完全相同的方式在空中解体。当时世界首屈一指的大型喷气式客机所发生的空难使许多人不敢乘坐飞机出行了。然而，为了“容易离境”，李敏华和吴仲华不顾安危选择了坐飞机。对此，吴仲华也曾对杜开昔说道：

我们发现一个“窍门”：有人坐船回来，上船时美国移民局的人要来检查护照，我们怕出问题。如果坐飞机回来，尤其是星期天，没有人来问，只有航空公司的人给登记一下就可以了。

李敏华也在接受杜开昔采访时回忆了其中的细节：

有一个熟人叫梅祖彦，就是一位朋友李敬送他回国的。李敬回来告诉我们，星期天移民局的人在机场查得不严，很容易出境。

吴仲华还详细介绍了他们乘机出行的过程：

1954年的8月1日，礼拜天，我们离开了美国。我们走的前一天，礼拜六下午，将行李存放到运输公司寄存起来。我们4个人好像到英国去旅行，就上了飞机，他们一点也没有怀疑，我们就到英国去了。我们很安全地到达英国，因为我们4个人，如果出了事是很麻烦的。

总之，回国的历程，正如吴仲华对杜开昔所说的那样是很不容易的。这充分反映了李敏华和吴仲华那股无限爱国的拳拳之心：没有任何困难能够阻挡他们回国效劳的决心。

五、绕道欧洲回到心仪许久的北京

李敏华和吴仲华一家人到达英国后，先找到他们在清华大学时的同学林慰梓，其时他在英国工作。在他的协助下，他们在欧洲期间，曾到英国、西德、瑞士等国的大学、研究所和工厂参观访问。当结束在瑞士的参观访问后，他们到中国驻瑞士的大使馆去办理护照。此时，李敏华依然抓住机会教育孩子，她问两个孩子："你们说红色中国人好吗？今天我们就到红色中国人家里去看看好吗？"在伯尔尼郊外的中国大使馆中，领事等工作人员热情而亲切地接待了李敏华一家。也许是路途劳累或者是偶感风寒，大儿子吴明刚坐下不久便"哇哇"地吐了一地，李敏华夫妇很尴尬。大使馆同志毫不介意，一边招呼吴明漱口吃药，一边亲自动手收拾地板。大人谈话时，工作人员就领着孩子们到外面玩耍。所以在回旅馆的路上，孩子们都抢着说："红色中国来的叔叔真好！"李敏华在《自传》的末尾处，也以欣喜的笔触写道：

在瑞士，我们以兴奋和愉快的心情走进了我们祖国的使馆。在那里我们得到了许多指导和帮助，我们立即办了捷克和苏联的过境签证。终于在1954年的12月2日，由苏联快乐地回到祖国的首都北京。现在我们已走上了祖国的工作岗位，毫无疑问的我们愿为祖国的建设工作最大努力。

吴仲华和李敏华一直等到了在瑞士取得了中国的护照以后，才写信给布鲁克林理工学院，辞掉在美国的工作。他们对学校说："我们在瑞士找到工作了，不回来了。"正当美国的同事们纷纷猜测吴仲华夫妇已经受聘于瑞士发动机研究所的时候，他们一家从维也纳经布拉格、莫斯科，再经由满洲里回到了北京。

他们遵照中国驻瑞士大使馆的建议，选择了从捷克到苏联再回国的路线，因为这样会比较安全。他们一家在1954年11月初到达莫斯科，正好是苏联的"十月革命节"期间。对于旅欧的情景，吴明也有所记忆，作为年仅10岁的孩子，他把瑞士大使馆当成父母的朋友家，说"招待我们吃了很好吃的饭"。对于回国的事情，他还说：

那印象很深的。我先说说在美国旅游的情况，我们在美国转了一圈。应该说，最有名的地方都去过了：黄石公园、大瀑布、大峡谷，还有火山，还有山上有冰川的。像普列马维涅尔，可以上去，还可以到冰川里面去，那里的冰都是发蓝色光的。他们（指吴仲华和李敏华）养成了习惯，很愿意到国家公园里去。我们到欧洲，也是有名的地方基本上都去了：英国、比利时、荷兰、法国、意大利、奥地利等，欧洲有名的地方都去了，然后又跑到瑞士了。再以后就坐火车一路往东走了，到了俄国了，就到了莫斯科了。我们到的时候正好赶上苏联的国庆节。到了我们住的地方，正好路过他们吃饭的地方，发现所有的人穿得很整洁的。我印象特别深的事情是：餐厅里有个桌子，桌子中间有个盘子，盘子中间有个苹果。I have no idea，是怎么回事？后来才明白，苹果在苏联是很宝贵的。所以别的菜还没有放上来，先把苹果放上来，放在中间。那天晚上很热闹，还放了焰火来庆祝。然后我们从西伯利亚来到满洲里，在满洲里有两件事。第一，由于火车轨道宽窄不同，花了几个小时的时间来换轨、换车。我们在那里还碰到章文晋，是我父母他们在清华大学的同学。第二，等到我们准备走的时候，我爸爸病得不行了，盲肠炎犯了，于是就住院做手术了。

如吴明所说的，他们由满洲里入境，回到祖国。由于吴仲华生病，全家在满洲里住了几个星期，到 1954 年 12 月 2 日他们才抵达北京。对于回到祖国，李敏华和吴仲华是那样的兴奋和愉快，因为他们可以走上祖国的工作岗位了，可以为祖国的建设工作做出努力了。直到 1997 年，李敏华在接受苏州有线电视台记者采访时，谈及回国情景还是按捺不住心中的喜悦：“那时候当然高兴死了，做梦都想到回来，常常梦见回来了！”

李敏华这只在中国诞生、在中国成长并从中国飞起的娇燕，经过了异国名校与研究重地的熏陶锤炼，在达到了科学高峰之时又历经艰辛和全家人一道毅然飞回了祖国，她期待着新的生活、新的征程！

第九章

欣喜新中国的新生活

对于回到祖国，李敏华是十分兴奋和愉快的，正如她在《自传》中所写的那样："终于在1954年的12月2日，由苏联快乐地回到祖国的首都北京。"从此，他们可以在自己的祖国，过上主人翁的生活；可以为祖国的建设工作，做出最大的贡献。

一、在回国后的最初日子里

由于吴仲华生病，李敏华全家在满洲里住了几个星期，到1954年12月2日才抵达北京。随即他们就入住位于西四王府仓的教育部留学生招待所，全家人在这里居住了大约5个月的时间。那是一座在北京很典型的大四合院，整个大院里住着十来个刚刚回到祖国的学子，大家和睦相处，日子过得十分热闹。其中有4位单身的人，他们是程世祜、周光炯、李恒德和郑哲敏，而李敏华和吴仲华则是一家四口人都住在这个大院里。吴明和吴定这两个年仅十来岁的孩子，老在外面院子里打乒乓球，看起来相当活跃。那么，作为在美国出生、长大的孩子，对于这个"陌生"的国度和"崭新"的生活，吴明和吴定有何感想呢？吴明在2012年接受访谈时，回忆道：

我们刚回国时，把我们分到一个四合院里面，自来水都没有，还要自己烧煤炉。那时不是在清华大学，是在城里，我父母亲他们在那里等待分配工作。然后，我们就从那里去上海看看亲戚，因为等待分配要等一个多月的。对于小孩而言，我们觉得这个地方怎么这个样子的？实在跟国外的条件差远了。连马桶都没有，是蹲坑的，冬天很冷，还要从屋子里跑出来去上厕所。但是我的父母很少抱怨，他们是什么环境都能适应的。

是的，对于李敏华和吴仲华而言，他们是从旧中国走过来的，经历过抗日战争时期那种颠沛流离的生活，他们不会抱怨，而是期待着新征程、新生活的开始。

回国的留学生在招待所生活期间，主要是等待分配。当然，有时教育部管理部门也组织他们出去参观，例如，他们曾坐着火车去参观官厅水库，等等。在正式分配工作前，李敏华和吴仲华还于春节期间举家赴沪探

李敏华（右一）赴沪探亲时与母亲、姐姐在居住处合影

亲。将近 20 年了，李敏华终于回到了朝思暮想的上海家中，见到了朝思暮想的母亲，还有姐姐，而父亲早已在抗日战争期间便离她们而去，真是令人唏嘘不已。李敏华和吴仲华这个一家四口的小家庭，终于摆脱了飘零海外的孤单状态，融入李家、吴家两个大家庭的亲情之中，融入祖国母亲的巨大怀抱之中，真是好开心啊！

从 1955 年 2 月开始，李敏华和吴仲华在教育部招待所学习了两个月。4 月 1 日，吴仲华应清华大学副校长刘仙洲的聘请，担任了清华大学动力工程系教授兼系副主任。全家随之搬到清华大学的宿舍里住下，吴仲华在 1988 年接受美国记者杜开昔的采访时介绍说：

有旧的房子给我们住，清华新林院 71 号，一个很大的院子，有 5 个房间。But no heat（但没有暖气），有一个小的 Garden（花圃）。当时他们已经是很照顾我们了，但是待遇上要与美国比，还是很差的。这倒是我们 Expected（想象到的）。由于我们出去的时候，正是抗日战争期间，连吃都吃不饱。每个月发了薪水，赶快把这个月的米买了，还有油及其他可以买的全买下来。因为到下个礼拜，价钱又不一样了。那时候，教师的工资 60 元，吃掉大概三四十元。

在清华大学新林院附近拍摄的全家福

新中国成立后，人民生活安定、物价稳定，新旧对比，变化是惊人的。至于与美国相比，虽然待遇差了，但是自己是国家的主人了，再没有寄人篱下的感受了。这不正是李敏华和吴仲华回国的目的吗？他们就是要用自己的知识把尚还贫穷、落后的祖国建设得富强起来。

二、初返祖国时的切身感触

的确，李敏华回国后的心情是欢畅的，新中国尽管还相当贫穷，但是与旧中国相比的变化使她充满希望和信心。这里不妨转载在她逝世后，从办公室发现的一篇手稿，来看看她当时的切身感触吧！这篇手稿的标题是《回国后的一些感想》，似乎是要投送给某个杂志的，因为注明了作者“李敏华”，依据所述内容判断，手稿写作的时间应为1956年6月。这篇文稿的全文如下：

我是在1954年年底和我的爱人与我们的两个孩子一同从美国绕道欧洲回到祖国的。在美国，我们体味到祖国国际地位的增高，听到了关于国内高速度的建设情况。在归国途中，我们看到了祖国的刊物，听到了更多的关于国内的建设情况。当我们踏进了我们的国土，我们看到了更多的出乎意料的成就：水库、铁路、公路和工厂的建立；喷气式飞机、卡车、纺织品、车床、材料试验机等等的产品；以及车床和纺织机的出口。这些远超出我们回国前的想象。就个别城市讲，也看到很多出乎意料的改变，像北京，增添了很多的美丽高大的建筑：饭店、机关、学校、研究机构。并且在每个机关和学校附近都有新建的公寓。在以前，西郊只有两个学校——清华大学和燕京大学；那时候校车进城，沿路只是田野和点点的农村，而现在公共汽车出城后沿路都是学校。记得我们第一次去清华看老朋友们时，一路上怀着非常兴奋的心情，看着新建的学校。

除了这些之外，更出乎意料的是在商店里看到了各种轻工业和日用的商品。在回国前，我们有一种错误的想法：以为共产主义社会是需要刻苦耐劳、非常朴素，朴素到一种程度甚至于谈不到美观。在回国之后，知道这种看法是完全错误的。当然，我们要刻苦耐劳、不要浪费，但是我们的目标是要建立理想美满的社会，不论在道德方面和生活的物质条件方面都是如此。共产主义着重提出要改进和提高人民的生活，包括文化艺术等各方面。在新中国成立初期，由于新中国成立前的物质条件的低落及经济的混乱，在这样的一个基础上要立即把生活条件改得很好是不可能的，必须做相当多的准备工作。虽然有这许多困难，但是对我们初回到祖国的人看来，在成立新中国的几年中，能从新中国成立前的这样一个混乱和不安定的基础上改善到目前的安定生活也是很不容易的了，而且同时物质条件也有极大的改进。以前，我们要愁挨饿，现在不但有足够的营养并且有美味的食品。在一般学校和研究机构的住家公寓里都有洗澡房等卫生设备、暖气、纱窗、沙发等。在新中国成立前，记得我们在昆明用土罐煮饭、煮菜，而现在不但有很好的各种大小铝锅、铝水壶等，并且有自己设计的新产品，例如铝制蒸锅和炒菜锅等。此外，还有无线电、溜冰鞋、网球拍、羽毛球拍、自行车、机器脚踏车等很多种类的产品，并且还在开始制造电视和计划制造小型的小汽车。这一切都是出乎我们的意料。是的，我们目前的物质条件是远比不上欧美，但是我们是在不断的改进中。从新中国成立前的那种混乱贫困的基础，只在几年之内便改进到目前的情况。现在再从我们目前的生活情况，按照我们改进的速率，不难想象到三年或五年后的美好的生活。如果有人把国内的某一年的生活情况作为国内的生活标准，那是完全错误的。因为我们的物质条件是在不停改进的。而这种不断改进是从我们大家的努力得来的。生长在这样的一个环境中是很起劲而富有生气的，这是我们多年来理想的实现。

在国外，对于妇女从事技术科学的工作，一般人是很难理解的。新中国成立前的中国也是这样，只是程度上比美国好些。在我初到美国时，有人问我为什么学习工程，我耐心地解释我希望为祖国的建设尽一份力量。但当我几次发现了我的耐心解释仍然不能使他们了解之后，我放弃了解释。目前在国内，不但没有人提出过这些问题，并且对于妇女工作者加以照顾和鼓励。我目前的工作是继续扩大以前的研究工作。我在中国科学院力学研究所，负责塑性力学组。在我工作的短短的一年半内，塑性力学组已从 1 人增加到 17 人，并且将继续增加。不但人数增加，更高兴的是年轻人的积极性、和大家一起讨论一起工作的精神。在国内工作和在美国工作的感觉是完全不同的。在美国工作时，我们感觉到我们是客人；在我们等待并设法回国期间，我们对工作的看法是希望在工作中得到一些经验。而现在我们把工作看作是我们自己的事，把自己作为工作机构的一分子。对于工作这样，对于其他的一切事情也是这样，小到一件小事的改进，大到国庆的庆祝，处处感觉得到和自己是有关联的，觉得自己是其中的一分子。这和在美国时以客人的态度来看热闹是完全不同的。这种和大家共欢乐的情感绝不是在国外的时候所能体味得到的。这些丧失了很久的感觉的重新获得，给予我们以无限的快乐。

我们有两个年龄较大的男孩子，12 岁和 11 岁。在回国前，他们不会念中文也不会讲中国话。1955 年 4 月初，我们搬到清华大学，他们进了清华大学附属小学。在这短短的一年半中，他们学会了中国话，并且入了相当于他们年龄的班次。这是由于老师对孩子的关怀和帮助促成的。在国内，孩子和老师之间的关系和在美国的不同。美国的老师采用处罚方式来教育孩子，并且对孩子不够爱护。自然孩子也很少喜欢老师，特别是男孩子。在国内的情况完全相反。以我们自己的孩子为例，他们属于比较淘气的，而且，由于言语困难而引起了一些和小朋友之间的误会，并且也做了一些不合校规的事情。当他们犯了错误的时候，老师不但没有处罚他们，并且帮助解决他们的问题。当他们参加插班考试之前，班主任老师的循循嘱咐和亲切关怀，使我体会到老师把学生看作像自己的孩子一样。自然孩子是最天真的，在这样的情况下，孩子对老师的敬爱就自然地建立起来了。我记得在我们小的时候学生和老师之间的关系就比美国的师生关系要好得多。但是目前国内的老师对孩子的亲切和关怀比我们小的时候要更普遍、更深刻。

美国的妇女在表面上看似受到尊重，实质是不独立和感到没有保障。中国在新中国成立前也是如此。但是在这次回国后看到了很大的差别。男女间的看法的改变，朋友的关系，组织上的帮助，使得很多的家庭问题不是问题。我们的友人中就有好几个不愉快的家庭变成了愉快的家庭。因为我们现在大家都在关心着别人的幸福和快乐，大家的力量是很容易把问题消除的。家庭问题如此，其他的一般问题也是如此。我回国以来，这方面的看法已有了很大的改变，这些看法的改变带给我愉快和安然的感觉。

美国和国内还有很多的不同的地方，但是另一个截然不同的感觉是战争气氛和和平气氛。在美国处处感到战争的威胁，在报纸、电视节目、电影短片，甚至在广告上，到处都充满着战争气氛。而在国内正相反，处处是和平景象。就是叙述战争故事的节目而言，美国着重夸耀他们的军备和武力而不太提出战斗的原因。在国内，着重战斗原因和意义。美国其他的那些为未来战争做宣传和准备的节目那就更不必说了，更直截了当地充满了火药气味。关于原子能的新闻也极不相同。在美国提到原子能就能联想到战争，因此原子能就成为可怕的名称。在电视和电影短片里，常常演原子弹的爆炸情形，并且配合了可怕的声音和可怕内容的讲话。在离开美国前，我们住在纽约。那时曾有防空演习数次。报纸上并登载以Manhattan（曼哈顿）为中心的氢弹的毁坏区域。很多人都在讨论安全问题和炸后的给养问题。在国内，和原子能的名称相关联的是原子能发电站，原子能在医药上、工业上的应用。因此它是一个和平的名称。我回国以后看到关于原子能的展览、新闻及报导，都是属于这方面的。因此对于“原子能”这几个字，已经从可怕的感觉转变为和平的感觉。回想起美国那些人对氢弹的那些惊慌和紧张，是非常可笑和多余的。当然我们知道美国人民是无辜的，对于我们的美国朋友们仍是很友善的，只是对于造成这种紧张局势的政客们是非常厌恶的。在我回国后不久，有一次我看到电影短片中描写农村的情况时风吹动着田里的稻子，配着平和、愉快的音乐，我感到非常舒适和平静。使我联想到在美国看到关于原子弹演习的短片时我所感受到的沉重的压力，我更觉得祖国的可爱和祖国人民的幸福。

当然，并不是说国内的每一件事和每一个人都是理想的，并不是这样，和理想还相差很远。但是，有一点是肯定的，每一个时刻，人们生活的物质条件是在改进，事务的处理方法在趋于更合理，人们的思想意识在不断提高。在我们短短的回国期间，我们已深深地体味到这种改进。

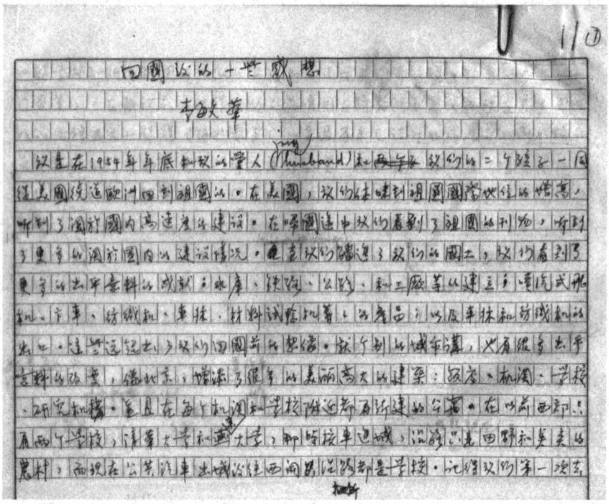
回国后的一些感想

李敏华

李敏华所写的《回国后的一些感想》手稿首页

就这样，李敏华以她所见、所闻、所想，用平实无华的语言，娓娓道来。60年后的今天，人们读起来，仍然感动不已，因为它是发自李敏华肺腑的。这就是他们从海外归来后的愉悦心绪，是他们为祖国奉献身心的思想基础。也正因为如此，他们对自己离美返国的做法深感欣慰，对美国政府阻止留美学生回国的行为十分痛恶。1956年1月9日，《人民日报》

发表了“控诉美国政府迫害留美中国学生”的声明，李敏华和吴仲华两人都在声明上郑重地签下了自己的名字。

三、走上新的工作岗位

刚回到北京时，北京航空学院（今北京航空航天大学）就表示愿意接收李敏华和吴仲华两人去学校工作。但最终他们都选择了其他的工作岗位，因为他们更希望延续、拓展他们更为心仪的科学研究事业。

吴仲华觉得自己的研究工作已经搞得相当深了，想继续搞下去，所以不大愿意到学校里教书。他想到中国科学院工作，就去找当时的技术科学部主任严济慈，但是严济慈告之：中国科学院里还没有动力方面的研究工作。此时，清华大学副校长刘仙洲邀请吴仲华去清华大学动力工程系工作，并说：“除了教书还可以搞科研。”刘仙洲是吴仲华在清华大学和西南联合大学读书时的老师，学生要听先生的召唤。于是，1955 年 4 月 1 日，吴仲华就到清华大学工作了，在动力系任教授和系副主任。吴仲华做事历来都是雷厉风行的：1956 年，全国第一个燃气轮机专业就在清华大学动力系成立了，他亲自担任教研室主任，亲自为学生讲课。燃气轮机专业的第一届学生吴文权这样记载吴先生为他们教授“流体力学”的情景：

> 第一天上课，他在学生面前点燃了一支烟，烟雾上升而形成的涡环轻轻袅袅地飘舞着；第一次习题，他就让学生们做当时研究生入学的考题，并告诉大家学习了基本概念后就应该有能力完成。

60 年过去了，吴文权对这些情景依然记忆犹新，他写道：“这是这位国际大牌教授给我留下的第一个印象。”与此同时，吴仲华在 1956 年还与中国科学院合作，创建了中国科学院动力研究室，其办公地点设在清华大学南校门附近。此外，他被聘为新成立的中国科学院力学研究所的兼职研究员和中国科学院力学研究所学术委员会委员；在第一次全国力学学术报告会上宣读了《透平机叶栅的空气动力学理论》合作论文；还当选为中国力学学会第一、第二届理事。从 1956 年起，他同时当选为中国机械工程学会理事。1957 年，吴仲华增选为中国科学院技术科学部学部委员。此外，吴仲华在1958年中国科学技术大学成立时，创建了物理热工系并亲任系主任。就这样，从无到有，吴仲华在新中国这片热土上，铺垫了工程热物理学科的基础，开始了为我国工程热物理学、航空发动机与燃气轮机事业的发展而奋进拼搏的历程。

李敏华起初也是准备到清华大学去工作的，但听西南联合大学的同学白家祉说“清华大学力学系已经人满了，因此自己才到了石油学院”，于是就放弃了。后来她听说北京大学有力学系，并知道清华大学的钱伟长是搞力学的，就打电话向钱伟长询问相关情况。钱伟长说：“你不要到北京大学去了，我现在正准备在清华大学的校园里面建一个力学研究室，属于中国科学院的数学所。”这样，钱伟长就把李敏华留下来了，当时数学所力学研究室的成员不足10名。1955年5月14日，经中国科学院人事局介绍，李敏华正式进入位于清华大学南门附近的中国科学院数学研究所，在钱伟长领导的力学研究室里工作，任副研究员。当时，中国科学院对从国外回来工作的研究人员十分尊重，竺可桢副院长等院领导都会亲自请每一位新进院工作的人士，到文津街老院部那里去谈话，一般都是单独接见的。李敏华亲身感受到国家对自己的重视与期待，激励着她积极努力工作，从此她开始了在中国科学院将近60年的学术生涯。在这里，她把自己的一生都无私地奉献给了中国的近代力学事业。

20世纪50年代初期的中国科学院院部

1955年的中国科学院数学研究所

四、新中国塑性力学的奠基人

1955 年夏天，中国科学院数学研究所力学研究室的研究队伍有所壮大，学科领域有所增加，钱伟长提出要成立几个研究组，当时分了流体组、弹性组和塑性组三个组。显然，塑性力学组得以成立，是由于李敏华进入了力学研究室。她被选作塑性组的组长，带领刘正常等 3 名年轻人开始开展研究工作，其中有 1 名中专生。这表明李敏华回国以后，除了探索理论问题外，还准备要从事实验研究工作。如果要和美国的研究机构或者大学相比，当时的工作条件差多了：位于清华大学南校门的中国科学院数学研究所还是使用着新中国成立前修建的老房子，冬天办公室取暖需要靠自己烧煤来解决。但李敏华对这些简陋的物质条件淡然处之，因为现在她可以带领一批青年学子在新中国开拓塑性力学这个新的学科领域了！

1955 年 9 月，力学研究室工作人员搬到位于中关村的中国科学院化学研究所里，在新建大楼的四楼东侧办公。此时钱学森将要回国并主持建立中国科学院力学研究所，李敏华不仅开始了协助钱学森、钱伟长创建力学所的工作，还和清华大学的材料力学实验室开始了合作研究。她派了那名中专生作为实验员到清华大学的实验室一边学习一边工作，同时在力学研究所开始了建设固体力学实验室的筹备工作，着手进行“交变加载”试验的准备。从 10 月开始，李敏华又在清华大学讲授“塑性力学”课程，听众多为北京各院校的教师，她还亲自负责指导清华大学一名助教从事研究工作。这些是李敏华为塑性力学学科的发展而倾心培育队伍的起步举措。因为在新中国，塑性力学学科是一个从零开始的新兴分支学科，她不能像在美国那样单兵作战，必须有一个团队协同工作，没有人才便谈不上研究。

1956 年 1 月，中国科学院力学研究所正式成立，李敏华和数学研究所力学研究室的人员一起转入了力学研究所工作。就在力学研究所成立的档口上，李敏华还被吸收为中国教育工会的会员。对于刚回国的她而言，这也是一种新鲜事物啊！钱学森按照近代力学的理念，在新成立的力学研究所里成立了四个研究组：流体力学组、塑性力学组、弹性力学组和自动控制组。李敏华被任命为塑性力学组组长，该组的研究方向为“弹塑性本构关系”。此时，从国外学成归来的黄茂光、杨南生等也陆续加入了塑性力学组，一个研究团队的雏形开始建立起来。而且，塑性力学组保持着很好的增长势头，这令她十分欣喜：1955 年 5 月，她到中国科学院报到、工作时，从事塑性力学的只有她 1 人，到 1956 年年中便有 17 人，到

1956 年年底成为 20 人，到 1957 年年底更是发展到 28 人。

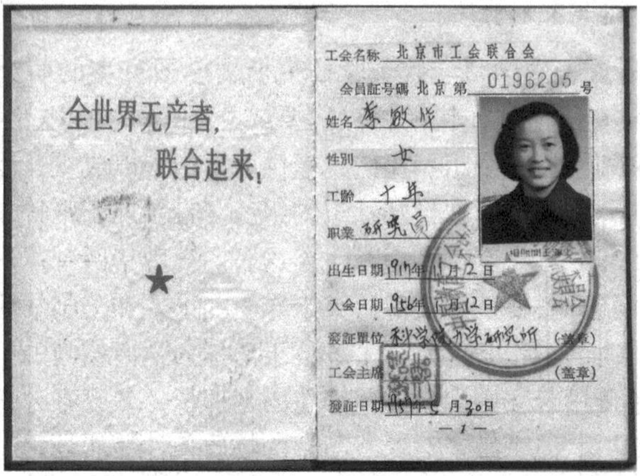

李敏华在中国科学院力学研究所的工会会员证

1956 年上半年，力学研究所的高级研究人员参与了《1956—1967 年科学技术发展远景规划纲要》的制定工作。以此为契机，塑性力学组的工作便被纳入了国家的科学规划中，在高温下金属的蠕变和松弛规律、高温下金属的快速变形和应力关系、高速飞行器热应力和颤振问题，以及固体力学的实验技术（包括光弹性技术和振动技术等）等领域开展系统的研究。新中国的力学研究所为李敏华搭建了一个宽阔的工作平台，在这个崭新的舞台上，她不断地扩大自己在塑性力学领域的研究工作。此外，她还担任了力学研究所第一届学术委员会委员，中国力学学会副秘书长、常务理事、理事及固体力学专业委员会副主任委员，《力学学报》编委等职务。可以说，李敏华回到祖国、进入中国科学院力学研究所以后，不再像她在美国那样单纯地从事“单兵式”的研究工作，而是在一个国家级研究所的层面上率领一支团队去开拓学科的新领域。

当然，和她一起推动塑性力学在中国开展的还有北京大学的王仁院士，他们是中国塑性力学界的两位泰斗。王仁先生对于李敏华先生是很尊重的。在祝贺李敏华院士七十寿辰的时候，李敏华的研究生范元勋来力学研究所参加祝寿活动时，与会者对他说：“你是李先生回到国内带的第一个研究生，你说说吧！”当范元勋刚刚发完言，王仁先生就说：“不对！不对！你不是。我才是李先生的第一个学生呢！我在西南联合大学念书时，李先生就教过我。那你还在我后头呢！”李敏华院士的另一位研究生梁乃刚同样记得，在一次全国的塑性力学会议上，吃饭的时候有人说起：

王仁先生是我们国内开展塑性力学的鼻祖。王仁先生听了以后，就把筷子放下来说："不对。1950年在布朗大学召开美国塑性力学会议时，李先生已经毕业了，在美国国家航空咨询委员会工作了，我那时候还是研究生呢！"王仁院士的说法不仅表明他虚怀若谷的品质，更是他尊重历史、尊重事实的体现。

五、研究成果获得国家级奖励

李敏华不仅倾心领导着力学研究所塑性力学组的各项工作，而且也努力从事着她本人承担的研究课题。在开创新中国塑性力学研究领域过程中，她独立承担了金属在高温下的塑性理论文献总结、二维塑性应力集中问题、正负向交变加载下的塑性形变和塑性变形后的再屈服面研究等研究课题，还合作开展了常温塑性理论的理论和实验研究、高速载荷下塑性变形文献总结与位错理论等课题研究。相关课题都取得了很好的进展，而且在李敏华的领导下，塑性力学组的高温塑性实验室初具规模，装备了蠕变机、疲劳机及200吨的材料试验机等，这些设备多年来在力学研究所固体力学领域的研究工作中发挥了重要的作用。

应当说，在力学研究所的创建时期，李敏华的研究与管理工作都是相当繁重的，然而科技产出也是丰盛的：①在第一次全国力学学术报告会（1957年2月）的塑性力学分组会上宣读了论文《材料的应力应变关系对于塑性平面应力问题的解的影响》，此报告还被选到大会上对全体代表作了宣讲，随后在《力学学报》第1卷第1期正式发表；②出席在比利时布鲁塞尔召开的第九届国际应用力学大会（Congrès International de Mécanique Appliquée, 9e.Actes Universite de Bruxelles），宣读了题为《材料的应力应变曲线对于具有大塑性变形的塑性平面应力问题解的影响》（*Effect of stress strain relations of material on solution of plane-stress problems with large plastic deformation*）的论文，该论文亦发表于《布鲁塞尔大学学报》；③在《力学学报》第2卷第2期发表学术论文《塑性应力应变关系总结》（合作者王仁）；④投送在波兰华沙召开的国际理论与应用力学联合会（IUTAM）学术讨论会的论文《非均匀硬化材料受有内压的厚壁圆筒分析》（*Thick-walled cylinder with non-homogeneous strain-hardening characteristics under internal pressure*）（合作者裴明丽）的详细摘要，该摘要刊登于会议文集 *Non-homogeneity in Elasticity and Plasticity, Proceedings of an I.U.T.A.M. Symposium held in Warsaw, Sept. 1958* 之中。

鉴于研究工作的突出，李敏华于1957年被提升为研究员（研究3级）。李敏华关于塑性力学的研究，一直得到国际同行的首肯。1957年，波兰塑性力学专家沃尔扎克（W. Olszak）访问力学研究所后对李敏华的方法非常赞赏，立即邀请她参加1958年在华沙举行的“弹塑性力学中的非均匀性”国际会议。20世纪70年代末，著名的美籍华人力学家冯元桢（Y. C. Feng）来力学研究所访问时仍提道：“在去年举行的国际力学学术会议时，我们还讨论到李敏华的工作。”1981年，美国哈佛大学知名力学家哈欣森（Hutchinson）教授与何明元的研究工作中也应用了李敏华的塑性形变理论。

1957年1月24日，中国科学院以院长郭沫若的名义，向社会发布了1956年度中国科学院科学奖金（自然科学部分）的评定结果。第二天,《人民日报》以《奖励先进，鼓舞后起，齐向科学大进军：我国首次颁发科学奖金》为题，公布了获奖名单。授奖仪式则是在5月30日的中国科学院学部委员会第二次全体会议的闭幕式上举行的。李敏华的研究成果《塑性大应变的轴对称平面应力问题在金属硬化区的解法和一般性结果》获自然科学奖三等奖，它是国家对李敏华学术成就的一种认可与肯定，因为这是新中国成立后第一次颁发面向全国的科学奖金。李敏华感激祖国和人民对她的认可与肯定，她把所得的全部科学奖金购买了公债，以期为新中国的建设再贡献一点微薄的力量。要知道，能够得到这个国家级奖励是十分不易的，全国总共只有34项研究成果获得了这一殊荣，它们分别来自高等学校、产业部门和中国科学院等不同部门，其中一等奖3项、二等奖5项、三等奖26项。由于“左”的干扰，大约30年后，直至1982年国家有关部门才再度启动科学研究成果的评定奖励工作，届时评奖、颁奖工作已改由国家科学技术委员会负责组织进行，并改称“国家自然科学奖”。可以说，李敏华回国后又在新中国的科学史里留下了一个“纪录”，她不愧为中国塑性力学的奠基者和引路人。

还要指出的是，吴仲华的《燃气轮（机）的研究》成果也获得了1956年度中国科学院科学奖金（自然科学部分），为二等奖。他们两人得奖论著的简要介绍也同时在公布颁奖通告的《人民日报》上刊登，报上还配发了吴仲华的照片。此外，1957年，吴仲华当选为中国科学院技术科学部学部委员。而且，他参与了制定国家《十二年科学技术发展远景规划》的工作，提出了重点研究项目“运输工具用燃气轮机”，给出了我国研发工业燃气轮机的具体方案，并倡议建立动力工程的基础学科。他不愧为中国（甚至世界）的工程热物理学的创始人。

这里，不妨摘引 1957 年 1 月 25 日出版的《人民日报》关于李敏华和吴仲华两位工作的介绍，看看国家是如何评价他们所做出的贡献的。对于李敏华，简介是这样写的：

《人民日报》在刊登颁发中国科学院科学奖金消息时配发的吴仲华照片

女力学家李敏华研究了塑性力学中正在发展的“一般性大应变问题”。她从形变理论出发，研究了轴对称的平面应力问题，在求解方法上有新的创造，大大改进了前人的试验法和逐步接近法。作者在这方面的计算结果可以在机械设计上得到应用。

而对于吴仲华，简介则写道：

动力学家吴仲华是 1954 年底才从美国回来的。他得奖的六篇关于燃气轮的论文中，有三篇是归国后不到两年的时间中写成的。他提出了新的燃气热力性质的计算方法和叶栅的设计方法，对燃气轮的设计和燃气轮的发展有重要贡献。燃气轮机由于体积小、质量轻、效率高，所以已经成为现代航空方最重要的动力机械，并且正在向发电、机械、船舶、汽车等方面迅速扩大它的应用范围。

在近代中国科学史上，李敏华和吴仲华是唯一的同年同时获得国家级自然科学奖的科学家夫妇。多年后，李敏华曾和她的弟子们谈起这次评奖事情，她说：

本来钱三强和何泽慧这对夫妇也是核物理界的佼佼者，只是由于回国后钱三强把主要精力投入科研管理工作，所以没有获奖。

从这番话里，可以感受到她对另一对科学家伉俪未能获奖的惋惜，也可以感受到她对这次评奖坚持原则的赞赏。

李敏华和吴仲华的学术成就得到了新中国国家领导人的肯定与重视。1957 年 5 月 12 日，李敏华和吴仲华分别从各自的研究室里被接到了在北京饭店举办的一个留学生联欢会上。到了会场，他们惊喜地发现：周恩来总理竟然在百忙中参加茶话会，亲自来会见这些从国外回来的科学家！总理还发表了热情洋溢、亲切感人的讲话。正当李敏华感慨万千并沉浸在对往事回忆、对现实和对未来向往之时，周总理从主席台左侧走下来，停在她座位的附近。站在周总理身旁的茅以升热情地介绍说：这是吴仲华，这是李敏华，他们夫妇是最近从美国回来的。总理一边和他们一一握手，一边对茅以升说："我知道的。"接着，他又仔细地询问了他们的回国经过、目前工作安排，以及尚留在美国的中国学者情况。最后，总理语重心长地对他们说：你们还很年轻嘛，可以为国家做出很多的贡献。总理的亲切关怀与教导，是激励李敏华和吴仲华全力以赴投身于科学研究的动力，无论是顺境还是逆境，他们始终兢兢业业地工作。同事们都看到，吴仲华一直把周总理接见的照片摆在自己办公室的桌子上，直到"文化大革命"开始后他的办公室变成关押他的"牛棚"为止。

李敏华和吴仲华对于周总理的深切情感，还可以从李敏华写的一首长诗中看出，这首诗的写作时间应在 1976 年 10 月"四人帮"下台以后，其题目是《敬爱的周总理，您永远活在我们心中》。全诗如下：

敬爱的周总理的逝世带来了无比的悲痛和担心，
悲痛，我们再也见不到我们敬爱的周总理，
担心，"四人帮"乘机进攻，乘机夺权。
不是吗？
听，那条条禁令，妄图压制人民对总理的哀悼；
看，那种种迹象，妄想把革命老一辈全都干掉。
用毛泽东思想武装起来的人民是压不住的，
不让带（戴）白花自己做，
不让带（戴）黑纱自己裁。
流着泪，凝着神，
围在一起做花圈表真情。
人民悲痛敌人窃喜，
"四人帮"得意忘形，
王洪文摇摇摆摆，晃着贼脑袋，
江妖婆恶毒得连帽子都不摘，

张春桥装模作样，自以为窃取到了总理的宝位，
姚文元心怀鬼胎准备着大捧大吹。
毛主席一声令下，
华国锋同志任中共中央第一副主席，
任国务院总理，
人民欢喜，“四人帮”丧气。
“四人帮”贼心不死又施展造谣撞骗（招摇撞骗）的惯技，
恶毒攻击我们敬爱的周总理。
文汇报、大参考一时乌烟四起，
人们沉重的心情更增加了，
担心的事儿愈来愈要成为现实了，
敌人愈猖狂，人民更加热爱人民的好总理，
再一次流着泪、凝着神，围在一起做了花圈献给敬爱的周总理。
朵朵花儿嵌镶着人民对总理的深情，
表达了人民对“四人帮”的愤恨。
真是万古长青总理为人民一片丹心
……人民将总理永远忆念！
敬爱的周总理呀，您永远活在我们心中。

敬爱的周总理呀，人民的好总理，
您为我们终日操劳，对我们谆谆教导，
这一件件的事儿，我们怎能忘掉？
在我们刚回国不久的一次会上，
您鼓励我们要为社会主义建设贡献力量，
您用您的亲身经历、您自己的家庭出身来鼓励我们改造思想，
您还来到我们的中间，和我们紧紧握手，和我们坐在一起，
问我们一路上是怎样回来的，问我们还在美国的留学生的情况。
您这样忙，还这样细致的（地）关心着我们的各种情况，
对于那时刚回到祖国的我们，这深刻的印象永远难忘。

当聆听您在三届人大的政府工作报告，
在短短的几个小时内您带领我们回顾了十多年来的
社会主义建设和社会主义改造。
第一个社会主义国家，列宁的故乡，领导权被篡夺了，

促使马列主义毛泽东思想的光辉在全世界普照。
苏修撕毁协议、撤退专家，
促使我们发扬了自力更生的精神，
三年自然灾害，
促使我们创造了旱涝保收稳产高产的良田万顷。
啊！您那坚强有力的洪亮声音，
那充满了马列主义毛泽东思想的字字句句，
解答了我在学习《矛盾论》中的一个问题，
使我对矛盾推动事物发展有了感性认识，
从此我一改我碰到困难就着急的毛病，
使我懂得了革命乐观主义精神不只凭革命热情，
而更主要的是靠革命的理论。

在无产阶级“文化大革命”中，
您亲自过问科学院的运动，
使我们更深切、更具体的（地）看到您是怎样为人民日日夜夜操劳。
您亲自召开会议，
一次又一次的（地）解决一个个问题。
当左倾思潮问题快要解决的时候，
您告诫要防右，
当右倾的错误倾向快要纠正的时候，
您告诫要防左。
您忠实的（地）执行毛主席的革命路线，
光明磊落，大公无私，一生紧跟毛主席，
使我们在运动中能把路线斗争好好学习。

当电视中传出了您在四届人大作报告的洪亮声音，
我的心情多么激动呀！
啊！敬爱的周总理，您的病治好啦！
我以无比喜悦的心情倾听着一句句的坚强有力的声音：
“我们要保持过去革命战争时期的那么一股劲，
那么一股革命热情，
那么一种拼命精神，
把革命工作做到底。”

我禁不住热泪盈眶，
敬爱的周总理呀，人民的好总理，
您这样说的，也是这样做的。
我们一定要好好地学习您，
当时我已知道您身患重病——癌症。
您向我们提出：“要在本世纪内，
全面实现农业、工业、国防和科学技术的现代化，
使我国国民经济走在世界的前列。”
敬爱的周总理，您放心吧！
热爱您的、崇敬您的全国人民，
一定会在以华国锋同志为首的党中央的领导下，
遵照这一宏伟目标奋勇前进。

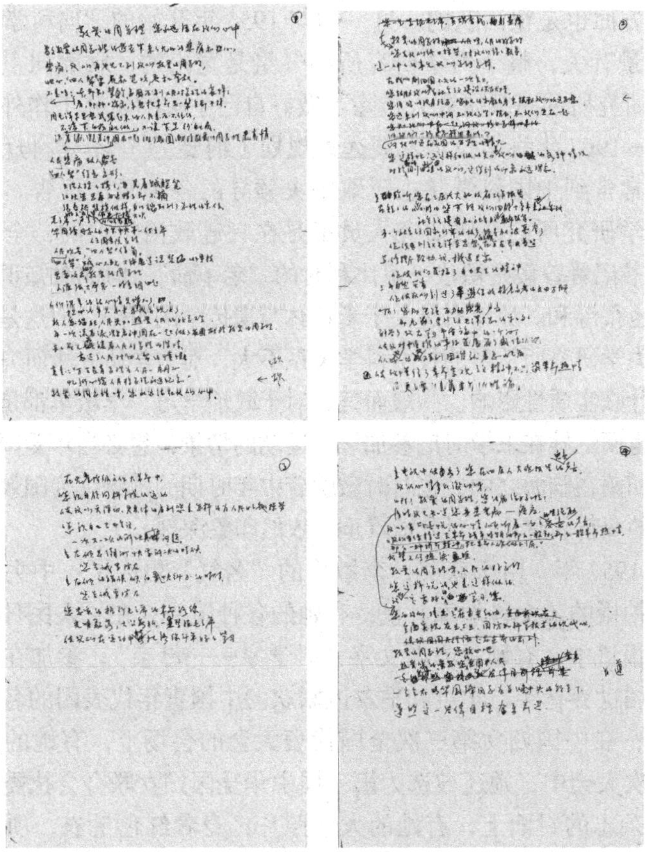

李敏华长诗《敬爱的周总理，您永远活在我们心中》手稿

应当说，这只是李敏华在废弃的计算机打印纸上亲笔书写的一个手稿，谁也不知道她是否曾经把这首诗拿出来示人。但是，这时的李敏华已是年届 60 岁的老者，仍能以如此深厚之感情写出如此绵长之诗句，足见周总理在她心目中的地位及周总理接见时的话语在她心目中的分量。

六、政治运动的初始洗礼

可以看到，回国以后的两年多时间里，李敏华在力学研究所的生活是丰富多彩的，客居异国、寄人篱下的心态一扫而光，当家做主人的感觉油然而生。她不仅在出成果、出人才方面硕果累累，而且在组织学会活动等其他方面也是很活跃的。这一切与 1956 年开始的“向科学进军”的社会大背景有关，整个力学研究所的气氛是宽松的、欣欣向上的。1956 年，力学研究所的高级研究人员除了做好自己手头的研究工作外，还要参加《1956—1967 年科学技术发展远景规划（纲要）》中本学科规划的编制工作，也常常到中国科学院去听取中央领导的各种政治报告。当时中国科学院力学研究所的高级研究人员都是在一起政治学习的，全所只有一个支部，书记晋曾毅是留法、留比利时的“老革命”，但他对知识分子很尊重，性格也很温和。那年有过关于米丘林与遗传学的争辩，但这是生物界的事情，与力学研究所从事的技术科学关系不大，对力学研究所研究人员的思想也没有什么实质性影响。一般而言，对于政治学习，李敏华都是积极参加的，有时也回忆她在求学时期参加学生运动的情景，想必当年爱国青年的激情还常常回荡在脑海之中，也时时激励着中年时期的她继续为国效劳。一起参加学习的郑哲敏院士，对此情景至今依然印象深刻。

到了 1957 年，由于获奖，李敏华的“名气”更大了：中央新闻电影纪录片厂拍摄的《女科学家》里，有她的各种镜头；在《人民日报》关于科学家的报道中，有她的专题文字“科学家——母亲”；参加在莫斯科举行的第六届世界青年与学生和平友谊联欢的中国青年代表团的名单里，有她的名字；在中国妇女第三次全国代表大会的会场上，有她的身影。另外，在这次大会中，她还被选为第三届中华全国妇女联合会执委；在《中国妇女》杂志的封面上，有她的大幅照片：身着红色毛衣，项系银色珠链，彰显新中国女性科学家的风采。

纪录影片《女科学家》影像节选

然而在1957年下半年，由于“反右运动”，对知识分子的思想产生了相当大的压力，力学研究所也不能例外，力学研究所副所长钱伟长在清华大学被划为“右派”便是一例。“反右运动”中的一个重要事件是所谓的“六六六”事件，它是指在1957年6月6日的6名教授聚会的事情。在这次会议上，作为民盟中央副主席的章伯钧邀请了费孝通、钱伟长、曾昭抡、陶大镛、吴景超、黄药眠6位教授，以及民盟中央的一些负责人士，一起座谈首都各高等院校大鸣大放的情况。6位教授在讨论高等教育等事宜时，提出了“教授治校”的主张。这次事件成为“右派分子”反党反社会主义的一条重要的罪证，6月8日，《人民日报》发表了社论“这是为什么？”中共中央还发出了《关于组织力量准备反击右派分子进攻的指示》。一场轰轰烈烈的反右斗争开始了，钱伟长等受到了猛烈的批判，并被戴上了“右派分子”的帽子。其时，力学研究所学术秘书朱兆祥受中国科学院党组委托去看了一次钱伟长，后来也因此受到了牵连和批判。李敏华是接受钱伟长的建议来中国科学院工作的，朱兆祥不仅是力学研究所里的学术秘书，同时也是在塑性力学组从事研究工作的。在自己身边的领导与同事遭受批判的现实，使包括李敏华在内的力学研究所的研究人员初次感受到了政治运动的风雨。

《中国妇女》1957年第3期封面照

但是，总体上讲，在中国科学院、在力学研究所，从事自然科学的科学家基本上得到了保护。这是由于当时的中国科学院党组书记张劲夫担着政治风险向毛泽东主席进言，导致中共中央发出了《关于自然科学方面反右派斗争的指示》。该文件专门规定，对在 1954 年日内瓦会议后争取回国的一批科学家，不列入政治排队。李敏华是 1954 年年底归国的，属于具有突出成就的自然科学家，是张劲夫所谓的“物以稀为贵的国宝级”人物，因而在“反右运动”中没有受到冲击。但是，进入 1958 年以后，在“大跃进”运动形势下，塑性力学研究组和力学研究所的其他五个研究组一样被解散了，这是政治运动对科学研究的另一种形式的冲击。

总体而言，李敏华一家人回到祖国之后，无论是在工作上还是在生活中，都充满了崭新的气息。她和吴仲华都找到了自己心仪的工作岗位，他们的研究成果都获得了国家和人民的认可，他们还亲身受到了周恩来总理等国家领导人的鼓励。这促使娇燕决心更加奋力搏击献身于新中国的科学事业。

第十章

为创建力学研究所献策出力

李敏华回国后便与力学研究所结了缘，为力学研究所的成长、壮大贡献了后半生。在力学研究所起步、创建的几年间，她开拓了新中国的塑性力学学科，组建了一支从事新学科研究的队伍，运用自己的知识积累与管理能力，从科研和管理两个方面为力学研究所的建设与发展献策出力。

一、力学研究所起步阶段的功臣

1955 年 10 月 28 日，冲破重重障碍从美国返回祖国的钱学森，在中国科学院特派代表朱兆祥的陪同下抵达北京。在回北京的旅途中，钱学森欣然接受了“中国科学院已决定请他创建力学研究所并出任所长”的意见。为了筹建力学研究所，他于 11 月便来到中国科学院数学研究所的力学研究室，与钱伟长等研究人员讨论创建力学研究所事宜。依据大家商议的结果，他决定在即将成立的力学研究所里，设立气体流体力学、塑性力学、弹性力学和自动控制与调节理论四个研究组。1956 年 1 月 16 日，国务院副总理陈毅亲笔签署批文，中国科学院力学研究所正式成立。这样，中国没有专设力学研究机构的落后状况从此改变，近代力学在新中国应运而生。力学研究所成立伊始的四个研究组便是按照近代力学的理念确定的。塑性力学作为力学研究所起步阶段四个研究领域之一，是由李敏华负责领导的，她担任了塑性力学研究组的组长并成为力学研究所的所务会议成员，参与了力学研究所的创建工作。

在新成立的力学研究所里，李敏华承担了一系列的管理职责，完成了一系列组织工作：1956 年 9 月 26 日，李敏华收到中国科学院院长郭沫若发来的聘书，担任了力学研究所第一届学术委员会委员；1957 年 2 月 10 日，李敏华当选为新成立的中国力学学会副秘书长、常务理事、理事及固体力学专业委员会副主任委员；随后，还担任了新创刊的《力学学报》编委；1957 年 9 月 27 日，力学研究所第十二次所务会议研究招考研究生事项，并确定由李敏华等出“材料力学”考题；1958 年年初，力学研究所第十三、第十四次所务会议讨论通过试行力学研究所题目组制度，题目组隶属于研究组，李敏华领导的塑性力学研究组一共有 8 个题目组共计 28 人；1958 年 5 月 7 日，李敏华出席会期 2 天的力学研究所第一届学术委员会第一次会议，讨论议定了《力学研究所 1958—1962 年五年规划（修正稿)》等；1958 年 5 月 18 日，在钱学森主持的力学研究所第十七次所务会议上，确定了力学研究所内学科规划及中国科学技术大学力学系相应专业教学工作的分工，李敏华被指定负责塑性力学（所内学科）和高温固体力学（二专业）的相关工作。从上面简要列述的情况可以看到，李敏华回到祖国进入力学研究所以后，不再像她在美国那样单纯地从事研究工作，而是在一个国家级研究所的层面上组织研究团队、开拓学科领域。力学研究所的创建为李敏华搭建了一个宽阔的工作平台，在这个崭新的舞台上，她可以不断地扩大自己在塑性力学领域的研究工作，同时以自己的知识积累与管理能力为力学研究所的建设与发展做出应有的贡献。

中國科學院聘任書

000598

茲聘請李敏华

為本院力学研究所

学术委員会委員

院長 郭沫若

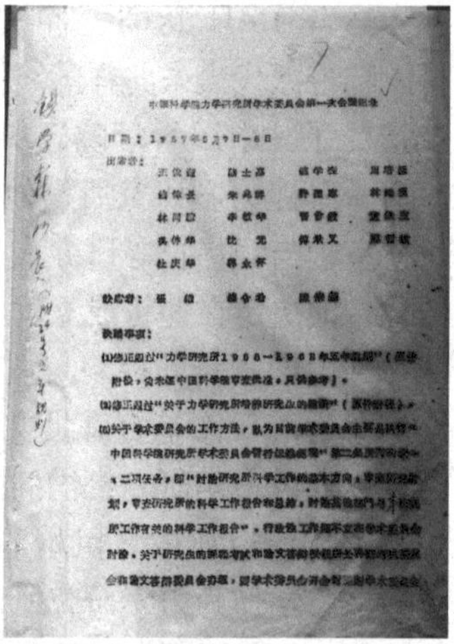

李敏华参与中国科学院力学研究所学术委员会工作

与组建队伍同步进行的是研究工作，在李敏华的领导和几位高级研究人员的带领下，塑性力学组的各项课题研究都在顺利进行着。仅以李敏华本人的课题而言，在 1956 年，她承担的研究课题有三项：①金属在高温下的塑性理论文献总结（课题号：56-201）；②二维塑性应力集中问题（课题号：56-202）；③正负向交变加载下的塑性形变（课题号：56-203）。此外，她还与钱伟长一起，负责考虑提出与中国科学院金属研究所及应用物理研究所取得经常性联系的课题，以期根据金属在高温下的物理性质假定一些简单的模型从而得到一些高温下塑性应力应变关系，同时通过进行配合性实验来判断及鉴定各种模型的准确性。1957 年，她开始和杨南生一起从事“常温塑性理论的理论和实验研究”（课题号：57-202）。到 1958 年，她又负责一个新课题“塑性变形后的再屈服面研究”（课题号：58-

202）。此外，李敏华还参与了“高速载荷下塑性变形文献总结”与“位错理论”等课题研究。这些课题大都属于《1956—1967 年科学技术发展远景规划纲要》中 12 个重点科学研究第 12 项“现代自然科学中若干基本理论问题的研究”的项目。上述各项课题均取得了很好的进展，例如，在常温下塑性理论的研究方面，李敏华利用以前有关三七黄铜的实验数据讨论了在小弹塑性范围内关于应力应变关系的现有理论的适用性；在常温塑性的实验研究方面，李敏华装置了复合应力试验机并进行了校核，试制了薄管试件；在二维塑性应力集中问题上，李敏华进行了铝试件的初步试验。此外，在李敏华的领导下，塑性力学组的高温塑性实验室初具规模，装备了蠕变机、疲劳机及 200 吨的材料试验机等，这些设备是从无到有、白手起家建立的，而且在随后的数十年间为力学研究所固体力学领域研究工作的开展发挥了重要的作用。

李敏华（右一）和塑性力学组的年轻人在实验室里

在力学研究所的创建时期，李敏华的研究与管理工作都是相当繁重的，然而科技产出也是丰盛的。特别是，李敏华的研究成果《塑性大应变的轴对称平面应力问题在金属硬化区的解法和一般性结果》，在 1956 年获得了中国科学院（国家级）自然科学奖三等奖，这为塑性力学在新中国的发展打开了一条通途，奠定了坚实学科基础。

二、组建塑性力学研究队伍的元勋

组建一支从事塑性力学研究的队伍，是李敏华为新中国、为近代力学研究所做出的一个重要贡献。李敏华深知，对于学科发展而言，队伍建设是最为重要的。她对于如何选择进入塑性力学组工作的大学生有着自己的想法：让学理科的（诸如北京大学的毕业生）和学工科的（诸如北京钢铁学院、东北工学院的毕业生）结合起来，一起进行塑性力学研究。这就是说，李敏华从一开始组建班子的时候，便注意使研究队伍的结构得以优化。

为了吸引优秀学生来力学研究所的塑性力学组工作，李敏华不惜亲自谈话与动员。例如，曾参与宁波大学的创建并先后担任该校第一届副校长、第二届第一副校长、首届校学术委员会主任、首届校学位委员会主任的王礼立，在1956年夏从北京钢铁学院金属工艺系的压力加工专业以全优成绩毕业时，面临着两个不同去向的选择：留校读研或分配工作。当时，北京钢铁学院是希望他留下来做本校张兴钤教授的研究生，而且系领导已经和他谈了话，于是王礼立想：那就听领导的安排吧！这时，他又得到了李敏华邀请到力学研究所“去看看、见见面”的信息。作为回国不久的高级研究专家，李敏华十分热情地接见了王礼立，详细介绍了塑性力学的发展，特别告之“塑性力学正是要从力学和金属学两方面结合起来发展”，还说“你学过的这两方面知识都有用”，并表示“可以一边工作、一边在我的指导下像研究生一样地学习”。为了免得王礼立感到为难，李敏华还告之：她和张兴钤教授在美国时就熟悉，现在也经常见面，会主动给他打招呼的。谈话完毕，李敏华又立即带着王礼立去见钱学森，钱学森所长亲切地问及他的情况并热忱表示欢迎其来力学研究所工作。能与钱学森这样的“伟大偶像”面对面谈话，对一名刚毕业的大学生而言是何等的荣耀！正是在这样真诚的感召下，王礼立毫不犹豫地来力学研究所报到了，成为塑性力学组的一名成员。王礼立入所后，李敏华亲自担任了他的“导师”，制订了培养计划。李敏华实践着她的承诺，这个培养计划和塑性力学研究生的学习计划是基本相同的。50年后，王礼立在当年的一个学习笔记本中发现了一张已经发黄了而且满是皱褶的“力学研究所塑性力学组研究生学习计划暂定标准（1956年3月）”的油印件，其中所设置的课程和研究工作要求表明了导师对他们的严格训练。2007年，在庆贺李敏华诞辰90周年之际，王礼立写道：“对我而言，1956年之夏真正是一片金色，而李先生是引领我走上力学人生的开门恩师。”是时正在宁波大学做副校长的王

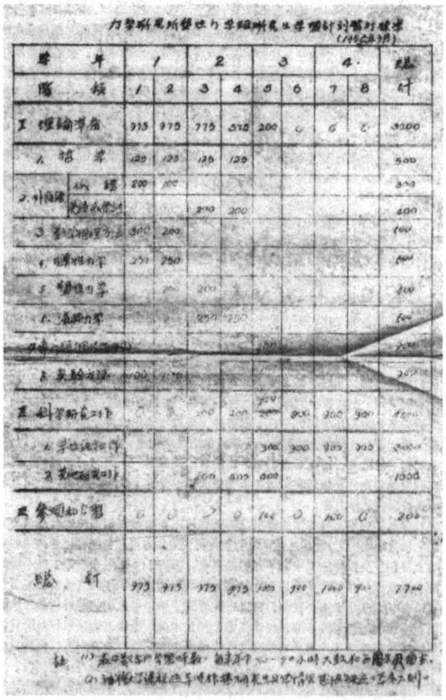

学年	1		2		3		4		总计
学期	1	2	3	4	5	6	7	8	
Ⅰ 理论学习	975	975	775	575	200	0	0	0	3500
1. 哲学	125	125	125	125					500
2. 外国语 [illegible]	200	100							300
[illegible]			200	200					400
3. [illegible]	300	200							[illegible]
4. [illegible]	250	250							[illegible]
5. 塑性力学		200	200						400
6. [illegible]			250	250					[illegible]
7. [illegible]					[illegible]				[illegible]
8. 实验方法	[illegible]	[illegible]							[illegible]
Ⅱ 科学研究工作	0	0	200	200	700	900	900	900	4000
1. [illegible]					300	900	900	900	3000
2. [illegible]			200	400	400				1000
Ⅲ 参观和实习	0	0	0	0	100	0	100	0	200
总计	975	975	975	975	1000	900	1000	900	7700

王礼立保存了50年的学习计划表

礼立还赋诗一首献给先生："神州塑力开先河，敏慧女杰载史表。桃李满园育英才，华夏子弟贺寿高！"

除了积极吸引年轻人来所工作之外，对于新进入力学研究所工作的年轻学子，李敏华还时时关注他们的成长，不仅在业务上努力培养、帮助他们踏入科学殿堂，而且在思想、生活上也热忱关照帮助他们适应研究生活。例如，李敏华不时地邀请塑性力学组里的青年到自己的家里做客，让大家觉得在力学研究所就像在自己的家里一样。力学研究所的柳春图研究员后来接续李敏华担任了固体力学室的室主任，至今他还清晰地记着，当他在 1957 年的秋天刚刚到力学研究所的时候，李敏华先生在清华大学新林院的家中是如何热情地招待他们这些新来的大学生的：

我们来力学研究所之后，一开始就被告知，如果一年以后研究能力不行就要离开力学研究所，所以大家还是有点紧张的，平时也少有机会与她当面谈。这次正好到她家里去，我记得就有人问她这个问题，李先生先不正面回答。她给我们讲她的经历，讲她在美国、在国内是怎么生活、学习的，是如何学习好、工作好来为国家效力的。她在国外时，一边学习还带着孩子。我们当时听了很感动：在国外念学位，那是很紧张的啊！而她当时还带着孩子。她给我们讲了当时的具体情况，这对我们是个深刻的教育：只要我们努力了，就可以不必有这个担心。她不是直接地回答问题，而是用她的经历教育我们。一直到现在，已经过了 50 年了，这仍然给我留下极其深刻的印象。

王礼立也同样记得他到力学研究所后的第一个新年即将来临之际，李敏华邀请年轻学子到她家过年吃饭的情景：为了免除大家的思乡之愁，李先生准备了丰盛的晚餐，吃完了之后，吴仲华在李敏华的钢琴伴奏下拉起了悠扬的小提琴乐曲。要知道，李先生是年轻学子心目中的女中豪杰，而吴先生是国际知名的工程物理学家，他们竟然是如此的平易近人！大家就这样在李敏华家里度过了一个令人难忘的除夕之夜。的确，李敏华领导的塑性力学组就是年轻学子的温馨之家，她用自身的魅力凝聚着研究团队。其实，不仅是李敏华，创建时期力学研究所的许多"先生"级的高级研究人员都是如此。王礼立记得：他在所长钱学森家里，听过其夫人蒋英先生弹奏钢琴和演唱歌曲，她是中央音乐学院的声乐教授；在力学研究所学术秘书（也是塑性力学组成员）朱兆祥家里听过朱先生弹奏钢琴，而其夫人邓爽先生是新中国成立前浙江大学合唱团成员；这次又在组长李敏华家里听到吴先生和李先生的小提琴和钢琴二重奏。这些大科学家们，在工作中是那么的严谨求实而充满着科学理性气息，在生活中则是那么的潇洒、浪漫而充满着艺术文化风姿。在他们身上，年轻学子们看到了科学与艺术的渗透交融，悟到了科学家的创新思维也体现着一种艺术美。李敏华和钱学森、朱兆祥等前辈科学家为塑性力学组的青年科学家树立了人生的榜样，也坚定了他们为塑性力学发展而献身的决心。

在力学研究所创建时期，李敏华亲自负责主持的塑性力学领域，发展势头非常好。如前所述，到1957年年底，塑性力学研究组的成员达28人，初步形成了一支研究团队。在这支初具雏形的塑性力学研究团队里，高级研究人员便有5名（李敏华、黄茂光、杨南生、朱兆祥和刘德修），还有助理研究员1名（裴明丽），其余为研究实习员。除了陆续分配来的大学生外，还招收了几名研究生。建所初期，在塑性力学组工作的青年学子有齐景泰、刘正常、叶均道、陈祥渤、柯受全、王礼立、刘汝斌、陈振诚、吴芬珍、卢锡年、李桃萼、翁彩云、柳春图、许树新、姜伟，以及樊蔚勋、范元勋、薛大为、韩良弼、何竹修等。在前辈科学家的精心组织、全面引导下，研究队伍迅速扩大，年轻学子茁壮成长。这些年轻的大学生之中，许多人在日后都成为科技骨干。

1956年冬，李敏华（站立者右四）与力学研究所塑性力学组成员在化学研究所大楼前合影

三、培育青年学者的一条“捷径”

在塑性力学于中国尚属空白而研究工作又要迅速开展的情况下，李敏华是如何从零开始逐步培养青年学者的呢？组织文献报告会是当时一个重要的举措。从1956年2月开始，李敏华先后成功组织了两个系列报告

会——“塑性力学文献讨论会”和“高温蠕变文献报告会”，每个系列报告会历时半年左右，频率为每周一次。为了开好报告会，她在总体思路上注意团结北京地区相关领域的专家，发动了在塑性力学方面有所造诣的北京大学王仁、清华大学杜庆华两位先生作为主力介入，还动员了北京钢铁学院的张兴钤、王梅英、潘立宙和柯俊，以及物理研究所的陈能宽等先生参与。这种做法，既发挥了集体智慧，又体现了跨所校、跨学科的特点，的确是一种高效、系统、深入的培养新人的极好途径。

在具体做法上，李敏华首先亲自精选出在相关学科领域发展过程中有着重要影响的国外文献，并和王仁、杜庆华两位先生一起研究讨论、共同商榷，这样就选定了十余篇经典论著，然后分配给报告人并要求大家分头准备，被邀请的报告人轮流作报告，并将自己阅读的文献翻译成中文，为出版文集做准备。系列报告会都是由李敏华主持的，一般是由报告人先介绍经典文献的主要内容，再组织所有参会者一起进行深入讨论。参加者除了力学研究所塑性力学组全体成员外，上述的外单位专家都会拨冗出席并参与讨论。这种培养新人的途径，对于塑性力学研究队伍的形成，起到了至关重要的作用。

李敏华还十分注意通过各种方式培养和提高力学研究所年轻学子的学术能力。塑性力学组的刘正常、王礼立等都是刚从大学毕业、参加工作不久的研究实习员，李敏华不仅让他们参加文献报告会，还要求他们也参与文献调研，并在具体过程中教会他们如何查找跟踪阅读文献、如何做文献卡片、如何挑选重要文献及如何报告文献等。除了安排专家报告外，李敏华还尽力安排年轻学子作报告。在每个年轻人到会上报告文献之前，她都要组织预讲，亲自听取报告，并提出改进意见。例如，她总是循循善诱地告诫着：要客观地介绍作者的主要论点和创新点，在这方面不可添油加醋，不能夹杂自己的主观意见；要提出自己对文献的评述意见，但不能和作者的观点混为一谈。她向年轻学子们反复强调，这些都是作研究必须具备的科学态度和基本工夫。年轻人在会上作报告之后，她还要进行个别评述，指出哪些地方讲得不错、哪些地方需要改进；对于年轻人翻译文献，她都要亲自阅看、修改提交的文稿。为了带动新中国塑性力学的发展，中译文集是原拟定要正式出版的，而且塑性力学研究组的秘书刘正常把报告人的译文已经收齐并交给李敏华审阅过，还受命送至王仁家中请他复审。后来由于政治运动，已经准备好的文集才未能付印，这实为一件憾事，不过它没有影响已经完成的学习过程。新中国的塑性力学研究队伍就是在这样边学习、边研究的模式下拓展壮大起来的。

四、倾心帮扶年轻学子成长

培养年轻学子迅速成长，是李敏华在力学研究所创建期内的一项重要任务，也是她开拓塑性力学领域使命的重要组成，除了组织文献报告会这种“集体”培养方式外，她还进行人对人式的“个体”帮扶。根据力学研究所的档案资料可以得知，从1956年2月起，李敏华所承担的指导青年研究人员进行研究的工作任务是：培养高镇同、董振、刘正常、叶均道的研究能力，其中前二人是所外人员，后来叶均道调整为由杨南生来指导，但又增加了王礼立由李敏华负责。那时，她每周至少有两个小时的时间与被指导者进行交流，进行指导工作从2月开始直至12月结束，指导的重点在于培养他们从事科学实验的能力。刘正常在庆贺李敏华诞辰90周年时回忆道：我报到之后，她就安排我去北京大学数学力学系旁听了胡海昌先生讲授的“高等材料力学”及叶开沅先生讲授的“弹性力学”。到了学期结束，她还请两位先生出题进行了考试。在平时的工作中，经常指定或推荐一些参考书籍或文献，对于如何从文献中得到启发及如何利用文献中的理论计算或实验数据等问题，她总是详细讲解、耐心答疑。李敏华就是这样，通过言传身教帮助年轻学子逐步进入科学的殿堂。

为了提高年轻学子的业务能力，李敏华除了强调要养成查阅文献的能力外，如前所述的那样手把手、面对面地告诉刚刚踏上工作岗位的年轻大学毕业生：怎样结合工作需求来选择文献？怎样掌握每篇文献的要点？怎样运用文献中的数据为自己的研究服务？怎样从文献给出的方法来启发开展工作的思路？她还特别重视年轻大学生实验能力的培养。她亲自带领年轻人开展试验工作并耐心讲解：如何细致地观察实验过程？如何从数据中导出正确结论？如何从实验中发现前人没有揭示的新现象？例如，李敏华在组织“高温蠕变文献报告会”的同时，就开始筹划建设“高速旋转盘实验室”。她安排王礼立先进行调研工作，并要求他一步步做好下述任务：解决转速达10万转/分的高速轴承的获取问题，攻克高速旋转盘转动情况下动态应变的测试技术，考虑一旦旋转盘在实验中破裂时的安全防护问题。要知道，当时国内尚没有生产出这样高转速的轴承；李敏华亲自带着王礼立去北京航空学院（今北京航空航天大学）调研旋转体动态应变测量手段，到机械工业部联系高速轴承研制问题，最终指导王礼立完成了高速旋转盘实验台的设计、加工和安装，从而使年轻的科技人员得到了全面锻炼。

除了上述自己负责指导的学子外，李敏华对于每个新分配来的年轻人都要亲自面见、谈话。她细心地了解他们的业务基础、兴趣爱好，然后给他们安排工作方向。为了使年轻人具备从事塑性力学研究的必要基础知识，李敏华主动安排他们去北京大学、清华大学等高校旁听相关课程；当力学研究所与清华大学合办的“工程力学班”开课后，她让塑性力学组全体年轻人去旁听钱伟长讲授的“弹性力学”和“计算数学”；她还请本组的高级研究人员黄茂光先生指导工科专业的年轻人学习“弹性力学”，并指定了较易入门的铁木辛柯（Timoshenko）论著《弹性力学》（英文版）为主教材，以更为深入的拉夫（Love）论著《弹性力学数学理论》为参考书，又选了几本英文教材——《固体的变形和断裂理论》（作者为 A. Nadai）、《塑性力学数学理论》（作者为 R. Hill）和《工程师用塑性理论初步》（作者为 O. Hoffman & G. Sacks）作为自学入门书。李敏华组织年轻人各自钻研，再按章节分别轮流报告，然后一起对重点和基本概念展开深入讨论，就这样通过“自学—报告—讨论”的方式，年轻人掌握塑性力学的基本理论。李敏华还亲自制订计划，为每个刚入所的年轻人指定一名导师针对具体情况进行个别辅导。当时，中国科学院提出青年科技工作者有两条途径发展、成长：其一是考研究生接受系统的高等教育培训；其二是直接进入研究所做“研究实习员”，在参与实际的科研活动过程中学习、锻炼。而李敏华则按照研究生的要求来培养这些刚从大学毕业分配来的研究实习员。

此外，李敏华总是利用各种可能的机会来锻炼青年学子，拓展他们的工作活动。例如，她去“工程力学班”给研究生讲授“塑性应力应变关系”时，就让王礼立跟着去上课并做一些辅助性工作；她组织 1957 年的第一届中国力学大会时，就让塑性组力学的年轻人参加会务工作，这样使他们既听了学术报告又认识了知名力学家；她担任新成立的中国力学学会副理事长后，要负责处理各种日常事务，就让王礼立作学会秘书列席理事会负责讨论记录和会议纪要，这使他结识了各位理事并获得了学习议事的机会；她去中国科学技术大学力学系给本科生讲授塑性力学时，就让李旭昌做辅导教师，还让刘正常代讲部分课程并代替她给学生编制期中考试的题目。在这样的锻炼过程中，青年人的工作能力得到了全面提升，为他们以后的学术生涯奠定了坚实的基础。因此，几十年后，一些年轻学子都“劳燕分飞”并成长为各自研究领域的领军人物，但他们仍不忘来李敏华家中探望引领他们入门的李敏华老师，为她 90 寿辰送上诚挚的祝贺。

王礼立（左一）、刘正常（右二）、卢锡年（右一）等弟子来家中探望
并给李敏华老师（左二）贺寿

五、研究生的良师诤友

指导研究生，也是李敏华在力学研究所创建阶段培养塑性力学人才的一条重要途径。1956 年年底，通过国家考试，一批研究生被力学研究所录取，在李敏华名下有范元勋等。对于塑性力学组的所有研究生（甚至包括一部分像王礼立这样新分配来的大学生），李敏华编制了“力学研究所塑性力学组研究生学习计划暂行标准（1956 年 3 月）”。从这个标准可以看到，李敏华当时对研究生的要求是相当严格的，管理是也是十分严格的。例如，该标准中规定研究生学制为 4 个学年、8 个阶段，每个学生的训练包括“理论准备”（3500 学时）、“科学研究工作”（4000 学时）及“参观或学习”（200 学时）三个部分，总计 7700 个学时。在理论准备阶段，学生要学习哲学、外语、数学物理方法、弹性力学、塑性力学、流体力学、固体物理学和实验方法 8 门课程，如果需要补修大学课程则由导师根据研究生具体情况斟酌安排。从这个学习计划安排可以看出，对于研究生教育，李敏华特别重视理论基础的学习与科研工作能力的培养。作为塑性力学的研究生，甚至还要学习 250 学时的流体力学课程，这确实是十分全面而严格的训练！

这里以范元勋为一个例子，看看李敏华是如何对待研究生的。2012 年 8 月，当年届 81 岁的范元勋回到力学研究所，接受了毛天祥的采访。

其时范元勋侃侃而言，详细回顾他与恩师间数十年的交往，深情感激导师对他的教导与关怀。

范元勋（左）接受毛天祥（右）的采访回顾李敏华的教导

范元勋于1956年考取李敏华的研究生，但由于原来单位的本位主义作祟，他到力学研究所来报到已经是第二年的2月份了，因而担心着导师是否会责怪自己。但与李敏华一见面，范元勋的紧张情绪就全然消散。她特别和蔼、热情，鼓励范元勋说“要学好，要赶上世界的先进的东西”。到力学研究所的头一天晚上，范元勋和塑性力学组的其他3名研究生在办公室里看书，但是4张桌子上只有3盏台灯。正好李敏华晚上到办公室有事，顺便来看看学生，她看到这个情景就说：“怎么少一个台灯啊？把我的拿来。”对学生关怀备至，是李敏华一贯的做法。当时学生们都是单身汉，礼拜六或是晚上经常不回家而留在办公室里看书，她见到了就对学生们说：“跟我去打个牙祭吧！”到了饭馆以后，则说“你们随便点”。课题组出去办事时，也都是她请客，甚至在范元勋随爱人下放离开力学研究所后，他和李敏华仍保持着密切的师生关系。他每次回北京探亲，都要到李敏华先生家里去探访，她也总是问“工作怎么样？学习怎么样？”并勉励他说“不要放弃”。当时属于“困难时期”，购买许多生活物品都是要票的。每次回京来探望李敏华时，范元勋总会带点西北出的小米、枸杞之类的土特产，以表示对长辈的记挂。但是，李敏华先生看了以后就说：“你们还给我带这些东西？你们也是很困难的。”结果，她反而把自己省下来的肉票、发给高级研究人员的营养粉等给了范元勋。60年后，范元勋对此依然记忆在心，他说：“当时，我心里特别难受。但是她对我的关心，使得我感觉到非常温暖。”

当然，生活上的关怀，只是李敏华作为导师的一个小小的侧面，她还利用各种机会，为学生介绍很多有名的老师。例如，范元勋的工作后来偏向于结构问题的研究，她就介绍了清华大学的杨式德教授。对于一般的学生而言，是很不容易见到这些名人的。不过，对于研究生在学习上的严格要求，更是李敏华刻意注重的。她对自己的学生，有时还会“加码”提出一些“额外”的要求。当时力学研究所的研究生制度规定每个礼拜五必须要给导师汇报学习进展等事情，不过李敏华对她的学生说“其他时间有事情，随时可以去找我”。每到礼拜五上午，李敏华先生总要问范元勋：“看什么书了？有什么进展啊？有什么想法啦？给你布置的东西看了没有啊？”她还帮助他选择当时一些新的书籍，并多次强调“一定要把基础打好了”。同时，李敏华也十分重视训练学生的实验能力，她要求范元勋开展“光塑性”的研究。当时在中国，光弹性都是很“时髦”的，那么“光塑性”就更新颖了，它采用氯化银结晶做成的板子来实验，可以模拟塑性的范围、塑性的发展等。这些实验都是在晚上进行的，要两人在晚上值班，观察氯化银结晶的情况。这表明，李敏华任何时候都是选择进行带有开创性的工作。

给范元勋留下深刻印象的还有一件事，有一次李敏华问他：你对“张量”熟悉不熟悉？范元勋还记得，当时在国内有一些像茅以升那一代的老教授对于“张量”还有一点“反感”，他们的说法是：现在的数学已经够用的了，还需要什么“张量”？但是李敏华先生到底是在国外待了很长时间，对学科的发展相当有远见，她感觉“张量”以后可能很有用处，就对范元勋说：“你一定要把这方面补一补，把这个基础搞好。没有这个基础，你将来看一些新的书，都有困难。”她还特地介绍了几本参考书，范元勋仔细阅读了那些书的每个章节，而且还写了一本笔记，从而得到李敏华先生的夸奖：“你还挺用心的啊！”正因为在读研期间打下了扎实的基础，范元勋后来在水电部长期从事应力分析工作，在研究隧洞开挖、过水洞工程、坝基滑动及渗流场等方面都做出了卓有成效的工作。2012 年 8 月，范元勋在接受采访时感慨道：“后来我作应力分析时候才知道，不懂得‘张量’这概念，有些东西是根本看不懂的。现在看来，李先生预先都给我们想好了！”这种对于导师的敬重、感恩之情，是塑性力学组里年轻学子们的共同体验，正如王礼立著文由衷地称李敏华为“开门恩师”那样。

当然，在建所伊始的一年多里，整个力学研究所的学术气氛也很活跃、浓烈和自由，也为塑性力学组青年学子的成长打造了良好的环境。当时国家的大背景是“向科学进军”，力学研究所不仅增加了“化学流体”“物理力学”两个研究组，所里还经常组织大型学术活动，全所的研究人员都可以参加。例如，那时有钱学森讲“控制论”，有许国志讲“运筹学”，等等，这些“跨学科”的学术报告，大大拓展了年轻人的研究思路。另外，当时力学研究所还有所谓的“茶话会”活动。每个星期三有“茶话会”，就是所有的高级研究人员于星期三下午在一起讨论工作，研究实习员和研究生都可以参加但坐在后排。钱学森对年轻人说：“你们有意见也可以说啊，你们听不懂的，或者有什么想法的，有什么不同见解的，都可以提出来。我们一起讨论。”每次讨论涉及许多内容，像流体的、固体的、物理的各种问题，中心发言人论述的主题十分广泛，如钱学森发言为“熵和热力学第二定律”，林鸿荪发言为“语言的机器翻译问题”，等等。对于年轻人来说，这些议题，有的是本行，有的不是本行，但不管是否与自己的研究有直接的关系，年轻人听了都很受启发，这些问题对拓宽视野、活跃思路起到了很好的作用。当时开会的气氛也很活跃，备有糖果、茶点等，都是高级研究人员们用他们的稿费购买的，各色糖果、茶点在与会者前面传递，一盘茶点发完了，前面又会补充上去。在后排坐着的年轻人，都是一人抓一点，到最后面的研究生就拿得多一点儿了。那时到处洋溢着轻松、活跃的气氛……

正是在这样的学术氛围中，在李敏华的精心培育下，塑性力学组的一批年轻学子很快成长起来，像刘正常、王礼立、柯受全、柳春图等以后都成为学术骨干和学科带头人。我们的娇燕李敏华，在学成回国之后不仅自己继续奋力拼搏，更不遗余力地培育着一只只雏燕，率领着他们在新中国的塑性力学及固体力学领域振翅飞翔。

第十一章

『大跃进』的浪潮中

1958 年 5 月，中国共产党第八次全国代表大会第二次全体会议通过了“鼓足干劲，力争上游，多快好省建设社会主义”的总路线。这次会议还提出了所谓的“超英赶美”的计划，即在主要工业产品的产量方面，在 10 年内超过英国、15 年内赶上美国。会后，各条战线掀起了“大跃进”的高潮，全民大炼钢铁、农村人民公社化的浪潮席卷全国。这一年里，科技人员同样地是在“搞运动”中度过的。这是李敏华和吴仲华回国后，经历的第一场有广大群众介入的政治运动，娇燕在“大跃进”浪潮中经受了洗礼。

一、“大跃进”浪潮中的科研院所

中国共产党第八次全国代表大会第二次会议以后，在“总路线”“大跃进”“人民公社化”三面红旗的指引下，在毛泽东主席“破除迷信，解放思想，发扬敢想敢说敢干的精神”指示的鼓舞下，力学研究所的科研人员不再坐在办公大楼里看文献、做实验、写论文了，而去从事各种类型的群众性活动，大部分时间都是在运动中度过的。那时，科技人员经历的运动主要有这样三种类型：①纯粹政治型：如“拔白旗、插红旗”和“一破三敢”等；②劳动锻炼型：如参加“十三陵水库劳动”；③技术活动型：如“超声波”和“大炼钢铁”等。

所谓的“拔白旗、插红旗”，就是人人要检查自己思想中不正确的东西（“白旗”），再树立正确的思想（“红旗”）。在力学研究所，这个运动比较缓和，基本上是要大家总结反“右”运动的收获，只是学学文件、开会讨论、写写总结，自己教育自己，大概花了一两个月的时间。

所谓的“一破三敢”，就是指破除迷信，敢想、敢说、敢干。根据中央的统一部署，力学研究所的领导召开了全所大会，号召全体人员以“一破三敢”的精神，对力学研究所的科研工作提出建议。几天之内，力学研究所大楼的二楼和三楼走廊里便贴满了大字报，提出了许许多多的建议和设想，其中也不乏一些“奇思异想”。例如，王礼立在当时就写了一张大字报，说“在地下挖一个洞一直通到台湾，活捉蒋介石”。一个年轻学子的天真烂漫，跃然纸上字间！当然，也有不少可用的建议，如发射卫星，研制火箭钻、水翼船，开展低水头发电、潮汐发电研究等。群众的“务虑”与建议，为力学研究所领导形成“上天、入地、下海，为工农业生产服务”的研究方向提供了思路。

“十三陵水库劳动”，则是组织全所人员分批到十三陵水库劳动一个星期，主要工作是把沙土从下面往坝上运送，其劳动强度还是很大的。而且工地与住处相距甚远，上下班要走大约 5 千米的土路，午餐就在工地上吃。当时，大部分的高级研究人员也都要去参加，对于从国外归来的高级知识分子而言，这的确是一种思想上的锻炼与体力上的考验。

“超声波”，也是当时中央有关部门所大力推广的一项运动，每个单位都要搞。据说是上海一个工厂的人发明的，利用超声波来洗碗洗衣服很有效。所谓的“超声波”就是把一根小钢管（长度 15 厘米左右，直径 4 厘米左右）的一头轧扁，锯一条口，镶进一块薄钢片，放置在水中；另一头接上橡皮管，通高压气向水中吹。当时力学研究所也召开了全所动员大会，开展了以超声波为中心的“技术革新技术革命运动”，人人动手做，几乎每人手头上都有一个超声波，大体上“热闹”了约两周的时间。这项超声波技术主要用在食堂里，把它插到锅里面去煮粥，可以让煮粥的时间短一点儿。作为一个研究所，那时还要考虑的“研究”课题则是：这些超声波到底是哪个波长？处于哪个频率？它们该如何确定呢？科研人员也很聪明，只要把这个管子插到锅里一吹，水面上就出现一个基波了，根据这个基波还可以算出频率是多少。

力学研究所的“大炼钢铁”，是在全国人民“以钢为纲”掀起大炼钢铁的高潮中开始的。那时，“土高炉”在全国遍地开花，每个地方、各个单位都在进行，力学研究所也不例外。在全所动员大会之后，便开始了土法炼钢，不少高级研究人员也参与了，几个人分为一组，每天进行到晚上十点来钟才结束。在那时，力学研究所大楼南边的院子里还没有全部铺上砖石，除了道路以外的地方就是露天的黄土地，人们在地上挖出一个个坑洞，着手在这里面炼钢。原料则是从各处收集来的废钢铁，还有家里的破锅子，甚至把力学研究所的大铁门都拆了。在李敏华的塑性力学组里，王礼立和刘汝滨两个年轻人是钢铁学院毕业的，他们懂得炼钢，便成了当然的“师傅”，大家在他们带领下炼钢。但是，炼出来的都是一块一块的疙瘩，既没有地方浇注也没有任何用处。

从上述情况不难看出，在“大跃进”浪潮中，科研人员是根本无法安静下来搞科研工作的，而且在这种群众性运动中也难以抗拒不做。例如，和李敏华一样而且是几乎同时从美国留学回来的程世祜此时也在力学研究所，作为一位高级研究人员，他曾抵制过“超声波”运动。当时群众和领导要求程世祜以“超声波增加壳体强度”为课题作为“献礼”项目，他不赞成这种毫无科学根据的做法，迟迟不动手。最后，实在被“逼”不过了，他只好同意先用杆子来试验。于是，有的群众就给他贴了大字报，说他“抗拒运动，不用筒子用杆子”，程世祜则说，我不能拿着国家的资财做游戏！但是，最终还是迫于压力，他不得不采用壳体来做试验，结果却证明了超声波对壳体强度没有好处只有坏处。程世祜不愧是一个有良知不盲从的知识分子。

尽管“大跃进”运动对李敏华没有造成直接的冲击，但是可以想到，力学研究所的这些“轰轰烈烈”场面应当会对她的研究工作产生一定的影响。不过，在这一年里，李敏华还是尽力完成了一系列的论文，包括：①《塑性应力应变关系总结》，发表在《力学学报》上；②《非均匀硬化材料受有内压的厚壁圆筒分析》，力学研究所内部研究报告；③《内压作用下厚壁圆柱的非均匀应变硬化》(*Thick-walled Cylinder with Non-homogeneous Strain-hardening Characteristics under Internal Pressure*)，应国际理论与应用力学联合会邀请撰写的会议论文并在会议文集中刊载。在当时那种“动荡”的环境中，李敏华能做到这点，也是难能可贵的。

特别是吴仲华在“大跃进”浪潮中受到的群众批判，应当是他们夫妇回国后的一次心灵洗礼。在高校里工作的吴仲华亲身遭受到这场群众运动的直接冲击，原因在于：吴仲华回国后一直强调基础学科的重要，因而被批判为“理论脱离实际”；吴仲华在教学上要求学生努力学习，因而被批判为宣扬“白专”道路；吴仲华对于“大跃进”运动感到困惑和迷惘，认为某些做法并不符合科学精神，因而被批判为“保守落后、思想右倾”。在“拔白旗、插红旗”运动中，吴仲华成为清华大学的两面“大白旗”之一，受到了大字报的批判，甚至连在他主持的燃气轮机专业学习的学生也一起受到批判。因为这些学生跟着吴仲华走，也被认为是“只专不红、理论脱离实际”的。这种大批判运动，不仅使吴仲华的工作受到了一些影响，更使他的精神受到了打击，但是他没有屈服，始终认为自己是对的。这样，1959 年，清华大学党委便正式为吴仲华平反了。在这两年里，他依然力所能及地完成了一系列任务；参与制定 1958 年《科学技术发展规划》，提出交通运输类的重点研究项目“运输工具用燃气轮机”；建议研制 750 马力自由活塞燃气轮机组；创建中国科学技术大学物理热工系并兼任系主任；出版了两部专著——《不等距数值微分公式与系数表及其在偏微分方程数值解上的应用》《燃气的热力学性质表（增订版）》；编写《工程流体动力学（上）》，并作为清华大学和中国科学技术大学的讲义。应当说，“拔白旗、插红旗”运动仅仅是个开始，正如吴仲华自己所说“每个运动都有我”，因此他曾十分感慨地对学生与助手吴文权说“回国 40 年，只工作了 10 年”。尽管个人的身心遭受了挫折，但研究工作依然不会放弃，这就是吴仲华作为一个科学家对于事业的执着。当然，可以设想，如果没有这些“折腾”，李敏华和吴仲华的研究成果将会更加丰硕。

二、中国科学院的“上天”任务（代号 581）

在“大跃进”浪潮中和“一破三敢”精神影响下，力学研究所研究人员开展了“人人献计，个个献策，四年超英，八年超美”的务虚运动。在群众务虚基础上，力学研究所领导在颐和园万寿山的“三巨头”（即所长钱学森，副所长郭永怀，书记杨刚毅）会议上，讨论确定了研究所今后的四大发展方向，即所谓的“上天、入地、下海、为工农业生产服务”，并决定改变原有的研究组建制，依照上述四项中心任务组建四个研究室。这样，塑性力学研究组解散了，其成员被安置到不同的研究室中，其所有的实验设备被归到从事“为工农业生产服务”的四室。此时，力学研究所研究工作的指导模式也改变为“任务带学科”。其实，在《1956—1967 年科学技术发展远景规划纲要》中已经有“任务带学科”这个提法，但人们可以把“带”理解为“带动”，然而在“大跃进”期间它就变成为“代替”了：研究人员不再“做研究”而是“搞任务”了。

力学研究所“三巨头”：郭永怀（左）、钱学森（中）、杨刚毅（右）

那时，中国科学院确定开始研制人造卫星，并把它作为中国科学院在 1958 年的第一号任务，因而定名为“581 任务”。这也是力学研究所提出“上天”研究方向的背景。在中国科学院581重大项目中，力学研究所承担了卫星总体和运载火箭的设计任务，因而被编为101所（即零四单位一零一所）。鉴此，力学研究所于1958年8月组建了第一设计院（亦称“1001设计院”或“上天设计院”），院长为郭永怀，钱学森负责全面指导。塑性力学组的林华宝、汤绍源、田千里及高级研究人员程世祜首先被指派参加结构设计工作，不久又从清华大学工程力学班调来了一批学员，随后力学研究所又加派了杨南生和李敏华二位高级研究人员进入设计院。其中，杨南生担任设计院副院长，而李敏华则被编入第一设计院的发动机部（代号120部），分配在涡轮泵组（代号123组），从事“火箭涡轮泵中燃气轮机强度设计”工作。该组成员还有王光根、席葆树、张如一、陈纪鸿、葛伟明、姜伟、刘汝滨等。

第一设计院开始在力学研究所大楼的五楼办公，后来为了保密，就整体迁到西苑旅社的10号楼去了（楼下是工作室，楼上是宿舍）。那时的任务是要求在不到一个月的时间里，设计并绘制出T-3高能液体燃料运载火箭的总图，所以研究人员不分白天黑夜地加班工作。1958年，李敏华已经过了40岁，涡轮泵组内只有姜伟一个女同志。于是，她和姜伟住在一个房间里，她们同吃、同住，一块儿搞设计，每天都过着“军事化”生活。那时，李敏华晚上不能回家，两个十来岁的孩子都留给吴仲华一个人照顾，只有星期天她才能回来看看。更令李敏华感到困难的是每天早上都要进行军训：早上一吹哨，要求5分钟内必须到操场集合，不能迟到，接着还要做操、跑步。幸亏李敏华从家里拿来一个从国外带回的小闹钟，她和姜伟总是提前10分钟就起床，迅速地梳洗完毕并穿好衣服，然后坐在床边，等到哨声响起，赶紧跑出去。尽管李敏华是近年才从美国回来的高级研究人员，但是她不仅没有任何怨言、全心全意地投入工作，而且没有任何架子，一直和大家一样，住集体宿舍、吃食堂饭菜、早起集合做操跑步。在大约两个月的时间里，她的精神始终和年轻人一样饱满。是的，李敏华不是娇弱的小鸟而是矫健的鸿雁！

1958年11月，第一设计院南迁到上海，改称上海机电设计院，由力学研究所和上海市共管，李敏华虽然留在北京，但依然关心第一设计院的工作。例如，后来上海机电设计院有塑性热应力和壳体稳定性等两个力学问题请力学研究所协助解决，力学研究所党委书记黎映霖派李敏华带领田千里去帮助解决了，从而受到了第一设计院杨南生院长的表扬。1960年，上海机电设计院划归中国科学院新技术局和上海市共管，领导关系便脱离了力学研究所，其任务也按照邓小平“近期不放卫星，与国力不相称”的指示精神改为研制探空火箭。力学研究所的杨南生、林华宝等留在了上海机电设计院，以后他们又随体制的调整并入了国防部五院（航天工业部前身）。但是，历史不应忘记，正是在力学研究所1001设计院的工作基础上，上海机电设计院于1960年2月19日成功发射了自行设计制造的探空模型火箭T-7M，这是我国第一枚上天的小型（模型）火箭。同年9月13日，我国第一枚探空火箭T-7也首次发射成功，而且箭头也回收成功。这些也是力学研究所塑性力学组对我国航天事业的一种贡献，而对李敏华个人生涯而言，这也可以算作是她回国后第一次进入航天领域的一个经历。

三、参与中国科学技术大学力学系的建设

1958年春，力学研究所确定了该形势下的研究方向是“上天、入地、下海、为工农业生产服务”以后，钱学森认为，首先必须办一个学校来培养符合力学研究所研究工作需要的学生，不能只靠研究所里刚回国的几位专家。于是，他向中国科学院郭沫若院长建议成立星际航行学院。中国科学院召开院务会议讨论力学研究所成立星际航行学院的提议时，许多研究所的负责人都表达了急需青年人才的强烈愿望，于是中国科学院决定建立一所多学科的新型大学。5月9日，中国科学院党委书记张劲夫代表中国科学院向聂荣臻副总理等呈交请示，建议：由中国科学院试办一所大学，主要培养当前世界上最新的尖端学科的科学研究工作干部，由教育部和中国科学院双重领导。6月2日，邓小平代表中央书记处同意成立中国科学技术大学。随即，郭沫若院长主持召开学校筹备委员第一次会议，通过了建校方案和1958年招生简章，明确了设立12个系，其中包括力学和力学工程系。力学系创建时，设有4个专业：高速空气动力学、高温固体力学、岩石力学及土力学和化学流体力学。中国科学技术大学的办学方针是“全院办校，所系结合”，因此力学研究所一直把中国科学技术大学力学系的教学工作作为一项重要的业务内容。在中央正式批复下达之前，1958年5月18日，钱学森在主持力学研究所第十七次所务会议上，确定了所内学科规划及中国科学技术大学力学系相应专业教学工作的分工。其中，指定李敏华负责塑性力学（所内学科）和高温固体力学（二专业）的相关工作。

中国科学技术大学力学系的高温固体力学专业，是一个崭新的专业设置，它以火箭等近代的动力机械在高温、高压条件下运行时的应变、强度问题及反复载荷下的疲劳断裂等现象为研究对象。在当时，这个专业设置国内的院校不仅没有，在国外的大学也难以找到。显然，一切都要从头做起，而且时间十分紧迫，因为中国科学技术大学在当年9月就要开学上课，这也是“大跃进”的速度啊！李敏华要给出高温固体力学专业的规划，包括二专业的培养目标、专业基础理论课、技术基础课和专业课的设置比重及具体内容、专业课的教学大纲（或教学要点），以及讲授方式、应建立的实验设备等，这无疑是对李敏华的又一个挑战。从中国科学技术大学力学系的档案资料，可以看到李敏华主持安排的高温固体力学专业的教学计划是十分超前的。

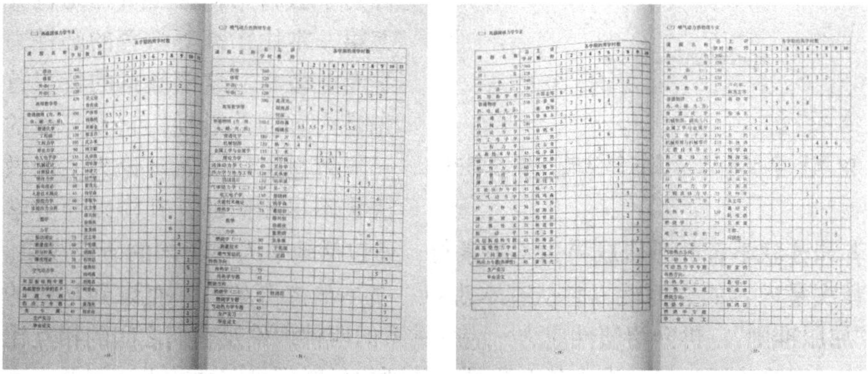

中国科学技术大学力学系高温固体力学专业的教学计划

开始建校时，中国科学技术大学处于“边筹备边运行”状态，因而没有正式的任命书之类，但李敏华实质上是承担着高温固体力学专业教研室主任的职责。尽管直到1962年，中国科学技术大学才正式建立专业教研室并开始组建自己的专职教师队伍，李敏华被任命为教研室主任；直到1963年，李敏华才收到了中国科学技术大学郭沫若校长签署的聘请其担任近代力学系教授的聘书。但是，从1958年5月接受钱学森的安排后，她就亲力亲为并组织力学研究所固体力学研究室的有关人员参与了一系列的筹划工作。1961年9月，中国科学技术大学第一届学生（1958级）开始学习专业课时，李敏华已经周到、细致地安排好了高温固体力学专业所有专业课的教学计划，还组织动员了力学研究所十二室的4位高级研究员（人们戏称为“四大金刚”的李敏华、黄茂光、程世祜和胡海昌）编写讲义、亲授课程。在1963年和1964年，中国科学技术大学力学系的第一届

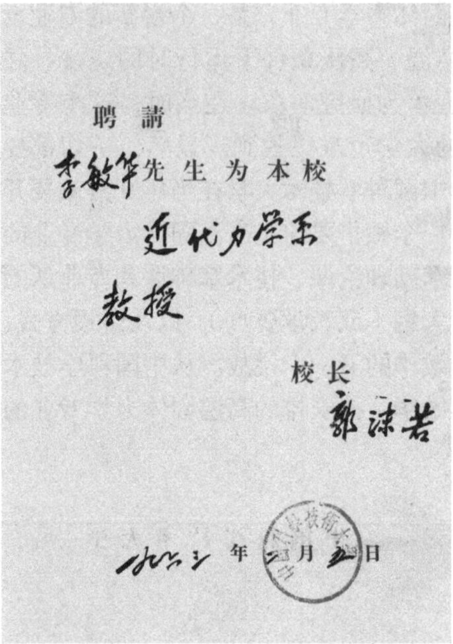

中国科学技术大学校长郭沫若签署的聘书

和第二届学生做毕业论文时，她又全面组织十二室所有高、中级研究人员参加毕业论文的选题设计和实施指导等工作。这样，在李敏华的具体领导与组织下，高温固体力学专业作为中国高校里的第一个新兴学科专业建立起来了。

此外，李敏华本人亲自完成了《塑性力学讲义》的编撰，这是第一部用于中国高等教育的塑性力学教科书，甚至可能是世界上第一本用于高等教育的塑性力学专业教材。这部教材的特点首先是内容的前沿性，它和其他的一般教材引用成熟理论为主的做法是不尽相同的，其中以西方学者和苏联学者的科研成果为基本素材，还包括她本人在美国的研究成果。其次是内容的全面性，它从基本观点、基本概念开始，一直讲到材料的“屈服准则”，再介绍塑性应力－应变关系的四种理论及它们之间的相互比较、试验验证，然后进入各个专题：从硬化材料理想塑性的平面问题一直到梁的屈曲、柱的屈曲、平面流动和高温蠕变等。当然，这部教材的编排得当、结构严谨、逻辑性强，也是一直为人称道的。

与此同时，吴仲华也在中国科学技术大学创建了物理热工系（含三个专业），其中的工程热物理专业也是国内外首次创立的，他本人兼任物理热工系主任，也亲自为学生编写讲义、讲授课程。1960 年，由于动力室并入力学研究所，物理热工系也和力学系合并，成为近代力学系的一个专业（三专业），吴仲华被任命为近代力学系的副系主任（钱学森为系主任），继续为培养工程热物理人才奉献智慧和力量。从此，工程热物理专业成为近代力学系的重要组成部分，为力学系的发展和壮大添砖加瓦。1978～1983 年，吴仲华又担任了近代力学系的系主任，全面领导中国科学技术大学力学系在“科学春天”时期的飞跃前进。

令人感动的是，李敏华这只娇燕，不仅能在科学海洋上飞翔，而且在国家需要的时候，也敢于飞向教育领域。她和吴仲华都在中国高等教育的专业构建、课程设置、教学理念、教材编写等方面建立了一种全新的教学模式。

四、独特的教学方式

李敏华的教学方式也同样是独特的，她曾连续给中国科学技术大学力学系的高温固体力学专业（到了 1963 年，又增加了爆炸力学专业的学生）第一届和第二届学生，分别讲授了一个学期的塑性力学课程。所有来听课的学生都对第一次见到李敏华先生的印象十分鲜明、深刻：当时李敏华 40 多岁，进教室时穿着短袖衬衫、呢子长裙及黑色皮鞋，而且裙子是彩条的，穿着非常得体、非常精致。李先生的出现使同学们眼睛一亮：既很漂亮，又很庄重。用现在的话说，就是很“时尚”，看起来给人以很有气质、非常优雅的感觉。她不是那种性格很张扬的人，讲授课程颇有学者的风度，上课的时候总是细声细气，很有亲切感，虽然带有南方人的吴侬口音，但是口齿十分清楚。同学们都说，听李先生的课，在某种程度上是一种享受。有些同学还注意到，她放在讲台上面的，除了讲稿、参考书之外，还有一个小小的闹钟。这个闹钟显然是用来掌握时间的，同学们从这个细节中感受到李先生的认真与严谨。

的确，李敏华治学很严谨，反映在她的讲课上，就是思路很清晰，非常有条理。她一般是先介绍综合概况，然后展开细节，特别注重给学生说明一些力学的基本概念，而且她对于每一个基本概念，都要交代它的条件、适用范围和各种理论之间的比较，并常常从各种不同的角度来分析一个问题。作为有成效的科学家，李敏华在讲课过程中，还讲述如何治学与开展研究的原则，使学生们在读书阶段就培养起良好的习惯。比如，她告诉学生要注意数量级的检验，任何一个公式最后都要经过数量级的检验，看看数量级是否正确；她告诉学生要注意主次之分，一个理论或公式当中往往包含着很多项，可以忽略哪些、为什么可以忽略，都需要有根据，要明白任何事情都是复杂的，而且在一般情况下是不可能考虑所有因素的，必须要抓主要矛盾。许多学生们在回忆他们的学习经历时，都深情地谈到，从日后工作的实践中才深切体会到这就是李敏华先生这样的一批大师给予自己的宝贵财富。

注重细节是李敏华教学的又一个特点。她在讲课中以旋转盘问题的求解作为例子，用了几节课的时间告诉学生们在塑性力学中是如何处理和解决实际工程问题的。大家也特别有兴趣地、专注地听她从头到尾地讲述有关旋转盘的事情：怎么立题？怎么分析？怎么求解？怎么推广？因为同学们知道这是李先生在国外成名、在国内获奖的研究成果，所以听起来印象也很深刻。李敏华介绍这个自己研究工作的实例，使学生们明了处理问题的思路：做科学研究时，应当如何切入一个新领域？怎样逐步深入开展工作？她也教会学生们：对复杂事物的了解、理解和分析，一定要从特例出发，然后把其他复杂因素逐渐放进去，这样才可能成功。一般来讲，不可能一下子将所有的复杂因素都拿到手、都放进去考虑，去求某个复杂问题的完整解，这是办不到的。所以说，李敏华教学方法的又一个重要特色是："授人以渔"而非"授人以鱼"。

在教学中，李敏华不满足于简单地灌输知识，而是十分重视对学生的能力训练。例如，她通过旋转盘问题，让学生们提高解决实际问题的技能。发动机旋转盘的材料是指数硬化的材料，这个指数是怎么确定的呢？必须要先给一些数值解，然后在对数坐标纸上画出这些解，之后连出一条线，才能找到硬化的指数。李敏华要求学生们学习这些方法。1960 年，当时我国的教学条件很差，学生到哪里能找到对数坐标纸呢？只得由辅导老师伍小平统一去学校领取对数坐标纸，裁成一小块一小块的，再发给每一位同学，让学生们根据求得的那些数据自己去点出来连成线。李敏华要求每个学生都要亲自动手练习一遍，明白如何从给定的数据、用近似的方法找出硬化指数来，如何从坐标纸上找到它的斜率，然后再选择一个指数硬化去处理里面的几个问题。

在教学中，李敏华还十分注意向学生们强调实验的重要性，这也是对学生的成长有着重要影响的方面。在她所编写的《塑性力学讲义》中，每一章的末尾处都有关于科学实验的论述。她在讲述四个塑性理论的比较时，全部是利用各种试验的结果来说话的，根据试验的点子落在什么位置上，来具体分析说明不同理论各自的优越性。在讲课中，李敏华总是非常重视介绍试验的结果，她以这种方式告诉学生：对于应用力学而言，科学实验是做科研工作的基础。除了让学生们理解科学实验的意义外，李敏华也注意给学生讲授实验技巧。比如说，在讲解最大剪应力的塑性准则时，她就提醒学生们要观察剪应力的剪切方向，就是剪应力 45° 的滑移方向。这也是李敏华教学中"观念和细节并重"原则的体现。

李敏华在教学中如此，吴仲华在教学中也是如此。吴仲华除了编写了

《工程流体动力学》基础课讲义外，后来还编写了《叶轮机械气动热力学》专题课讲义，并亲自登台授课。由于吴仲华概念清晰、逻辑性强、语言生动，因而广受学生们欢迎。与李敏华创办一个专业相比，吴仲华的任务要繁重得多，因为物理热工系是由一个初具规模的动力室来创办的，不像中国科学技术大学的其他 12 个系那样，它们是“所系结合”，而它是“室系结合”啊！但是，为了培养工程热物理的后继人才，吴仲华在艰难的条件下着手创办了物理热工系，并兼任该系的系主任，完成了一个全新校系的建设使命。这是一种精神，一种令人不得不肃然起敬的精神。

从中国科学技术大学近代力学系毕业的学子，没有辜负李敏华、吴仲华及钱学森、郭永怀等一批大师的辛勤教导，他们在各自的岗位上以自己的导师为榜样奋发工作，成为攻克科学高峰的中坚力量。在李敏华、吴仲华亲自教过的学生中，涌现了杜善义、吴有生、徐建中、范维澄、王自强等两院院士。李敏华在中国科学技术大学的助教伍小平也当选为中国科学院院士。

李敏华（前排左二）和中国科学技术大学力学系二专业部分学生在力学研究所合影

五、对年轻教师的倾心指导

1958 年，伍小平还是一名刚刚毕业就走上教师岗位的年轻助教。李敏华不满足于只是帮助自己教好课，她把培养后辈的责任牢记在心，所以见面不久就给伍小平指定了几本专著，要求她好好地阅读、学习。几十年过去了，时至今日，伍小平院士仍然十分感激李敏华的严格要求，说道：

对我来说，这个好处是非常大的。因为自己原来在大学里学的时候，看过卡恰诺夫的塑性力学。然后，李先生这个是讲义。如果再看一些其他的书，就从不同的角度，对一些东西的理解就非常有帮助。

的确，从伍小平保留至今的《塑性力学讲义》，人们可以看到伍小平在上面写满了各种心得与笔记，她是在用心学习塑性力学的。为了进一步锻炼、培养年轻助教，李敏华还要求伍小平负责出习题。这样，伍小平必须自己先去找那些习题，自己还得先做一遍，然后才能给学生出题让大家做。也许，这是因为李敏华记得自己当年在西南联合大学做助教的时候就是这样的，正因为自己做了大量习题，才能在麻省理工学院攻读研究生的考试中拔得头筹。她希望伍小平更全面成长起来，而不是仅仅帮着自己教完一门课程。今天，当年的年轻助教早已成长为中国科学院的院士了，伍小平院士对这些细节仍记忆犹新，她也时常到北京来探望李敏华先生。

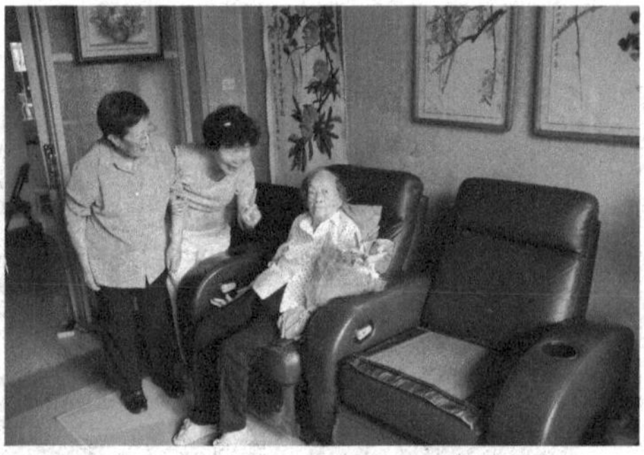

伍小平（左一）于 2012 年来家中探望李敏华先生

对于后来伍小平被中国科学技术大学推选申报院士这个事情，李敏华也非常关心。当她得知此事后，便让中国科学院力学研究所的一位老师带话给伍小平，让伍小平去北京向她“汇报汇报”工作。伍小平到北京来向李敏华汇报时，她对伍小平的工作都问得非常细致、认真，因为伍小平早已转向搞力学实验技术的研究了，她们不在同一个“行当”里了。李敏华如此严肃认真，在于她要对自己的投票负责，但这个举动使伍小平非常感动：“这么多年来，我与李先生没什么联系，她还惦记着我！”李敏华这种凡事认真对待、处事讲究原则而又待人热忱公道的品格一直受到大家的称赞，这只是一个例子而已。

总之，1958 年“大跃进”浪潮中的许多不科学的提法与做法，伤害了吴仲华等科学家，也影响了李敏华、吴仲华对于研究工作的推进。不过，破除迷信，解放思想，敢想敢做，也为若干事业的发展打开了大门，李敏华等能够介入航天领域，能够参与中国科学技术大学的建设，都是与之相关的。吴仲华也在叶轮机械领域继续攻关，他完成的科研设备在 1958 年中国科学院科研成果展上展出，毛泽东主席还亲临观看了这个展台并听取了吴仲华的介绍。特别是，李敏华和吴仲华通过参与中国科学技术大学近代力学系的建设，创立了高温固体力学专业和工程热物理专业，这是对新中国高等教育事业的一个重要贡献。而中国科学技术大学近代力学系这个载体，为中国尖端科学事业培养了一批高质量人才，这是李敏华和吴仲华回国后做出的又一个重要贡献。

李敏华这只不倦的娇燕，不仅继续在科研战线奋战，而且飞向教育战线拼搏。她在不断拓展为国效力的领域。

第十二章

调整时期的学科建设

1958年的“大跃进”运动并未持续很久，从1959年开始，国家进入了“三年困难”时期，按照中央“调整、巩固、充实、提高”的八字方针，各个领域都进入调整状态。1959年6月，钱学森向中国科学院提出《关于在中国科学院配合国防需要开展火箭技术探索性研究的意见》的书面报告，中国科学院党组据此制定了《1960—1967年发展探空技术和喷气技术的方案》，同时在全院范围内进行了机构调整，力学研究所也相应地按照研究室规划了学科发展方向。李敏华主持力学研究所十二室工作，从此，这只娇燕不再只是翱翔在自己熟悉的塑性力学范畴，而是在更为广阔的固体力学领域领导着学科的建设与发展。

一、力学研究所十二室应运而生

“大跃进”之后，钱学森、郭永怀等在认真总结前一段工作的经验教训后，对力学研究所的发展方向进行了重新规划。他们明确提出，力学研究所在未来几年的基本任务与发展方向是：配合国防尖端科学技术部门工作，解决这些部门提出的有关研究课题，积极开展喷气技术和星际航行技术中有关力学问题的研究。按照中国科学院的总体部署，力学研究所成立了二部，主要从事上述与国防军工事业相关的研究任务，包括十一室、十二室和十三室等。1959年12月，十二室正式成立，属于力学研究所二部，其研究方向为“高温轻结构”。此时，李敏华被任命为十二室业务副主任（当时研究室主任均由党支部书记兼任），主管研究室的业务工作，这样她的研究与管理工作的领域从单一分支学科（塑性力学）拓展到整个固体力学。正是在李敏华的领导与全室人员的努力下，十二室在力学研究所内成为与二室和十一室并驾齐驱的三大研究室之一。

力学研究所十二室的研究背景主要是国家在航空和航天方面的需求，尽管中国科学院不再像“大跃进”时期那样直接研制火箭、卫星了，但仍是以应用基础研究的成果向航空航天部门提供科学支持。研究室成立之时，力学研究所关于十二室在1960年的工作安排为：①筹建高温塑性实验室，建立短期蠕变试验设备与振动蠕变试验设备；②筹建热应力实验室，包括建立热源、发展表面温度测量和温度控制技术；③建立一般材料试验室；④筹建振动实验室。这样，1959～1960年，十二室的研究工作主要都是围绕航天背景进行的，在李敏华的组织领导下，取得了下述成果：①建立了中程导弹弹头回地防热的实验设备并开展了试验。他们设计并安装了一套火焰加热设备 H-1（温度为 2000～2500℃，最大燃气速度为 2500 米 / 秒），研制了小电弧加热器 H-3（温度为 2500℃，功率为 30 千瓦）及快速加热的短期拉伸试验机 H-6；②完成了塑料弹头模拟实验和表面温度测量装置的试制；③建立了弹体结构问题的实验设备并开展了试验。他们改装了压弯联合试验机，建立了圆筒壳与板的振动实验设备，在加热情况下进行了板振动的自振频率测定试验；④进行了旋转盘及亚振高温强度分析。他们改装了已有的 JF-5 型蠕变加载系统并观测了预热时间对蠕变的影响，进行了非均匀的常温度场下旋转壳体的弹性热应力分析；⑤完成了常温度场下加筋有孔圆板的弯曲计算与试验；⑥采用纸壳作模型试验提出了以内压壳为导弹弹体结构的方案，为设计部门提供了设计方案的理论依据。

这里，以火焰加热设备的研制为例，看看李敏华是如何开展自己并不熟悉领域的研究工作的，这是对她研究风格的一个具体展现。众所周知，当高速飞行的航天器返回地面时，回地航天器的头部在重返大气层过程中会遇到高温、高速气流的冲刷而烧蚀，为了确保航天器的安全回地，其表面必须包覆耐高温的防热材料（如碳纤维复合材料等）。当然，由于航天器的飞行速度很高，目前还没有任何一种材料可以完全不出现烧蚀，因而在工程上一般允许防热材料在回地过程中有一定的烧蚀，但烧蚀量要有所控制以保证航天器在返回地面过程中不被烧毁掉。所以，人们不仅需要研制耐烧蚀材料，还要建立烧蚀实验装置，在地面上建立一个能够“模拟”航天器重返大气层时的高温环境。1959 年，李敏华接受了对新研制的抗烧蚀复合材料试件进行驻点温度超过 1000℃的高温实验的任务，开始筹建燃烧实验装置。作为研究室副主任，她与研究组成员一起进行了全面调研以后，决定采用火箭发动机喷焰对试件进行冲刷加热。由于时间紧迫，不可能研制常规的火箭发动机，她就通过吴仲华的帮助在上海加工了一个喷气发动机的燃烧室，并提出利用炽体引燃的方式来缩短设计和加工的周期。当时，十二室的研究人员田千里等就在力学研究所小食堂的旧址上热火朝天地干了起来，李敏华也一直亲临现场，有时还与年轻人一起加班到深夜。他们在不到半年的时间内，便在国内首次实现了驻点温度超过 1000℃的高温实验，引起了航天部门的高度重视，他们专门组织有关人员来力学研究所实地参观并进行仿制。中国科学院副院长裴丽生还亲自带领化学研究所研制的抗烧蚀材料来做实验，钱学森也组织力学研究所的中层干部一起来观摩学习。

应当说，李敏华在1959年就提出采用火箭发动机喷焰进行烧蚀实验的构思，是相当先进的。1980年，我国的“东风5号”远程导弹以每秒7千米的速度重返大气层，飞跃9000千米洋面，成功射向了太平洋预定海域，其端头的烧蚀防热实验就是采用力学研究所吴承康先生提出的火箭发动机喷流方案。比较李敏华和吴承康分别在20世纪50年代和70年代提出的火箭发动机实验方案，二者的思路是一致的，只是前者是针对中近程导弹的需求，而后者是针对远程战略导弹的需求，前者是进行材料试件的模拟实验，而后者是进行全尺寸模型弹头的热结构实验，所以李敏华可以使用小火箭发动机的燃烧室，而吴承康必须要使用真实的火箭发动机。李敏华等力学家就是这样依据国家的需求和科学的分析来确定自己的研究方案，通过实验、分析和计算为工程部门提供必要的理论依据。

可以说，力学研究所十二室在成立之始，便向力学研究所、中国科学院和国家交了一份满意的试卷。李敏华在领导力学研究所十二室完成各项任务的同时，同时还坚持自己在塑性力学领域的研究，因为这也是固体力学的一支分支学科。1959年，李敏华提交了三份力学研究所的研究工作报告：①《高压圆柱形厚壁容器大塑性变形下的简单解法》（合作者：汤绍源）；②《圆孔薄板在单向拉力下的塑性应变集中》（合作者：雪家雄和宣正勇）；③《塑性应力集中》（合作者：雪家雄和宣正勇）。特别是，经过数年的精心准备，1960年，李敏华撰写的专著《硬化材料的轴对称塑性平面应力问题的研究》在科学出版社正式出版了，这是娇燕向国家、人民献出的一份礼物，是中国科学家对塑性力学做出贡献的一个记录。

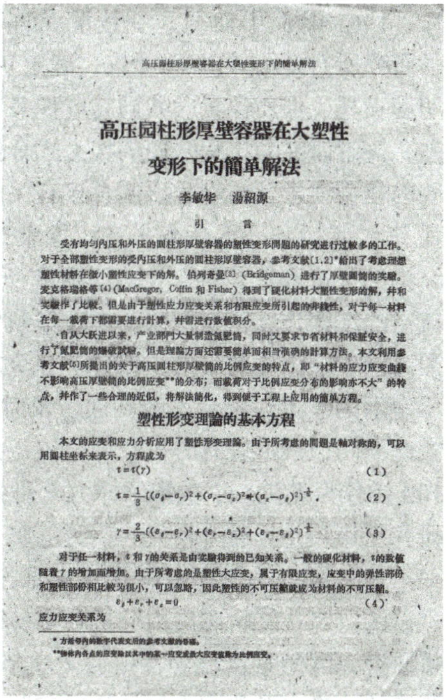
高压园柱形厚壁容器在大塑性变形下的簡单解法　1

高压园柱形厚壁容器在大塑性变形下的簡单解法

李敏华　湯紹源

引　言

受有均匀内压和外压的圆柱形厚壁容器的塑性变形問題的研究进行过較多的工作。对于全部塑性变形的受内压和外压的圆柱形厚壁容器，参考文献[1,2]*給出了考虑理想塑性材料在微小塑性应变下的解。伯列奇曼[3] (Bridgeman) 进行了厚壁圓筒的实驗。麦克格瑞格等[4] (MacGregor, Coffin 和 Fisher) 得到了硬化材料大塑性变形的解，并和实驗作了比較。但是由于塑性应力应变关系和有限应变所引起的非綫性，对于每一材料在每一載荷下都需要进行計算，并需进行数値积分。

自从大跃进以来，产业部門大量制造氮肥筒，同时又要求节省材料和保証安全，进行了氮肥筒的爆破試驗。但是理論方面还需要简单而相当准确的計算方法。本文利用参考文献[5]所提出的关于高压圆柱形厚壁筒的比例应变的特点，即“材料的应力应变曲綫不影响高压厚壁筒的比例应变**的分布；而載荷对于比例应变分布的影响亦不大”的特点，并作了一些合理的近似，将解法簡化，得到便于工程上应用的簡单方程。

塑性形变理論的基本方程

本文的应变和应力分析应用了塑性形变理論。由于所考虑的問題是軸对称的，可以用圆柱坐标来表示，方程成为

$$\tau=\tau(\gamma) \qquad (1)$$

$$\tau=\frac{1}{3}[(\sigma_\theta-\sigma_r)^2+(\sigma_r-\sigma_z)^2+(\sigma_z-\sigma_\theta)^2]^{\frac{1}{2}}, \qquad (2)$$

$$\gamma=\frac{2}{3}[(\varepsilon_\theta-\varepsilon_r)^2+(\varepsilon_r-\varepsilon_z)^2+(\varepsilon_z-\varepsilon_\theta)^2]^{\frac{1}{2}} \qquad (3)$$

对于任一材料，τ 和 γ 的关系是由实驗得到的已知关系。一般的硬化材料，τ 的数値随着 γ 的增加而增加。由于所考虑的是塑性大应变，属于有限应变，应变中的弹性部份和塑性部份相比較为很小，可以忽略，因此塑性的不可压縮就成为材料的不可压縮。

$$\varepsilon_\theta+\varepsilon_r+\varepsilon_z=0 \qquad (4)$$

应力应变关系为

* 方括号内的数字代表文后的参考文献的号碼。

** 物体内各点的应变除以其中的某一应变或最大应变值称为比例应变。

李敏华撰写的论文节选

二、承担 103 任务

1961 年，李敏华被任命为力学研究所十二室主任，此后经 1962 年第二次中国科学院院务常务会议讨论，又被任命为力学研究所所务委员会委员。这与 1961 年中央出台了《关于自然科学研究机构当前工作的十四条意见》及中国科学院依此精神制定的《中国科学院自然科学研究所暂行条例》等大背景有所关联。这些文件为科研工作步入正轨营造了一个较为宽松的环境。

其时，国家仍处于困难与调整阶段，对于国防尖端研制任务，中央提出了“缩短战线，集中力量，打歼灭战”的方针。国防科学技术工业委员会决定分别成立中国科学院与二机部、中国科学院与国防部五院两个协作小组，以便加强对部院协作的领导，充分发挥中国科学院有关研究所的力量，更密切地为“两弹”服务，真正做到中国科学院、二机部、国防部五院三家拧成一股绳，大力协同，攻克难关。

1961 年 5 月 18 日，在钱学森的主持下，国防部五院与中国科学院力学研究所召开了“518”会议，确定双方一致本着“统一安排、分工合作、明确责任、保质保量、共同完成任务”的原则，建立全面、长期的协作关系，探索研究与工程之间的接力式合作模式。在这个原则指导下，根据五院的任务要求及与型号研制直接有关的课题，力学研究所承担了五大协作任务（即 101～105 任务）进行探索性的前期研究。其中的 103 任务“轻结构的强度和稳定性”由力学研究所十二室承担，主要研究内容与航天、航空的结构强度密切相关。李敏华领导力学研究所十二室的研究人员，按照高温、轻结构的方向，保持与五院协作方 702 所的密切交流，通过召开不定期的学术讨论会不断沟通，及时根据工作调整每个年度的研究课题。在此期间，钱学森有时也参加会议，并提出问题一起参加讨论。这样，以 103 任务为契机，李敏华领导力学研究所十二室全面地进入了航天领域的研究工作，并且通过相关的预研工作不断推进固体力学的发展。

1961 年，力学研究所十二室承担的课题有四个：①壳体结构及壳体理论的研究；②瞬态应力分析和实验研究；③夹层结构的稳定性及应力分析研究；④短期高温塑性研究。当年在“弹头纵向稳定性初步分析”“加筋壳的热稳定及热应力的初步研究”及“工字梁热应力的初步研究”等方面取得了研究成果，同时还建起了壳体实验室、高温结构元件实验室、高温塑性实验室和夹层结构实验室等。1962 年，力学研究所十二室的课题安排则为：①薄壳稳定性的研究；②高温元件的瞬态应力及热屈曲研究；③蜂窝弹翼在高温下的强度问题研究；④高温塑性研究。1962 年取得的成果则有：在理论研究方面，提出了一系列工作报告，包括《蜂窝夹层的折合弹性模量》《矩形夹层板的自由扭转》《工字梁热应力计算》《非均匀材料性能工字梁的塑性弯曲》《四边简支矩形加筋板的受热分析》《四边固支矩形加筋板的受热变形》《四边固支矩形加筋板的受热超临界变形》及《各向同性夹层板反对称小挠度的若干问题》等；在实验研究方面，开展了快速加热加载试验和厚度 0.05～1.00 毫米金属薄板弹性模数测定方法等工作。力学研究所在制定《1963～1967 年发展规模设计任务书》时，进一步明确 103 任务主要是从事下列探索工作：①高温构件瞬态应力分析实验研究；②短期高温塑性的理论与实验研究；③壳体结构和壳体理论的研究；④夹层结构的稳定性和应力分析理论与实验研究。以后，又进一步将它们归纳为下述问题的研究：①壳体结构的稳定性和应力分析；②轻结构（夹层结构、加筋结构）的热变形、热应力分析和基本力学性质问题；③高温结构元件热应力分析和热变形问题及高温塑性问题。

在力学研究所研究室人员的共同努力下，103 任务不断推进，一系列与轻结构在高温条件下性能的研究结果为航天部门的型号研制提供了理论依据。1963 年，“弹性矩形薄板的二次屈曲”等课题研究取得进展，此外快速加热加载试验机试制成功，金属材料性能实验室、夹层结构实验室已具规模。与 103 任务相适应，力学研究所十二室设立了四个课题组：一组为壳体组，由程世祜负责，研究壳体的强度和稳定问题；二组为板结构组，由黄茂光负责，研究加筋板的力学问题；三组为夹层板组，由胡海昌负责，研究新型的夹层板理论；四组为应力应变关系研究组，由李敏华负责，主攻包括高温材料在内的材料应力应变性能。这四位组长被戏称为力学研究室十二室的“四大金刚”。鉴于方方面面的原因，103 任务于 1964 年大体结束，力学研究室十二室在开展这项工作的三年时间里，取得了若干重要的理论和应用成果，例如，内压圆柱壳体的稳定性，短圆柱加筋壳和受热圆柱曲板在轴压下的稳定性，梁在受热受力条件下的塑性弯曲，四边固支 / 简支矩形加筋板的受热变形，蜂窝夹层的剪切模量，以及短时加热、加载高温材料拉伸试验机的研制等。这些成绩的取得和李敏华对于力学研究室十二室的全面领导是紧密相关的。

至于李敏华本人的研究工作，一直到 1965 年，她仍然承续前期的工作基础，具体领导力学研究室十二室四组，承担国防部五院的协作课题“加筋板热变形”。在承担 103 任务期间，李敏华及其研究团队完成了一系列工作报告或论文，包括：① 1961 年提交研究报告《工字梁在弯矩和热应力作用下的塑性弯曲》（合作者：李旭昌、周允芬），并在与五院的交流会上宣讲；② 1962 年完成研究报告《非均匀材料性能工字梁在大应变情况下的塑性弯曲》（合作者：李旭昌和周允芬）；③ 1964 年完成研究报告《非均匀材料性能梁的塑性弯曲》（合作者：李旭昌和周允芬），并在 1964 年航空学会成立大会上宣读；④ 1964 年完成研究报告《梁在受热受力下的弹塑性弯曲》（合作者：李旭昌、周允芬、卢锡年），修改后在《航空学报》发表；⑤ 1964 年完成论文《叶轮各点同时到达材料许用应力的设计方法》（合作者：李旭昌），在大连举行的极限设计和塑性力学学术会议上宣读；⑥ 1965 年提交研究报告《非均匀温度梁的弹塑性弯曲》（合作者：李旭昌和卢锡年）；⑦ 1965 年提交研究报告《梁在受热受力下的弹塑性弯曲》（合作者：李旭昌和卢锡年）。在此期间，李敏华正式发表的论文则有：① 1962 年在《力学学报》第 5 卷第 2 期发表的《对塑性变形问题的一些看法——并答王仁同志的书评》（第 133～142 页）；② 1965 年在《航空学报》第 1 卷第 2 期发表的《梁在短时受热受力下的弹塑性弯曲》，（合作者为李旭昌和周允芬）。

当然，李敏华除了从事自身的科研工作和担负力学研究所、十二室的管理职责以外，还继续在培养力学人才方面努力。1962 年，她招收了研究生张双寅；1963 年，她为中国科学技术大学近代力学系完成了《塑性力学讲义》的全部撰写任务，并招收了研究生何明元；1964 年，她又招收了研究生毛天祥。

李敏华和她的研究生

张天寅（左图）、何明元（中图）、毛天祥（右图）

三、瞬时加热加载装置的研制

这里需要提到的是，李敏华对瞬时加热加载的研究一直很重视，并亲自在力学研究所十二室里主持和指导了相关的工作，尽管该研究不属于103任务。这项研究起源于1961年国防科学技术工业委员会委托中国科学院的一项研制任务（代号151工程），它由自动化研究所牵头，由院内长春光机研究所、沈阳金属研究所、上海冶金研究所和力学研究所等单位共同协作承担，目标是研制一个地面实验装置，能够模拟超声速飞行器的气动加热加载环境。相关单位抽调各自的科技人员组成了151工程课题组，十二室也派出田千里参与此课题，并安排了栗彦等从事实验测试的技术人员到自动化研究所去，一边进修学习电子测量技术，一边研制测力测热器件。

与此同时，在李敏华负责的四组里，有十几人也在从事瞬时加热加载问题的理论计算（负责人：刘正常）和实验研究（负责人：柯受全）。因此，有时力学研究所十二室的研究人员甚至就把四组称作"151组"。经过全组人员的数年努力，最终在力学研究所十二室建成了由材料试验机（包括恒速加载机构和拉力夹具等）、加热系统（包括加热、控温和测温等装置）及载荷变形记录系统三大部分构成的一个大型试验装置，可以进行高温快速拉伸和短时蠕变实验，从而可为高速飞机与飞航导弹等轻结构的设计提供依据。这是李敏华独立在力学研究所内开展的研制任务，因为她认为这类设备是开展航天结构研究的重要手段。李敏华与十二室151组内的科研人员一起调研几种可能的加热方法后确定了方案，以确保得到试件试验段的瞬时均匀温度，她还提出了应变测量方法。历时4年时间，151组终于在国内首次研制成功了瞬时加热加载装置，并对一系列材料进行了短时拉伸、短时蠕变、恒载等加热率实验。151组因此还被评为力学研究所的先进集体，此时四组的刘正常、柯受全等已调离去从事541任务了，相关工作落在了卢锡年等人的身上。当时我国的航空航天部门对这样的设备非常重视，七机部703所经常派人和151课题组切磋技艺、交流经验。特别是，三机部有关研究所已经加工完成了米格飞机尾翼的1/4模型，并安排在力学研究所研制成功的瞬时加热加载设备上进行试验。然而，就在准备起运到力学研究所十二室进行试验时，"文化大革命"爆发了，米格飞机尾翼的模型试验工作便被搁置下来。

当时课题组的成员栗彦一直记得这项工作的艰辛与不易，她是参与试验参数测试工作的，要搞Q放大器、热流放大器等，没有现成的仪器，他们必须从头负责到底（原理设计、准备器材、加工制造、调试等）。20世纪60年代初期，我国的仪表水平相对落后，加上国外的技术封锁，电测器件开始都是电子管式的，不仅体积大而且噪声也大，所以灵敏度很低，不要说现在能轻易测出的微伏级信号，当时想测出毫伏级的信号都是一种挑战。所以，栗彦在自动化所整整待了四年，从电子管时期一直干到了半导体时期。其间，李敏华经常鼓励她努力工作："栗彦，你好好做啊！"而且，李敏华也常常亲自和151组的年轻人一起出差，到有关部门联系工作。数十年过去了，栗彦依然记得李先生和他们一起到位于南苑东高地的七机部一院去工作的情景：当时交通不甚方便，由于路途遥远、多次换车，从中关村出发到达东高地就要花去两个小时左右的时间。他们总是早早地出发，谈完工作就是中午了。在那个时代，各个单位也不提供"工作餐"，此时年轻人个个都是饥肠辘辘了。所以每次在前门换车时，李先生就请大家到上海餐馆"老正兴"吃面条。151组就是在这样一种紧张、拼搏而又和谐、融洽的气氛中完成任务的。

营造研究团队的融洽氛围，是李敏华一贯的作风。例如，栗彦还回忆道：有一次李先生从济南出差回来，就带了山东的薄脆煎饼和高粱饴给组里的同志品尝。栗彦生小孩住在中关村医院时，李先生还亲自来看望，并送了鸡汤。栗彦对此记忆深刻：那天天色已晚，李先生来到医院问："栗彦在吗？"护士说："在。"李先生来到栗彦的病床前说："明天吴仲华父亲过生日，家里做了很多好吃的。你赶紧给吃了，补补身体。"当时栗彦的感动之情无以言表。栗彦也记得，有一次她病得很难受，李敏华给她讲了以前在昆明西南联合大学时自己得肺结核的故事：当时条件比现在困难得多，自己只好把毛衣卖了，买点鱼肝油吃来治病。李敏华就这样用自己的例子鼓励栗彦战胜疾病。所以，和李敏华一起工作的研究人员，都像生活在一个大家庭里。

当然，这个大家庭不仅仅需要上述这种和谐、融洽的氛围，还需要有一种公正的评价体系。对于真正努力工作、完成任务的同志，李敏华则总是给予实事求是的公道评价。栗彦曾说过：我是为了151任务从电子管厂调来力学研究所的技术员，如果没有李先生在这里，我在力学研究所连"助理"工程师都不是。但是，我后来在提职时被评为工程师，因为李先生觉得我的工作是有用的。李敏华对力学研究所十二室人员的提职有两个原则：第一是你要实际地做了工作。做一项任务就是给你出了一个题目，你把这个东西做出来了，我们就承认。第二是搞出来的东西要有创新。如果你搞理论，不能搞"花边文学"。例如，对力学研究所十二室一位科研人员的工作，李敏华便直爽地指出来：你换一个边界条件就是一篇文章，但是你的东西没有用处。另外，李敏华对于研究人员的提职等很认真，对于不懂的领域，她会放下架子、谦虚听取、具体了解。在栗彦提职时，甚至将自动化研究所的“大组长”请来了，李敏华耐心地倾听他的意见，了解栗彦以前的工作情况。所以，栗彦由衷地说，李先生是一位“成全事业”的人，没有这种品德是干不成事业的。

四、民用科研任务的开展

在力学研究所十二室大体结束 103 任务时，正值国家于 1964 年春号召科研人员“下楼出院”走向生产第一线的时机。在这一背景下，力学研究所十二室完成了几项民用科研任务。

其中的一项任务是 1964 年 7～10 月完成的“东方红 A 架模型试验”。A 架是国产第一艘“东风号”万吨巨轮的主发动机支架，由于该结构产生了原因不明的变形，致使发动机不能按时装船。那时，中国科学院副院长张劲夫到力学研究所来蹲点，他在所里讲到国民经济建设中有不少重大问题需要中国科学院发挥作用、协助解决，还举了东风万吨轮的例子：这艘轮船是在“大跃进”时建造的，既无设计图纸又无强度计算，建成后一直不敢交付使用，是很大的浪费。尤其是它的发动机架——A 架产生了原因不明的变形，强度令人担心，致使发动机不能按时装船。如果力学研究所能对它进行分析研究并取得结论，将是一个贡献。力学研究所十二室的田千里和眭朴如等接受任务后，通过现场调研、集中讨论，决定采用模型试验的方法解决问题，历时 3 个月，在 6 个模型上进行了 120 次试验，最后给出了“机架在设计载荷作用下具有足够强度、可以安装使用”的结论。

另一项任务是“公称容量五万立方米浮顶油罐的各部件结构计算及应力分析”，为了保证这个当时最大储油容器的油罐设计的先进性和可靠性，力学研究所十二室在胡海昌、柳春图的主持下采用了力学分析、数值模拟和实验研究相结合的方式，最终提出了一套单盘浮船式浮顶油罐的结构计算方法和公式，并针对底板、罐壁、抗风圈及浮顶四大部件进行了实际的受力分析计算，给出了构造尺寸、位置等设计参数，满足了任务委托单位对油罐结构进行强度、刚度与稳定性审核的要求。课题组还在两万立方米油罐上进行了实测检验，证实理论和实验吻合很好。

第三项获奖的工作是有关我国第一座氧气顶吹转炉研制的项目。该转炉在首都钢铁建成时，在开炉前夕突然发现转动齿轮有切削现象。氧气顶吹转炉是在中国科学院化学冶金研究所叶渚沛先生指导下研制成功的，在我国炼钢史上翻开了新的一页。但是在转动齿轮有切削的这种情况下，正式开炉会不会出事？中国科学院派出了专家小组去会诊，力学研究所十二室的胡海昌和田千里参加。他们在听取汇报后，明确了问题出在转炉的力矩分析上。但是在中国还没有电子计算机的当时，重新靠人工来计算需要花上几个月，时间已经来不及了。田千里立即利用三重积分法导出一套解析公式，在几天时间内就完成了校核工作，确保了首都钢厂放心地按原定计划开炉了。

此外，1964 年，力学研究所十二室的胡海昌、柯受全等还分别接受了中国民航科研所、解放军总字 922 部队的委托任务，先后完成了安 -2 与伊尔 -16 飞机疲劳剩余寿命鉴定和 62 机（即歼 -7）结构强度研究（包括蜂窝锥内力与稳定性问题、蜂窝夹层板力学性质、旋转面单层曲板与三角翼模型热应力计算等）。而且，力学研究所十二室接受的“援越 75 吨 / 时锅炉空气预热器消振”任务也是具有国际影响的工作。在钱学森的建议下，由力学研究所十二室的张强星负责并与哈尔滨锅炉厂的技术人员合作，通过现场测试、分析、试验，明确了这是由于锅炉炉膛中的气体流经锅炉中设置的管道时形成了卡门涡街从而引发了振动，此震源又进一步激起炉膛气室的共振所致，最后通过在炉膛中加置隔板而圆满地完成了消振任务。

应当说，李敏华本人并未直接参与上述几项工作，而且 1964 年以后她也不再担任力学研究所十二室主任了。但是它们的完成，和 1959 年建室以来力学研究所十二室在李敏华的领导下已形成了一支能征善战的研究队伍是紧密相关的。

五、暂离力学研究所十二室领导岗位

1964 年以后，李敏华不再担任力学研究所十二室主任，与吴仲华的事业进展有一定的关联。他们夫妇共同返回祖国后，都倾心于研究工作。李敏华如愿地来到中国科学院力学研究所，从事塑性力学研究，以后又扩展到固体力学。然而，中国科学院当时没有研究动力科学的单位，吴仲华只得去了清华大学，但他从未放弃建立一个从事工程热物理的研究机构的努力。比较而言，李敏华是在一个新的分支学科层面上拓展研究，因而工作较为顺利，但是吴仲华是在一个新的学科层面上开辟领域，因而遇到的困难大得多。

由于吴仲华的建议，中国科学院在1955年便同意考虑组建动力室的事宜。1956年3月，中国科学院又和高等教育部联合下文，正式决定由吴仲华主持筹建动力室的工作，直属中国科学院领导，地点设在清华大学校内中国科学院数学研究所旧址，运行经费和工作人员由中国科学院提供，研究计划与清华大学共同协商制定。当年8月，动力室启动运行，吴仲华任研究室主任。到1960年，动力室已经得到了长足的发展：科研队伍基本建成（大学毕业以上人数达85人），行政机构相应健全，建成了占地3000平方米、员工计250人的实验工厂，并开展了自由活塞燃气轮机、冲压发动机、鱼雷新型发动机、内燃水泵，以及发动机综合利用、燃油掺水节能、气垫船设计制造试验等一系列研究任务。因此，吴仲华提交了申请成立动力研究所的报告。

然而，由于国家进入了“三年困难”时期，中国科学院实行机构大调整，1960年10月，动力室被合并到力学研究所，成为力学所一室（到1963年又划分为一室、三室、五室），吴仲华任力学研究所副所长。尽管合并后原动力室的人员和机构有所调整，但依然保持了学科的相对独立，研究方向和科研任务基本保持了动力室后期的状况。当然，在某些方面也有所扩大，例如，1961年，吴仲华作为主持人承担了104任务，开始探索马赫数3-7的冲压喷气发动机。然而，吴仲华独立建所的思想一直没有改变，1963年下半年，他再次向中国科学院提出成立工程热物理所的事宜，也得到力学研究所和中国科学院领导的响应。1964年年初，筹建新所的工作正式开始，吴仲华亲自率队赴上海，与华东力学所商讨合并建所事宜，筹备工作到6月份便基本完成。1964年8月，国家科学技术委员会发文，正式批准位于北京的原动力室和位于上海嘉定的华东力学所合并，成立中国科学院工程热物理研究所，直属科学院领导。中国科学院还任命了吴仲华担任所长。

由于某些原因，在上海独立建所的努力未果，原动力室继续留在北京的力学所编制内，仍被编为一室、三室、五室，研究工作仍保持相对独立。1978年“四人帮”粉碎、科学春天到来之后，以吴仲华为首的原动力室科技人员又多次吁请恢复工程热物理所的建制，这种执着的努力终于获得了理解。1980 年，国务院正式发文，批准恢复工程热物理研究所。在吴仲华坚持不懈努力奋斗 20 年之后，一、三、五室从力学研究所划分出去，独立成为一个崭新的研究单位——工程热物理所。它得以专注热能转化和能量传递的研究领域，并且在吴仲华的带领下，迅速成为国内外学术界公认的工程热物理研究中心。当年 8 月，吴仲华便应中央办公厅之邀，为中共中央书记处和国务院的领导作了题为“从能源科学技术看解决能源危机的出路”的讲座。科学家给中央领导作讲座，这在当时是极为轰动的事情，也赋予了工程热物理所一个高的起点。就在吴仲华全力以赴、高歌猛进之时，他在 1988 年被查出患了肝癌并做了手术，最终在 1992 年病逝。无怪乎他后来曾发出“回国 40 年，只工作了 10 年”的感叹，这是一位科学家对自己事业未竟的悲痛叹息。

从吴仲华执着独立建所的过程，可以理解李敏华为何在 1964 年会离开力学研究所十二室的领导岗位，因为这时吴仲华正在筹划到上海建立工程热物理所。最初规划时，李敏华也拟定随吴仲华一起去上海，并考虑将她主持的力学研究所十二室也迁到上海。但是，当时中国科学院的研究所都是按照学科领域而设立的，由于学科的不同，力学研究所十二室不能并入工程热物理所里，力学研究所也不愿意放弃固体力学这个学科阵地。这样，吴仲华夫妇就决定各自在上海和北京从事自己的研究工作，特别是李敏华再三表示：为了工作，不去上海。这是一种“一切为了事业需要”的境界。李敏华从进入清华大学后于 1936 年结识吴仲华起，两人几乎从来没有分离过（除了吴仲华在抗日战争期间参军的一年多时间）：清华大学的学习，西南联合大学的学习与工作，麻省理工学院的学习，美国国家航空咨询委员会路易斯飞行推进实验室的工作，布鲁克林理工学院的工作，回国后在清华大学和中国科学院力学研究所的工作。但是，现在他们已经年近 50 了，却要考虑开始“分居”，分别在北京和上海工作，原因就是为了自己钟爱的科学事业。这是令人肃然起敬的境界。当然，由于 1964 年建所未果，李敏华和吴仲华不必再分居两地了，这样他们二人在同一个研究所（力学研究所）又一起工作了 20 年。也许对于吴仲华而言，这也是“不幸”中的万幸，他和李敏华仍可以相互扶持，共同努力在一处了。

李敏华尽管离开了力学研究所十二室的领导岗位，但她依然从事固体力学研究工作，继续培养研究生，而且在 1964 年先后当选为新成立的中国航空学会理事（任期：1964～1979 年）和中华人民共和国第三届全国人民代表大会山东省代表（任期：1965～1978 年）。特别是后者，表明李敏华开始可以从另一个层面为国家的建设与发展做出贡献。以后，她又先后当选为全国政协代表、北京市人大代表等，都是李敏华参与国家层面管理事务的一些实例。对此类“非专业”工作，李敏华也是十分认真的，例如，她曾跋山涉水到湘西少数民族人家中去访问考察。

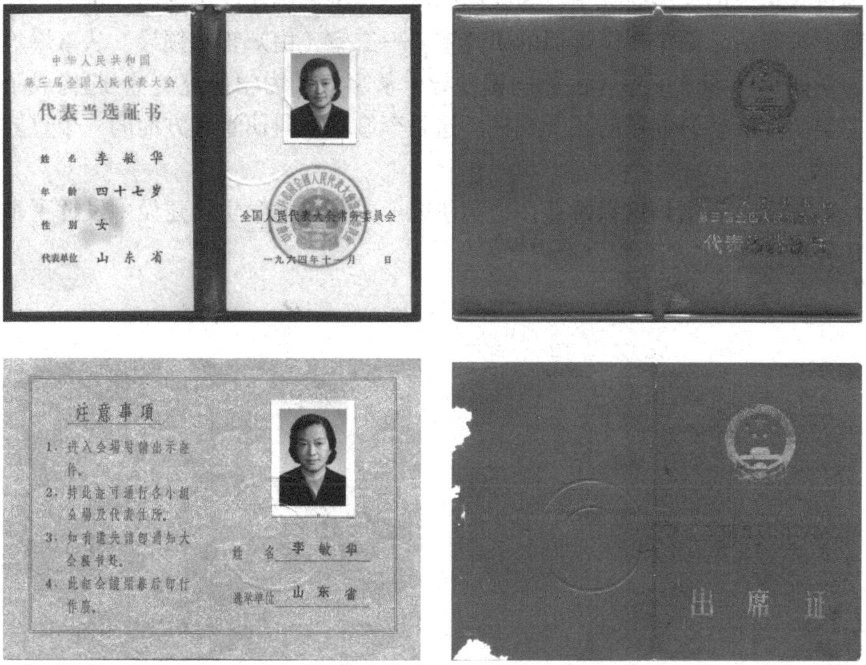

李敏华的第三届全国人民代表大会代表当选证书和出席证

李敏华在湘西考察少数民族情况

当然，这里要强调的是，李敏华的主要精力还是在中国科学院力学研究所从事科学研究和科技管理，这是她的本职工作。1959～1964 年的 5 年间，在李敏华的主持下，力学研究所十二室从零开始逐步成长为规模为百人量级的大型研究室，为我国的国民经济和国防安全做出了重要的贡献。它与另外两个规模类似的研究室——二室（由郑哲敏领导，从事爆炸力学研究）和十一室（由林同骥领导，从事气动力学研究），一起构成了力学研究所学科领域的三个支柱。这是李敏华在科研管理方面的一个重要贡献。

总之，李敏华这只娇燕在力学研究所的固体力学学科建设中发挥了举足轻重的作用。

第十三章

『文化大革命』的风暴里

从1964年下半年开始，中国科学院的研究人员又被卷入了一个个的政治运动中："社会主义教育运动""四清运动"和"文化大革命"。力学研究所不能例外，李敏华也不能例外，特别是席卷全国的"文化大革命"风暴，不仅使科研工作受到破坏，其个人、家庭也都遭受了磨难。然而，娇燕经受住了这一系列政治运动的冲击，包括史无前例、持续十年之久的"文化大革命"。李敏华及吴仲华尽管被卷入"革命"洪流中，但依然在尽力为科学事业而献身。

一、"社会主义教育运动"与"四清运动"

可以说，"社会主义教育运动"不过是"文化大革命"的序曲而已。从全国而言，"四清运动"和"社会主义教育运动"是同一件事情。但在这里，"社会主义教育运动"专指在力学研究所内开展的"兴无灭资"的教育运动，而"四清运动"专指组织力学研究所职工参加工作队下乡到农村开展的"社会主义教育运动"。

在全国政治形势的大背景下，力学研究所在1962年5月开展了"五反运动"；在1964年和1965年先后两次抽调数百名科研和管理人员组织工作队到山西农村参加了"四清运动"；在1964年年底和1965年年初又在所内开展了以"兴无灭资"为宗旨的"社会主义教育运动"。在力学研究所两个年度的"社会主义教育运动"中，第一年先在一室做试点，第二年则是在全所范围进行，其时以杜润生、高原为首的中国科学院"四清运动"工作队正式进驻力学研究所。显然，政治运动占据了许多时间，而且强调研究所的首要任务是"不要忘记阶级斗争，抓好阶级斗争"。这样，在"大跃进"以后调整时期里恢复的科研秩序，又被打乱了；强调科研人员的主要精力是"出成果，出人才"的提法，就被取消了；以前瞻性、预研性、基础性研究为主的定位，也被打破了。李敏华倾心五年多所建设的力学研究所十二室，在1965年7月和1966年1月，因为中国科学院承担了两项研制任务——地对超低空导弹（541任务）和第一颗人造卫星（651任务），先后被抽调走了一大批研究骨干（包括程世祜、胡海昌、眭璞如、刘正常、柯受全等），实力大大削弱。当时力学研究所是这两个研制项目的总体单位，为此全所重新调整机构、组织队伍，在新成立的从事 541 任务和 651 任务的研究室中，从力学研究所十二室抽调出来的这批骨干成为结构设计与装备研制的主力，“文化大革命”开始前后他们又因体制调整而离开了力学研究所。因此，到 1966 年夏秋时，力学研究所十二室的研究队伍已经支离破碎了，几乎只有李敏华原来所负责的四组（应力应变关系研究组）尚大体完整，但它已无法支撑整个固体力学领域的研究使命了。

除了对于研究工作的影响外，这些运动的开展同时也在不同层面上影响着研究人员的思想与生活。这个时期里，涉及李敏华的政治运动主要有两项。其一是力学研究所“社会主义教育运动”，另一是山西省“四清运动”。1965 年 2 月，在力学研究所开展的“兴无灭资”“社会主义教育运动”中，李敏华代表高研组向“四清运动”工作队反映有关情况与意见。从存留的手稿里可以看到，她结合建所以来全所在科研布局、队伍组织、业务管理等工作中出现的问题，还针对力学研究所十二室建立以来的课题部署、设备建设、人员安排等方面出现的问题，坦率、尖锐地提出了对于力学研究所党政领导的意见。1965 年 8～12 月，李敏华随着力学研究所的编队到山西永济卿头公社参加了农村的“四清运动”。尽管只有将近半年的时间，但她能够获得一个机会直接进入中国的农村里，和贫下中农“同吃、同住、同劳动”，也是一种“锻炼”的方式。工作队初到村里时，一开始农民的房子还没有分配好，队员们住的就是两个“大棚”：男同志一个大棚，女同志一个大棚。她没有一点怨言，也没有搞任何特殊，和大家一起经受农村艰苦环境的考验。那时正时值夏日，天气炎热无比，她还买了西瓜让大家解暑。力学研究所内的“社会主义教育运动”与山西永济的“四清运动”并没有对李敏华造成直接的身心创伤。

但是，作为力学研究所副所长的吴仲华则在“社会主义教育运动”中又一次成为批判对象。当时，力学研究所以一室为试点，在 1964 年秋季就开展了“社会主义教育运动”。在运动中，整个研究室从上到下，人人都要自我检查，个个要揭发批判，大批资产阶级思想，大反资本主义道路。令人啼笑皆非的是，连在三年“困难时期”多吃了一个馒头，也被批得痛哭流涕；连普通员工的正常谈情说爱，也要交代得清清楚楚。这样，每个人都被整得灰溜溜的，而且要三次检查方可通过。吴仲华作为专家、室主任、副所长，自然是首当其冲了。作为妻子的李敏华，想到丈夫在这一年里为了在上海建立工程热物理研究所、为了开展“歼 8”发动机改型研究等工作而整日辛劳的情景，看到丈夫在力学研究所的运动试点中作为领头人而整日挨批的情景，内心的伤痛难以平复，但还要强装平静不时地劝解吴仲华。这才是使她感到身心疲惫的缘由，也许这里的创伤并不亚于自己直接受到批判。

二、经历“文化大革命”的磨难

1966年5月，席卷全国长达10年的“文化大革命”爆发。中国科学院立即掀起了群众性“大鸣大放”，大字报铺天盖地，批斗会此起彼伏。此时的主要内容是：批判资产阶级学术权威，批判走资本主义道路的当权派。因此，作为学术权威，吴仲华又一次成为批判对象，“收获”了力学研究所“文化大革命”中的第一张大字报。他在1988年接受美国记者杜开昔的采访时，曾经回忆道：

第一张大字报，也很有意思。它是说，我从美国回来，就是要搞“资本主义复辟”。我想，我又不是搞政治的，我是学工程的，回来就是建设国家嘛！搞“资本主义复辟”，我没有这个本领，也没有这个专业。我的大字报是最多的。

此外，就是一直审查吴仲华在学生时期的所谓历史问题。在“文化大革命”开始阶段，他还曾被隔离在办公室里不允许回家，在批斗会上还被打过一记耳光。因此，他曾悲怆地戏称自己是“老运动员”。平心而论，比较于高校等其他单位，在中国科学院内十分过激的行为相对少一些。这里还有个小插曲：“文化大革命”期间，吴仲华一家还住在清华大学校园里的九公寓13号。“文化大革命”初期红卫兵经常去“走资派、学术权威”的家里搜查（所谓的“抄家”），李敏华怕清华大学的红卫兵来抄家，就主动让力学研究所的红卫兵先去抄家，因为力学研究所的红卫兵一般只是象征性地“抄”一下而已。这样，清华大学的红卫兵再来抄家时，她就可以说：力学研究所的红卫兵已经来抄过了。此外，担心“文化大革命”中的吴仲华，更是作为妻子的李敏华最在意的事情。后来，她自己也被审查了，不能直接和吴仲华接触了，她就通过“写纸条”“传口信”的方式，叮咛他“一定要想得开，千万不要在意”。

对李敏华的审查主要是在“清理阶级队伍”阶段（简称“清队”或“清阶”）中发生的。所谓的“清理阶级队伍”，就是采用“军管会”和进驻“工宣队”的方式，发动群众，对在“文化大革命”进程中以各种名义、各种方式揪出来的地主、富农、反革命、特务、叛徒、走资派、漏网右派、国民党“残渣余孽”等，进行一次大清查。这个阶段是“文化大革命”的一个重要步骤，从1968年5月开始，持续1年左右。由于“左倾”思潮影响，这个运动制造了不少冤假错案，力学研究所便有两名高级研究人员在这个运动中自杀身亡，其中一名是和李敏华同期回国、进所并长期在力学研究所十二室工作的程世祜。在“清队”过程中，李敏华被审查的主要原因是“特务嫌疑”，理由只是她是从国外回来的，此外她还是“反动学术权威”。这时，她就不能坐在自己的办公室里了，每天只能坐在走廊里面。力学研究所十二室的同事都记得，当时走廊里一排坐着三个人，按年龄、资格排下来是李敏华（高级研究人员）、王震鸣（助理研究人员）、王振江（实验员）。他们天天在那里写检查、接受批判。令人啼笑皆非的是，王振江只是一名实验员，出生于工人家庭，只是因为对“工人宣传队”进驻清华大学说了一句玩笑的话语，竟也成为清理对象，更何况李敏华这样的人呢？也许总让他们坐在走廊里不是一个办法，而且天气越来越冷了，后来李敏华和几名被审查人员被安排到四楼朝北的一间办公室里隔离。但那间办公室依然很冷，冬日里人被冻得够呛，李敏华只好带一条格子毛毯来御寒，还经常让同时被隔离的栗彦拿去披在肩上。

李敏华在被隔离审查期间，一般的情况是：早上要请罪，下午要劳动（如扫厕所、筛煤渣等），有时则要参加研究室的批判会，接受群众批斗。但是，李敏华在这种境遇中仍保持着自尊、自爱和敢说真话的品格。王自强院士其时在力学研究所十二室工作，他回忆说，李先生就是敢讲实话，即使在是在受审查的情况下。“文化大革命”期间，力学研究所十二室的一名中专生在批判李先生时问道：“你的工资有200多元钱，我只有38元钱。你为什么拿这么多的钱？顶我的工资好几倍！”李先生当时直言不讳地说，“这是分工嘛”。这名红卫兵又发问：“你从美国回来，是不是就是要回国拿这么高的待遇？”李先生回答说，“你太小，你不懂。其实在美国，我的收入要比这个高得多得多。”栗彦也记得，在被审查期间，有一次遇见李先生，她告知说：“我要赶紧睡个午觉，等到下午再批判我的时候，我脑子清醒一些，好回答问题。”这种坦然的态度使栗彦感慨不已。正因为李敏华心怀坦荡，她才能如此坦然对待“文化大革命”的不公正。李敏华的女助手吴阜肤和她无话不谈，也曾在私下里问过她：你们回来以后，各方面的条件都没有美国好，还要受到冲击，怎么想的啊？但是她说，我做得最得意的一件事就是回到中国，从来都是无怨无悔的。这与吴仲华在批斗会上的回答完全一致。吴阜肤还回忆道，“文化大革命”当时的政治情况是那么的压抑，自己都有点觉得不能忍受似的，可是李敏华根本就没有发过牢骚。她总是说，我回来还是对的，正确的。李敏华对于“回到祖国”的选择是一直坚持到底的，她从来不忘自己的初心。

在“文化大革命”期间，李敏华的家庭也遭受了磨难。他们在清华大学九公寓的家被红卫兵抄家不算，很快还被挤进了普通职工，一个单元里有两户人家合住。生活不方便不说，而且毫无隐私可言。对曾多年在国外生活过的李敏华和吴仲华来说，这也算是一种“磨炼”吧！更使他们心灵受到煎熬的是孩子：大儿子吴明正在中国科学技术大学读二年级，停课后被分配到一个水泥厂工作。小儿子吴定还在清华大学附属中学读高中，在“上山下乡”的热潮中，于 1967 年 11 月底奔赴东北进入了黑龙江生产建设兵团。其实，按照当时的政策，吴定是可以不用去下乡插队的，但他坚决要去农村，而且在那里还和黑龙江当地的一名姓孙的农村姑娘谈了恋爱。尽管按照政策，吴定于 1973 年调回北京，并被安排在一家印刷厂工作，但他仍然决意要和小孙结婚。在当时的形势下，李敏华和吴仲华同意了这门婚事，而且还努力地为他们筹办婚礼。但是，1975 年 2 月就在他们马上要结婚的时候，吴定突然发起了高烧，很快被确诊为白血病。见吴定的病情不乐观，李敏华就很恳切地劝小孙回家，说：“你们不能结婚了。……万一吴定不在了，我们会把你当作我们自己的女儿一样看待的。”她就是这样，凡事都是为别人着想。

李敏华的儿子吴明在清华大学的九公寓前（2012 年）

吴定在位于西苑的中医研究院住院治疗，直到 1976 年 5 月底去世，其时“文化大革命”已接近尾声，李敏华正在从事飞机发动机涡轮轴故障分析课题工作。儿子患着重病，生命危在旦夕，她每天去医院看他，儿子想吃牛肉，她就设法给他炖牛肉吃。但是，李敏华任务在身，她不能放下工作，几乎坚持天天都去所里上班。她的助手任孝安甚至都想过：在这种情况下，李先生怎么还能工作呢？李敏华则告诉她：我脑子里有一个“开关”，该工作了就拨到“工作”；到时间要去医院了，就拨到“看儿子”。这需要何等的毅力啊！所以，当时吴仲华去医院照料儿子的时候更多一些。为了治好儿子的白血病，吴仲华到处寻医问药。在给李敏华的一封家书中，吴仲华写道：

……星期六找瑞金医院王医师谈了一晚上。星期天找二医附属第三医院的潘医生谈了一下午。星期一晚找杨汝楫，说苏州已回信。昨天（星期天）就去苏州一次，找陈悦书及另一位医生谈了二次。总的情况是……

这只是吴仲华在一次出差上海期间顺便做的调查，在北京等地他们二人也是到处向医生了解情况，就如李敏华给她在香港做医生的亲戚写信时所说的：

为了能争取得到最大疗效，我们一方面向各处打听这种病治得较好的先进经验，另一方面也多找书看看，看以后可能用什么药做些准备。现在初步考虑到下面几个问题，想请你们帮助解决。……前些日子，因为定的病，同时我们又花了很多时间看书了解有关白血病的知识和找医生了解等，一直很忙。我的工作又忙，往往收到寄来的药后都来不及复信。

“文化大革命”期间，吴仲华出差中留影

而且，吴仲华还像搞科研一样，亲自动手从国内外文献中收集查阅资料。那时没有复印机，他便用照相机把资料拍下来，再利用周末的时间与助手吴文权两个人一起在暗室里亲自冲洗、放大、翻拍。家里的事情，吴仲华从来不要别人帮助他来做，也从来不占用工作时间来做。

为了治好儿子的白血病，李敏华托了在香港等地的亲戚到国外去购买所需的药品，但他们手头上没有外汇，只得请亲戚帮忙垫付。其实他们当年在美国还是有些积蓄的，但回国时把外汇全部交给国家了，小儿子生病买药时却没有外汇了。他们千方百计想救活这个孩子，但是努力了将近一年的时间，吴定最终还是走了。白发人送黑发人，吴定的去世对李敏华的打击十分巨大。事后，她很后悔地跟任孝安说：我很对不起吴定这个孩子的。在最后阶段，吴定一个人住在病房里，是很"孤独"的，很希望我能够多去看看他。但是，李敏华为了工作，没能抽出更多的时间去陪陪儿子，伴随他度过青春年华的最后一段时日。这就是娇燕，就是她对于事业的一种执着、一种情怀！更令人感动的是，吴定在印刷厂工作，从国外购买药品的费用是可以报销的，但他们宁愿自己承担。对于这个做法，李敏华在给她亲戚的信中是这样说的：

我们每次写信托你买药，你总是很快地及时把药寄来，我们非常感谢，而且在当时对我们来讲，因为药到了就放心多了（动用时这些药都很有效的），减少了我们的精神负担（家里有了这种病人精神负担很大）。虽然定的病终于没有治好，但我们以及各方面很多人都尽了最大的努力，多少能减少一些心里的难受。托你给定买药的钱，我们一定要还给你的。……还希望你能理解我们另一种心情，就是我们自己也愿意为定花点药费。你们一定知道，他这种病的医药费是非常大的。他的医药费和住院费都由他工作单位报销（公费医疗）。本来你寄来的药费也可向定的工作单位报销的，但我们愿意自己为定花点药费，我们没有去报销。这样我们自己觉得安心些。对定，对组织，都觉得安心些。希望你们能理解我们这种心情，使我们的愿望能实现。

这是李敏华的又一种令人起敬的情怀！

"文化大革命"的磨难不仅使李敏华、吴仲华的心灵受到创伤，甚至受到人格的侮辱，但他们对此种遭遇的心态是宽容、恬淡的。在力学研究所业务处工作的姜伟回忆道：

我给吴仲华贴过大字报，因为一室、三室、五室的业务是我负责联系的。在我的大字报里，问题提得很尖锐，批评他"学术不民主"。后来在我的心里老是有点忐忑不安的，担心李先生肯定会对我有意见了。但是，李先生对我依然如故，就好像我没有给吴所长贴过大字报。吴仲华对我也还是不错的，后来我们经常要在一起工作，我和他一起出去开会，每次走到大门口时，他总是让我先走而且戏言道“女士优先”。对此，我都觉得不好意思，因为我们的惯例是“你是先生，我是学生。先生总要在前面的。”

姜伟（左一）在接受采访时回忆和李敏华、吴仲华交往的情节

还有一件“小事”也使力学研究所十二室的同事们感动不已。1972年尼克松访华期间，人们十分关心国家大事，吴仲华和李敏华自己花钱买了一台电视机，但他们却把电视机放到办公室里给大家看。他们要看重大新闻时，就自己跑到办公室来跟大家一起看。这些细节可以反映出他们胸怀的宽大，可以体味到在他们心目中只装着事业和同事。

不仅是在工作单位里，就是在自家的亲人之中，也感觉不到李敏华对于“文化大革命”磨难有什么愤懑情绪，这可以从她的一些私人家书中看出。“文化大革命”期间，她的外甥女一家要申请出国探亲，李敏华几次坦诚地规劝探亲以后还是要回到祖国来。在1972年8月的家信中，她写道：

现在我们生活上可能有时遇到一些具体困难，但总的来讲精神愉快生活安定，和旧社会相比有天地之别。……我们是亲身尝过这种滋味，因此把亲身体会和你们谈谈。在资本主义国家，虽然物质可能好些，但精神空虚，并且中国人在国外总不相同。我们认识的一个在联合国工作的中国职员（也入美国籍），去年暑假回国探亲。他的儿子（和明差不多大，以前念小学同班）在美国找工作困难。现在他儿子感到在美国没有出路，想回来。

在1973年10月的另一封家信中，她又写道：

我们千万不能忘掉培养我们的中国劳动人民。一定要看到中国劳动人民多么需要又红又专的知识分子。想想你生母和我姐姐的不幸的一生，都是旧社会造成的……而现在我们在毛主席和共产党的领导下，新中国站起来了，在国际上为殖民地半殖民地国家指出了道路，在国内生活稳定。我和姨夫在资本主义国家住过多年，是有很深的体会的。对于孩子，我们很不放心，资本主义社会对他们或有不好的影响，因为志远和小妹的年纪已不小了。我认为对孩子的思想，中学和大学时期影响很大。我自己就是这样。我们回国前，也一直担心明和定在国外年纪大了会影响他们的思想。这也是那时我们急于回国的原因之一。我们一直盼望明和定能成长为地地道道的新中国的孩子。现在看来，我们考虑得对的，他们确实成长为地地道道的新中国青年。

这就是李敏华和吴仲华这一辈爱国科学家的情怀，尽管受到了许多委屈，但他们的心永远向着祖国。

三、“文化大革命”期间的研究工作

在“文化大革命”的前期，力学研究所和全国各界一样，卷入群众性运动的大风暴中，只能是“抓革命”不可以“促生产”。因此，1966～1972年的7年时间里，李敏华没有任何的科技产出。这不仅由全国的革命形势所致，而且因为自1968年1月开始力学研究所由中国国防科学技术工业委员会代管以后，包括十二室在内的整个力学研究所一直处于体制变动、人心浮动的不稳定状态，研究工作也难以为继。更令人啼笑皆非的是，尽管在1970年7月力学研究所已经结束了“军事管制”状态并且回归到中国科学院的建制，但是在1970～1973年这段时间里，力学研究所的研究室却是按照“班排连”的建制组成的，原十二室被编在六连里。在这种“准军事化”的体制下，实质性的（特别是基础性的）研究也不会布局，只能是各类“革命性”的群众活动不断开展。

例如，1969年中苏边境的“珍宝岛”事件发生后，中共中央发布了“8·28”命令，北京等大中城市进行了战备动员并开始大规模修建地下防空工事，力学研究所还组建了“施工连”挖防空洞，李敏华于1970年5～7月曾参加施工连的劳动，时间长达两个月。接着，她又随六连的小分队一起下放劳动4个月，以接受工人阶级的再教育。当时的小分队也是按照部队编制，设有指导员、副指导员和队长。这个小分队被安排到位于建国门外的北京起重机厂劳动，大家都要住在厂里，只能周末回家。李敏华其时已经 50 岁开外了，也要辛辛苦苦地每周在中关村和建国门外之间往返一次，全是自己乘公交车往返。但是，她毫无怨言，坚持和大家同吃同住，十分吃苦耐劳。小分队到车间后，才知道起重机厂在生产三七高炮（一种双管高炮）。当然，力学研究所来劳动的研究人员只是做“杂工”的，他们就是帮助工厂里的正式工人搬运东西等，都是干小工的活儿。不过，一部分“年轻力壮”的同志晚上要去做打靶试验，这是比较危险的，小分队有个队员在打靶时差一点儿出了事故。李敏华一直跟着大家在车间里一起干活，使同志们感动的是，她到了车间里看了以后，曾对时任副指导员的李禾说：“炮要打得远一点、打得准一点，炮膛要改进。”原来她在劳动改造的过程中，仍然在动脑子，从技术革新的角度来思考问题。这就是一个爱国科学家的本色，他们即使在逆境中也不忘为祖国和民族的强盛而献身出力。

1972 年，力学研究所下放北京市科技局，改称为北京力学研究所，在其时“抓革命、促生产”的形势下，科研工作逐步有所恢复，研究室建制也恢复了。特别是 1973 年以后第一次全国科技工作会议的召开，鼓舞了科技人员的工作热情，力学研究所的情况同样如此。这样，力学研究所十二室的研究人员结合工程实际开展了若干项研究工作，并取得了很好的成绩。例如，他们在平顶山电厂 30 万千瓦汽轮机转子运行中的轴系振型和动应力分析、山西娘子关 10 万千瓦电厂预热器振动问题的解决，以及胜利炼油厂无焰燃烧炉驻波振荡与噪声处理等方面，开展了结构振动问题研究；他们与 320 厂建立了长期合作协议，以“强 5”型军机为背景开展加筋、夹层板壳的稳定性、强度、振动特性方面的全面性研究；他们及时跟踪国际前沿，开拓了断裂力学的理论与实验研究，并结合断裂力学的工程应用研究，进行了姚孟电厂 30 万千瓦汽轮机组高中压转子大轴、燕山石化总厂乙烯球形贮藏罐和吴泾电厂 12.5 万千瓦汽轮机焊接转子的安全性评定等工作。

还要提到的是，1972 年美国总统尼克松访华以后，一批批美籍华裔科学家开始相继回国访问，李敏华等从国外回来的高级研究人员得到了进一步的“解放”，他们又可以从事自己献身的科技事业了。经历了“文化大革命”大动荡的李敏华，迅速地投入研究工作中去，她要把失去的时间追回来，这种态势是发自内心的。王自强记得，李敏华在被放置在走廊里隔离审查时，曾经说过：

把我怎么样都可以，但是不让我做工作，不让我为航空事业做贡献，是使我最伤心的事了。我一辈子就是要为航空事业做工作。

1973年1月，在《力学学报》等学术刊物尚未复刊的情况下，力学研究所油印出版发行了《力学情报》，在第一期上就刊登了李敏华撰写的文章《板壳的蠕变屈曲、热屈曲和热变形》。这是因为她与三机部611所等单位在协商签订任务书的事宜，其主要内容有：①蠕变屈曲；②蠕变应力分析；③蠕变与高速飞机的关系。在正式签订了协议书以后，李敏华又回到她热爱的航空领域开展了工作。

1973年以后，李敏华开始了故障分析研究。其缘由是，我国援外的歼击机发动机涡轮轴发生了断轴事故。在得知这是一项关系到我国国防建设和援外工作的紧急任务后，李敏华便义不容辞地参与了“歼6航空燃气轮机涡轮轴故障分析”研究任务。在1975年的故障分析会议以后，她承担了“发动机涡轮轴在扭矩作用下的应力分析”课题。这种轴的外形极为复杂，断轴的疲劳源在圆角小凹槽处（半径小于半毫米），此处为高度应力集中区，需要进行非常细致的应力分析。为此，李敏华提出了一种新解法，她采用曲线坐标，取应力函数作为基本未知量。这样可以较其他方法更为准确地得到小凹槽处任意点的应力值。为了精确地得到小凹槽处任意点的应力值，她和助手任孝安在分析计算中，取应力函数作为基本未知量，取轮轴的内外壁曲线（因为它们是等应力函数线）或其他接近于等应力函数线的曲线组作为一组坐标曲线。在这样的曲线坐标系中，对于变截面圆轴的扭转问题，她们首先得到了以剪应力向量的散度和旋度表达的平衡和协调方程的新表达式，再利用向量的散度和旋度是不变量的特点，得到了任意正交曲线坐标系中的方程，这些方程和以剪应力向量的散度和旋度表达的方程在当时国内外文献中没有发现。

然后，她们采用差分法对在任意正交曲线坐标系的、以应力函数表达的协调方程求解，即通过数值计算得到了全轴的等应力函数线和剪切应力分布，还给出了小凹槽边任意点的应力。为了验证这种涡轮轴扭转问题新解法的可靠性，她们还计算了有解析解的空心锥轴问题，并与相应的解析解进行了比较，计算结果和解析解的差别小于1.2%；此外，还和光弹实验结果做了比较，二者也比较接近。她们提出的新解法和通用程序收敛性好，应用方便，所需计算机的储存量小，提高了差分法的适用性和灵活性，从而圆满地完成了任务。在《发动机涡轮轴在扭矩作用下的应力分析》报告中，她们还具体给出了几种不同的小凹槽圆角半径对应力分布的影响。李敏华课题组所完成的工作，得到了工程部门的首肯，三机部有关部门专门来信对涡轮轴分析工作进行了评价："对比有限元、光弹实验及涡轮轴疲劳试验的结果，该计算结果是比较准确的。……该计算可按强度分析需要校核轴外表面任意点处的强度，是它优于有限元法的主要特点。这正是当初故障研究所需。"因此，该项研究成果得到1978年中国科学院重大成果奖。

而且，特别要指出的是，尽管那时李敏华已将近60岁了，但她仍然坚持亲手推导方程，甚至亲自上机做计算。当时，力学研究所没有大型计算机，研究人员都要到位于马神庙的北京市计算中心去算题，交通很不方便，也没有出租车，都是骑自行车往返。对于李敏华而言，从中关村出发要用将近1个小时的时间，才能骑到目的地。有一次，李敏华和组里的韩子健、室里的徐纪林三人一起骑自行车去北京市计算中心，那两位中青年在前面骑着，把在后面跟着的李敏华先生忘了，李敏华只得对他们叫道："等等我，等等我。你们骑得慢一点！"徐纪林一直想阻拦李先生骑自行车去，就对李敏华说："李先生，您那么大岁数了，你不要骑自行车去了。"李敏华竟然跟她"发火"了。而且，那时候排上机时不容易，加之当时计算机速度不像现在这么快，一般在计算机上做题目是要熬通宵的，常常要到凌晨才能回来，这对于年近花甲的李敏华是何等的不容易。有时候，李敏华甚至自己一个人骑车去上机。力学研究所十四室的吴中祥回忆道：

> 一天晚上，我去那里准备上机时，却见到李敏华先生也在那里准备上机，她还带了饭盒装着的晚餐。我向她问好后，她还要分晚餐请我吃。我谢过她以后问道：您怎么一人这么晚到这么远来工作啊？她说：他们都在忙着，我想到点事要自己先算算。我深为她这种认真、深入实践的精神所感动，并一直激励着自己。

当时我国的计算机还很落后，不仅容量非常低，而得用纸带打孔输入程序，力学研究所十二室里只有少数人去做计算工作，而李敏华就是这少数人之一，但像她这样60岁上下的人则是唯一一个了。那时候，程序编好之后，人们一般是请程序员帮助将程序打在纸带上再去进行计算，所以课题组里都有一卷卷的黑色纸带，上面打满了按照程序要求安排的小孔。但如果在调试过程中发现程序有错了，就需要自己进行处理：先要在纸带需要校正的那一部分，粘上透明胶带纸，再用专用工具在需要改的地方重新穿孔。李敏华不顾自己年纪大，总是亲自干，自己拿个工具穿孔来改程序。更令人钦佩的是，在此期间，李敏华的小儿子吴定罹患白血病并于1976年5月去世，痛失爱子并没有阻止她对工作的关注。这种难能可贵的忘我精神不仅令任孝安感动不已，连在力学研究所业务处工作的姜伟也十分感动。姜伟曾回忆道：李先生最喜欢的就是小儿子，他走了之后，她把他送回苏州老家吴氏墓地入葬。她自己立即就上班了。她对我讲：想赶紧工作，用以摆脱痛苦。这的确是对事业的一种责任感啊！正如李敏华在该项工作的总结中所写到的那样：

在这项工作的进程中，由于看到了任务的重要性，因此参加工作的同志都不怕困难，解决研究工作中出现的各种问题”

在十年“文化大革命”的后半段期间里，力学研究所还逐渐恢复了国际学术交流活动。在恢复开展国际学术交流方面，李敏华在力学研究所里属于先声夺人行列。她于1973～1975年曾接待了罗马尼亚专家米西库等的系列来访；此后，她本人又于1977年年底率领由力学研究所十二室毛天祥、李延萍等组成的团队，赴罗马尼亚考察固体力学研究工作，历时22天。在访罗马尼亚期间，李敏华还在布加勒斯特固体力学研究中心给罗马尼亚科学家作了学术报告，详细介绍了中国固体力学的研究情况。这种相互访问交流的学术活动，对于促进力学所在“文化大革命”后固体力学的发展起到了很好的推动作用。

李敏华（左一）接待米西库期间在天安门合影（1973年冬）

李敏华（前排左三）带队赴罗马尼亚考察（1977 年冬）

此外，由于 1972 年美国总统尼克松访华以后，一批批美籍华裔科学家开始相继回国访问，其中许多人都是李敏华、吴仲华在美国工作时的老朋友，他们二人不仅作为外事任务接待了这些美籍华裔科学家，而且通过这些活动推动着自己研究领域里的国际学术交流。例如，1973 年 6 月，由冯元桢、赵继昌、徐皆苏、田长霖、项武义、葛守仁、王幼贞、林燧 8 位知名科学家组成的美籍华裔科学家代表团（团长冯元桢，副团长田长霖）偕夫人和子女共 24 人自费回到祖国参观访问并进行学术交流，前后共计 31 天之久。力学研究所作为学术接待组成员单位，参与安排来宾的学术活动，李敏华作为冯元桢等的同行和旧交，高兴地接待客人并认真介绍力学研究所十二室的各项研究进展。随着国门的逐渐打开，来访的学者越来越多，李敏华都积极投入这些活动。同时，她也开始帮助力学研究所十二室的中青年研究人员联系出国进修访问的事宜，先后多次给在美国的同行与旧识写信。李敏华的办公室里至今还保存着她当年给麻省理工学院卞学鐄教授、美国加州大学洛杉矶分校（UCLA）的林同骅教授及其他教授的信函，许多都是联系派遣访问学者的。

李敏华与回国访问的科学家会面

李敏华在家宴请卞学鐄（左二）等人

李敏华与在国内外工作的清华大学校友会面

李敏华会见日本学者

李敏华（左一）和郑哲敏（前排右二）接待参加国际实验力学会议的外宾

李敏华和许多来访的美籍华裔科学家都是老朋友，从她和他们的私人来往信函中，可以领会到李敏华、吴仲华等这批早期归国的科学家为何在经受如此多的政治运动磨难之后，依然不悔回国效劳之举，不仅是因为他们有着“科学救国”的志向，而且也因为他们切身感受到新旧中国之变化。例如，李敏华在 1974 年 6 月 27 日给美国加州理工学院徐皆苏教授的信中写道：

我们在国内经常看到政治上的新胜利和社会主义建设的新成就，并且带着兴奋和愉快的心情参加到这种工作中去。在过去的旧中国，我们只希望摆脱半殖民地状态，但还是空想。而现在新中国在国内外的成就都远远地超过了我们过去的希望，远远地超过了我们过去所能想象的。

又如，李敏华在 1975 年 4 月 26 日给麻省理工学院卞学鐄教授的信中写道：

很高兴知道你们这次回国收获很大，欢迎你们不久将来有机会再来。新中国在各方面的发展和进步确实很快，我们在国内的老师和同学们都感到亲身参加到这种工作中去而非常高兴。这样的发展速度是在新中国成立前再也想象不到的。

正是有这样的思想基础，李敏华、吴仲华总是对政治磨难以淡然之心处置，对科学春天以欣喜之心迎接之。

李敏华倾尽身心在迎接科学春天的到来，娇燕又将再一次展翅翱翔了。

第十四章

欢呼科学春天的到来

1976年10月“四人帮”倒台，宣示了在中国大地上持续十年之久的“文化大革命”的终结。在科学春天里，李敏华又焕发出年轻人般的活力，不断深化已有的故障分析工作，勇敢涉足疲劳研究领域，而且竭尽全力组织重大课题、建设疲劳实验室，等等。娇燕再次展翅高飞，尽心为力学事业开辟新领域、奉献新成果。

一、科学春天展开了新天地

1977年8月，中国共产党第十一次全国代表大会召开，开始了全面的“拨乱反正”，全国各界各方面的工作逐步得以恢复和整顿。结束不久，在主持科学教育工作的邓小平同志的提议下，中共中央决定召开全国科学大会，并于1977年9月18日发出了《中共中央关于召开全国科学大会的通知》。该文件肯定了20多年来科学工作的路线、方针和科技人员的努力，同时提出了要恢复研究生制度、恢复职称制度等。该通知下发后，中国科学院作为全国第一个响应的单位，率先取消了“革命委员会”、实行了所长负责制、取消了政治部、恢复了评定职称制度，而且坚决遵照、严格执行了邓小平提出的“研究所的党委要有三分之一的科技工作者，让知识分子参与党的领导工作”的意见。1978年3月18～31日，全国科学大会在北京隆重举行，确定了新时期科学工作的方针政策，制定了《全国科学技术发展规划纲要》。特别是，在有6000人参加的全国科学大会开幕式上，邓小平作了重要讲话，明确指出“现代化的关键是科学技术现代化”“知识分子是工人阶级的一部分”，重申了“科学技术是生产力”这一马克思主义基本观点，并号召“树雄心，立大志，向科学技术现代化进军”。邓小平的这个讲话澄清了长期束缚科学技术发展的重大理论是非问题，打开了“文化大革命”以来一直禁锢知识分子的桎梏，迎来了科学的春天。

在这大好形势下，力学研究所也迎来了新气象。李敏华尽管已经年过花甲，但仍然全身心地投入“改革开放”的大潮之中。1977年2月，她被力学研究所学位评定委员会分会指定为研究生指导教师。1978年8月，她出席在北京友谊宾馆召开的全国力学发展规划会议，这个会议是由中国科学院、国家科学技术委员会、国防科学技术委员会、国防科学技术工业办公室联合主办，并由中国科学院数理学部具体组织的；她作为规划小组成员之一，与其他 36 名成员一起，对改革开放新阶段的力学发展做出了全面规划。随后，她出席钱学森主持的中国力学学会第一届常务理事会扩大会议，被增补为常务理事。1978 年 1 月 1 日，北京力学研究所正式回归中国科学院建制，她重新被任命为力学研究所十二室主任。除了 1978 年夏被增补为力学学会常务理事外，她还恢复了各类学术兼职身份：1979 年秋和 1983 年春，连续当选为中国航空学会第二届、第三届理事会理事；1981 年冬，被国务院正式批准成为首批博士指导教师并任命为力学研究所第一届学位评定委员会成员；1984 年秋，被聘为中国力学学会《固体力学学报》编委。而对于李敏华本人的研究工作而言，她开拓了疲劳研究的新领域，取得了一系列的新成果，进一步为我国航空事业的发展做出了贡献。

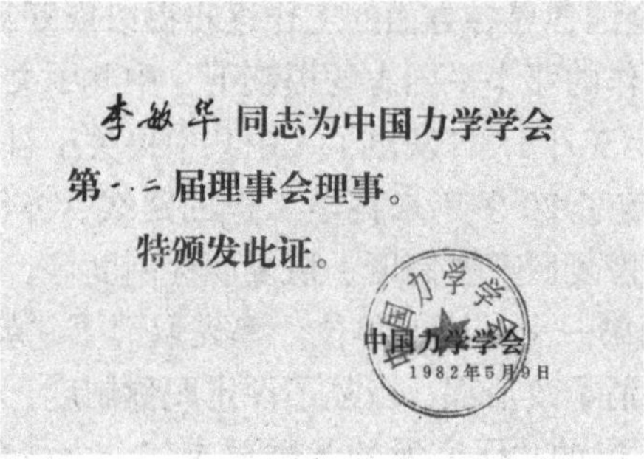
李敏华 同志为中国力学学会
第一二届理事会理事。
特颁发此证。
中国力学学会
1982年5月9日

李敏华被中国力学学会聘为第一、第二届理事会理事的聘书

科学春天的到来，还为李敏华打开了另一个新天地，她又恢复了各种社会活动：1977 年冬，她作为当选代表出席北京市第七届人民代表大会；1978 年秋，她出席中国妇女第四次全国代表大会，被选为第四届全国妇联执委；1979 年春，她作为学者代表参加中国妇女代表团访问美国；1984 年春，出席第六届全国政协第二次会议并被增补为第六届全国政协委员。对于这些社会工作，李敏华都是认真对待的。在她个人的文档里，保存着她提出的《北京市第七届人民代表大会第六次会议提案（第 1067 号）》的副本，其案由是：“关于中小学生负担过重和考试方法问题”；其理由是“由于大学招生人数和希望入大学的人数相差很大，形成了只有重点中学毕业生才可能考上大学的局面。……最严重的是衡量学生的考试方法使学生的注意力集中在死记硬背上”；其办法是“增加大、中学校招生名额，大学中增设夜校以及增设中专和大专”。

李敏华（前排左三）跟随中国妇女代表团访问美国期间在华盛顿留影

此外，李敏华积极支持吴仲华等在1981年发起的中国少年科技辅导员协会的各项活动。例如，他们二人亲自在家中接待来访的中关村小学的孩子们。又如，在存留的李敏华手稿中，有一份是她参加北京市宣武区少年宫活动的讲话底稿，写满了5页稿纸，有着反复修改的痕迹，在稿纸扉页的右上角还注有“7岁一年级”的字样。这表明即使对小学一年级学生作报告，李敏华也是一丝不苟地认真准备着。在讲话中，她从“我像你们一样的年纪的时候”说起，谈及国难当头时期她和同学们“不知多少次含着眼泪一起念《最后一课》这一篇描写德军进驻法国前学生们上的最后一课”，又谈到新中国科学事业得到发展、“四人帮”对科学工作的破坏及正在迎接科学春天到来的当前形势。她特别讲到了“四人帮”“胡说什么读书无用，炮制了‘交白卷’的典型，意图使青少年不好好学习，以便他们篡党夺权”，所以希望同学们“要从小养成爱科学、学科学、用科学的优良风尚”。此外，她还把自己从事的固体力学研究工作和中小学时期的学习联系起来，告诉同学们“现在下功夫学得踏实了，将来为四个现代化工作时就有了扎实基础”，并希望大家“现在做习题要养成搞清楚、搞彻底的习惯，学习时遇到问题不要马虎过去就算了，一定要动脑筋想”。从这两个特例，可以看到李敏华对于公益事业的负责态度。

在这个科学的春天里，李敏华还经历了她人生征途上的两个重要事件。1980年11月26日，李敏华在第一次通过同行评议、民主选举来产生学部委员的会议上，当选为中国科学院技术科学部学部委员，这是对她数十年来在固体力学领域奋战不已与成绩斐然的认可与肯定。1985 年 6 月 16 日，李敏华按时转正，成为中国共产党正式党员，这是对她热爱祖国、热爱民族高尚品格并切实践行的认可与肯定。

李敏华（左四）和吴仲华（左五）在家中接待中关村小学的孩子们

中国科学院技术科学部 14 位女学部委员合影（李敏华位于右三）

二、继续深化断轴故障分析研究工作

如前所述，“文化大革命”后期，由于我国援外飞机出现航空发动机涡轮轴断轴故障，李敏华开始了在扭矩作用下喇叭轴应力分析研究。相关工作不但得到航空部门的首肯，而且在1978年获得了中国科学院重大科技成果奖。然而，李敏华并不满足于工程问题的解决。从1978年起，她又改换了迭代方法、采用了任意非正交曲线坐标、提出了新解法，从学科研究深入的角度进一步深入开展了研究探索。

在前期，李敏华利用向量的散度与旋度对不同坐标系是不变量的特点，对涡轮轴进行应力分析。在此工作基础上，她进一步通过张量分析，首先推导出在任意非正交曲线坐标系中，变截面圆轴扭转问题的平衡和协调方程，然后采用不等距差分公式将微分方程写成差分形式，最后用数值计算方法求解应力函数。由于将任意非正交曲线坐标引入差分法中，便可以更准确地给出曲线边界上的边界条件。这样，李敏华又将它发展为任意形等截面柱体扭转问题的新解法。这种新解法收敛性好，所需计算容量小，应用方便，便于编排通用程序。而且，由于李敏华采用了任意非曲线坐标，适用于解决复杂曲线边界问题，提高了通常用的差分法的适应性和灵活性。此外，新方法采用应力函数作为未知量，从所得到的等应力函数线和等位移函数线，还可以看出全轴应力分布概况，并可以帮助改进设计。

李敏华本人对这项工作是十分看重的，她自己在1979年曾经这样总结过：

这项工作从解决国防紧急任务中的实际问题开始，提高到成为普遍适用的变截面圆轴扭转问题的新解法。得到这一新解法的思路在固体力学解法中是新的。得到的变截面圆轴扭转问题的平衡和协调方程的新表达式，以及在任意正交和任意非正交曲线坐标的平衡和协调方程在国内外文献中没有见到过。该解法和现在固体力学中常用的有限元法相比，计算机的储存量要小得很多，应用也方便。今年又将它发展为任意形等截面柱体扭转问题的新解法。由于轴的扭转问题主要就是这两类问题，因此可以说新解法基本上解决了轴的扭转问题。

1979年10月18日，屠守锷院士在对李敏华的《变截面圆轴和任意形柱体扭转问题用任意非正交曲线坐标的新解法、通用程序及其应用》论文的评议意见中写道：“你们应用向量的散度和旋度在不同的坐标系中是不变量的特点，把一个变截面轴的扭转问题用非正交坐标变成可用计算机求数字解的办法，是一个有成效的尝试。计算结果和试验数据以及用其他办法求得的结果比较，证明是比较符合实际的。这就是一种检查。衷心祝贺你们已取得的成果，希望不久可以听到更多的胜利消息。”同年 11 月 17 日，钱学森也对此作出评价：“李敏华做了一件有实际意义的工作，是个贡献。”

1980 年 11 月，在杭州召开的第一届计算力学会议上，李敏华宣读了非正交曲线坐标系下的计算结果，会议主持人、中国计算力学的泰斗钱令希院士评价说：“这个问题是很难的，用了非正交曲线坐标。李先生取得了这样一个成果是可喜可贺的。”当然，取得这样的成果是不易的，李敏华当时已经年过 60 岁了，而且要参加各种各样的会议，行政工作十分繁忙，尽管课题组里有韩子健、任孝安、梁乃刚等年轻助手，但她坚持亲手推导扭转问题在任意非正交曲线坐标系的方程。众所周知，这是一项很烦琐、费精力的工作。李敏华还非常注重理论的实际应用，她结合航空部 410 厂及 420 厂的任务，将这个新方法运用到对发动机涡轮轴的应力分析上，所以十二室的同事们可以看到她常常扑在桌上察看一张张大大的涡轮轴工程图，不时地修改设计参数，然后再做数值模拟试验，反复比较核验。为了解决边缘陡峻并有“拐弯”的实际喇叭轴情况，他们不断改进方法，在程序中引进了“转动坐标”法，尽管增加了程序实现过程的麻烦，但是计算结果的精度大大改进了，特别是在喇叭轴外形有“突变”的小曲率半径部位处。

李敏华在杭州参加第一届计算力学会议期间于西湖边留影

对于当时的情景，任孝安在接受采访时，是这样说的：

这个问题怎么提炼、怎么计算、怎么准备数据等，都是与李先生一起做的，算题则是在水电部的计算机上完成的。由于晚间的“机时”便宜，我总是夜里去、早上回，回来之后总是先到力学研究所来，把计算结果拿给李先生看的，然后再去睡觉休息。在有了初步结果之后，下一步如何改进？也都是与李先生一起商量之后定下来的。

在接受采访时，梁乃刚也回忆道：

后来用我们的三维程序，拉伸、弯曲和扭转一起都算出来了。李先生让我和任孝安一起去算，并且用我们计算的结果与她自己以前算过的扭转结果对比一下。在我进行这个工作之前，《航空学报》曾发表过一篇文章，声称其计算结果与实验结果相差不到1%，但我的计算结果与他相差20%。李先生就问：你怎么能说明你的结果是对的？对于这种复杂的情况，现有的实验资料很少，重新做试验的代价很大。李先生说：如果能找一个简单的问题，又有解析解的，就能来验证你的程序的可靠性。我们后来找到铁木辛柯用电学方法测量应力集中问题的实例，这个问题的方程和边界条件在力学方面与我们的问题相似。当然这个问题不是喇叭轴，它比喇叭轴的问题要简单。我就采用我们的程序对这个问题进行计算，与铁木辛柯的解相比，误差很小，大约是5%，但是我们与北航老师的结果相差20%。等到我研究生毕业之前，进行试验工作的沈阳410厂发现他们以前的报告将一个数据换算错了，等他们将错误纠正过来之后，他们的实验结果与我们的计算结果一样，而与《航空学报》上论文的结果不一样。再加上与铁木辛柯结果的比较，这样才确定了我们计算的可靠性。

李敏华研究成果的取得，就是这样通过“从工程实践中提炼科学问题—抓住问题的要旨进行创新思维—利用不同途径反复校验结论的正确性”的程式来确保其正确性的。

梁乃刚（左）在接受采访回忆李敏华关于研究工作的思路

这项工作一直持续到20世纪80年代初，在此期间，李敏华和课题组成员先后发表了四篇学术论文：①《变截面圆轴扭转问题用非正交曲线坐标的新解法》（作者：李敏华，发表于《固体力学学报》第1卷第

2 期第 159～169 页，1980 年）；②《发动机涡轮轴在扭矩作用下的应力分析》（作者：李敏华、韩子健、任孝安，发表于《航空学报》，第 2 期第 12～25 页，1980 年）；③《两类轴扭转问题在任意非正交曲线坐标方程的共同表达式及解法》（作者：李敏华，第一届全国计算力学会议论文集，1980 年）；④《采用非正交曲线坐标计算变截面轴扭转的新方法及其应用》（*A new method for torsion of shaft with variable diameter using non-orthogonal curvilinear coordinates and its application*）（作者：李敏华、任孝安，发表在国际会议文集 *Process of AIAA/ ASME/ ASCE/AHS, 22nd Structures, Dynamic and Materials Conf, Atlanta USA,* Part 1, 1-6, April 6-8, 1981）。此外，他们还将扭转问题进一步推广到拉伸、弯曲等情况，在 1982 年完成了一篇研究报告《涡轮轴在扭、拉、弯单项载荷作用下的弹性应力计算报告》（作者：李敏华、任孝安、梁乃刚）。追求系统、完美解决工程实践中出现的问题，是李敏华研究的一种风格。而且，她从不“闭门造车”，不是坐在办公室里“构思”课题，总是和工业部门在一起探讨，根据实际工程问题开展研究，这些工作的应用背景十分明确，它们是在航空部的“发动机涡轮轴的弹性应力分析”及“航空燃气轮机涡轮轴应力分析和计算程序”等合同课题下开展的。

三、勇敢涉足疲劳研究的新领域

李敏华在参加了航空发动机涡轮轴断轴故障分析会后，深深感到疲劳问题的重要性，从而下决心从应力应变分析的研究方向转向疲劳问题的研究。在疲劳问题研究中，实验工作是一个重要的方面，搞力学研究的人对从事疲劳实验的工作有这样的戏言：试件还没“疲劳”，人已经先“疲劳”了，因为疲劳实验是要做 10^6 次（即 100 万次）寿命。对于与航空有关的疲劳问题，要做的都是“低周疲劳”实验。这里，“低周疲劳”有两个意思：一个是所采用的每分钟疲劳次数不能太多。有些疲劳实验可以采用很高的频率，比如每秒钟多少万次，那么在很短的时间里就能达到 10^6 次的寿命了。如果做“低周疲劳”实验，频率只有 10 赫兹、20 赫兹，如果要做到 10^6 次的寿命，就要做上几天几夜了，因此实验工作很辛苦。实验人员要整天盯在那里，出一个数据要好几天，一条曲线需要几十个点子，而且说明问题往往需要几十条曲线。可想而知，这项研究的工作量是十分巨大的。因此，白以龙院士在评价李敏华转入“疲劳研究”时也深情地说过：记得一件事，就是李先生转去做“疲劳”。因为“疲劳”这个活儿，在力学里、起码在我的脑子里、用我们下头的话说，是一个 dirty job（脏活儿）。因为试件还没有“疲劳”，人先“疲劳”了。而且，从力学的角度来讲，再往下做是一件很难的事。但是，李先生在那么一个高龄的情况下，觉得这件事是中国科技发展，也是力学科学发展很需要往里冲进去的一个“领域”。结果，李先生在这么大的年纪就冲进去了。这当时对我印象很深。虽然，我自己没有做疲劳，但是我后来知道，做科学就得像李先生这样不断往新的领域去冲。

白以龙在办公室接受采访，回忆对李敏华搞疲劳研究的感受

令人欣喜的是，李敏华不是固守于力学学科而是倡导学科交叉，所以建议从宏观与微观结合的角度来开展疲劳研究，而且认为力学工作者应当和材料科学家配合起来，协同进行疲劳研究。特别是，她提出：力学工作者应逐步考虑微观因素，以便从内在因素进一步了解宏观反应，这样才能较好地研究疲劳机制。于是，她在进行疲劳研究工作时，就主动与中国科学院金属研究所的王中光教授密切合作，共同观察，一起分析，解释实验中出现的新现象，为深化认识实验现象机理起到了事半功倍的效果。李敏华认为，只进行圆棒试件和圆棒缺口试件的宏观疲劳实验，对了解在疲劳加载过程中试棒内部的变化是不够的，因此决定要进行低周疲劳的实验研究。由于试验件的质量决定着试验结果的可靠性，为了保证试验件的质量，李敏华选择用于制造飞机的航空用板材作为试件，并对加工等程序提出严格要求。为了便于测量试件在疲劳加载过程中应变分布的变化，她还采用圆孔薄板铝试件来研究应变分布变化规律，由此得出关于应变协调起到主要作用的结论。这样，李敏华便可以采用全量应力－应变关系和分段幂函数近似实际疲劳循环曲线的模型（简称为分段全量应力－应变关系模型），编制平面应力问题程序，继而发展为三维问题的计算程序，用以求算疲劳载荷作用下试件的应变分布和应力分布。李敏华就是这样，努力开创着一条研究疲劳问题的新思路。

李敏华十分重视实验工作的每一个细节。她对于试件材料的要求很严格，用作试件的铝材均选自飞机工厂，因为那里的铝材是要做成飞机上天的，所以质量有保证。此外，一般工厂也很难确保加工的精度。所以她不顾年事已高，亲自带领课题组成员一起去南昌320厂联系，细致地选购、采用不同厚度的航空铝板作为试件，并向技术人员讲述试件加工的要求："试验件的拉伸方向，一定要是铝板板材的碾压方向"并强调"冷加工、热加工对它们的性能都是很有影响的"，还反复说明"钻孔的精度、偏差度一定要保证"。因为李敏华曾对助手们说过，如果精度不够，孔钻得不对中，做出来的实验结果，肯定是"一塌糊涂"的了！其实，当时320厂的生产任务很重，能将力学研究所的活儿接下来、插进去是很不容易的，而且要求又是这样的高。但是由于李敏华和力学研究所十二室的研究人员和他们一起合作过，为他们解决过急需的问题，所以他们才全力支持李敏华的工作。

李敏华亲自在实验室记录实验数据

应当说，李敏华从事疲劳问题的研究，除了作为科学家个人对科学问题重要性的理解这样一个内在因素的驱使外，还和当时科学春天的时代大背景有着密切的关联。依据全国力学发展规划，力学研究所开始在一些新的学科点上布局，李敏华承担了力学研究所的重点课题"弹塑性断裂理论和循环载荷下应变集中的弹塑性分析（1981—1985）"。此外，她还通过各种不同的资助渠道，申请并承担了若干相关课题，例如，应用研究类课题"材料和缺口件疲劳损伤的主要影响参量及影响规律的研究"和"低周疲劳寿命估算方法和疲劳理论的研究"（1983—1987）；航空部624所"航空燃气轮机涡轮盘和涡轮轴的强度和疲劳"研究任务（1983）；国家自然科学基金面上项目"缺口件低循环疲劳和寿命估算方法"（1986—1988）；机械工业技术发展基金项目课题"高低周双频复合疲劳强度研究"（1987—1989）。研究任务的强度相当大，但李敏华很高兴，因为疲劳问题的研究不仅有学科发展的要求，也具有实际应用的需求。

在此期间，在疲劳研究领域，李敏华发表的相关学术论文有：①《多重客观散斑技术及其应用》（*Multi-objective-speckle technique and its application*）（合作者：屠美容，发表在国际会议文集 *Process of Inter'l Conf. of*

Experimental Mech，pp. 392-397, 1985）；②《比例超载对应变集中元件低周疲劳寿命和裂纹起始的影响》（*Effect of proportional over-loading on the life of low cycle fatigue on crack initiation of strain-concentrated member*）（合作者：王振江和周爱华，发表在国际会议文集 *Process of Inter'l Conf. Mech. Behavior of Materials-5*，June 3-6, pp.671-676，1987）；③《超载对应力集中元件低周疲劳的影响》（*Effect of overloading on the low cycle fatigue life of stress-concentration member*）（1987 年 9 月在德国慕尼黑召开的第二届国际低周疲劳及材料弹塑性行为大会上宣读）；④《利用客观白光散斑测定曲面变形》（*Strain Determination on Curved Surfaces by Objective White Light Speckles*）（合作者：屠美容和韩金虎，发表在 *Acta Mechanica Sinica*，Vol.3，No.4，pp.363-369，19）；⑤《用白光散斑的直接记录法测量曲面变形》（合作者：屠美容和韩金虎，发表在《力学学报》，Vol.20, No.2, pp.135-141, 1988）；⑥《含表面裂纹三维体裂纹尖端应力应变场及应力强度因子计算》（合作者：李英治、柳春图、何明元，发表在《中国科学 · A 辑》，Vol.18, No.8, pp.528-542, 1988）；⑦ *Fracture-analysis for 3-dimensional bodies with a surface crack*（《含表面裂纹三维体疲劳分析》）（作者：LI YZ、LI MH、LIU CT 等，发表在 *Science in China Series A: Mathematics Physics Astronomy*, Vol.32, No.8, pp.941-952,1989）。此外，李敏华和屠美容、吴阜肤、周爱华、王振江还撰写了一篇力学研究所的研究报告《超载对平面应力集中问题低周疲劳损伤的影响》。

李敏华当然是知道的：疲劳领域的研究工作做起来很困难，但是有国家的需求就要勇于开辟。她是这样去做了，也取得了颇丰的成果。这就是娇燕的风格。

四、积极筹划组织重大课题

在改革开放的形势下，国家对科学技术事业的支持力度逐渐加大，20 世纪 80 年代初开始组织一系列跨部门、跨学科协作攻关的重大项目。例如，在“六五”期间有国家科学技术委员会的基础研究重点项目“材料微观结构和力学性能的研究（1981—1985）”，有中国科学院的重点课题“弹塑性状态下断裂和疲劳理论的研究（1982—1985）”（该课题实为国家科学技术委员会重点项目的配套支持)；在"七五"期间有国家自然科学基金委员会的重大项目"金属材料断裂规律及机理的研究(1987—1991)"。李敏华在这一阶段的研究工作，都是这些重大项目的组成部分，因此她是在国家级层面上来从事疲劳问题研究的，这不仅是个人兴趣和研究偏好，更重要的是国家需求所致。课题选择与国家需求的一致性，一直是李敏华开展研究工作的原则。

作为学术带头人，李敏华积极参加了重大课题的筹划与组织工作。以"材料微观结构和力学性能的研究"为例，1981年4月，按照国家科学技术委员会的要求，李敏华和王中光(中国科学院金属研究所)，朱维斗(西安交通大学)，郑正毅(华中工学院，今为华中科技大学)，肖纪美、诸武扬、林实(北京钢铁学院，今为北京科技大学)，陈南平、杨宗发(清华大学)一起进行了课题立项的可行性论证，并于1981年6月份提交了可行性论证报告，其中明确指出"从事具有共性的应用基础研究，这方面课题必须是从生产中抽出的主要和关键内容，而研究成果必须在三五年内在国民经济建设中见效"，提出了"应侧重研究反映(材料)从裂到断这些过程的力学性能以及金相显微组织对于断裂过程的影响"，确定了课题内容为如下三个方面：①一次加载下断裂特性的研究；②疲劳断裂特性的研究(正式立项时题名改为"疲劳损伤和断裂的研究")；③氢致滞后断裂的研究。在力学研究所部分的组织工作中，她亲自撰写了"疲劳断裂研究"的文稿，还组织力学研究所十二室薛以年、伍义生及力学研究所十六室郑哲敏、白以龙和赵士达等参加。在该重点课题立项之后，李敏华作为项目协调组组长，负责了合同任务书编制、年度进展汇报及结题总结等一系列管理工作，最终圆满完成了任务。

在上述重大项目结题的同时，李敏华又参与了筹划向国家自然科学基金委员会申报重大项目的工作。在"六五"期间工作的基础上，通过北京科技大学、中国科学院力学研究所、清华大学、华中理工大学、西安交通大学和中国科学院金属研究所六个单位有关科研人员的共同努力，他们又获得了"七五"期间重大项目"金属材料断裂规律及机理的研究"，李敏华主持其中的第七个二级子课题"工程材料和应变集中件在变幅载荷下低周疲劳裂纹形成和扩展的研究"，该二级子课题目是由中国科学院力学研究所、清华大学、北京钢铁学院(今北京科技大学)的20名研究人员共同承担的。在"七五"期间重大项目结题时，李敏华也参与了"八五"期间重大基础研究项目"破坏力学的宏微观理论及应用"和"损伤、断裂的机理和宏微观力学理论"等建议工作。尽管此时，由于吴仲华已经做过癌手术，李敏华需要花费不少时间来照顾病人，但她仍不脱离科研第一线，为推进疲劳研究工作出力。所以，可以说，李敏华一直站在固体力学的顶级层面上开展相关研究的。关于重点项目的研究成果，李敏华和其他两名协调组副组长肖纪美和陈南平一起撰写了总结论文《材料微观结构与力学性能研究》，发表在《中国科学基金》1989年第3期上。这是我国第一个由力学家和材料科学家合作在宏微观结合层次上开展断裂与疲劳研究的成功范例。

为了推动我国疲劳研究工作的学术交流，李敏华发起组织了两年一届的全国性疲劳学术会议，第一届和第二届分别是1982年和1984年在黄山和峨眉召开的，分别由中国力学学会和中国航空学会具体组织。从第三届起，中国机械工程学会和中国金属学会也介入会议的组织工作，最终发展成为4个学会联合轮流主持的系列学术会议。这样就构筑了一个跨学科平台，强化了力学工作者与材料科学家、理论研究与实验研究相结合，以及宏观研究与微观分析相互结合的趋势，推动了疲劳研究的学术交流。第一届会议有42个单位的98名代表与会，交流论文报告58篇。第二届的参会代表有152名，交流论文126篇，主持人为李敏华。由于中国机械工程学会和中国金属学会的加入，第三届的参会代表增加到232名，交流论文171篇，李敏华为两名共同主持人之一。第五届的参会代表191名，交流论文151篇。第六届的参会代表110名，157篇论文被选入论文集，李敏华作了超载问题的大会报告。第九届的参会代表104名，收到论文161篇，会议文集由航空工业出版社正式出版。随着学术带头人的变化和科学热点问题的转移，这个系列学术会议在21世纪以后不再举办，但该会议在中国的疲劳研究史上起到了巨大的推动作用。

李敏华在全国疲劳学术会议上作报告

显而易见，重大项目的组织在科学问题和队伍构成等方面都涉及很多协调工作，李敏华不愧为学科带头人，做出了重要的贡献。

五、竭尽全力建设一流的疲劳试验室

为了完成中国科学院重点项目“弹塑性状态下断裂和疲劳理论”和国家科学技术委员会项目“材料微结构和力学性能”中的研究课题，以购置当时最先进的MTS电液伺服疲劳试验机为契机，李敏华开始筹建疲劳实验室。应当说，李敏华秉承应用力学学派的学风，一直十分重视固体力学的实验研究工作。一方面她在自己的研究工作中，从来都是坚持实验和理论并进；另一方面，她在主持研究管理工作期间，总是把实验室建设作为头等大事来抓并且积极推动各项试验工作的开展，这是她对力学研究所十二室建设的一个重要贡献。李敏华在接受苏州有线电视台记者采访时，曾留下一个亲笔书写的题词：“亲自观察实验，有助于寻找规律。”这充分反映了她非常重视在科学研究中实验的地位。

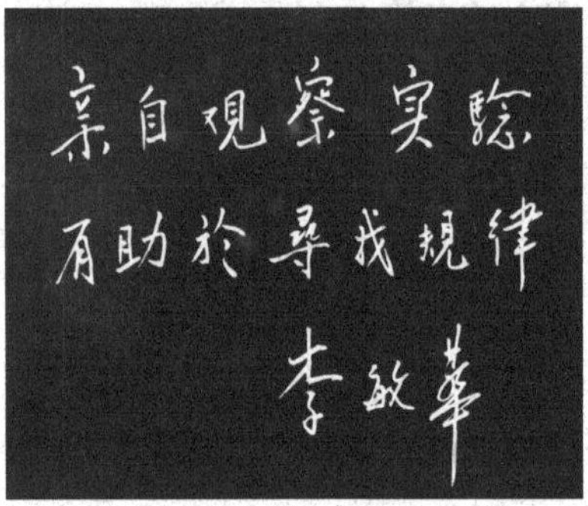

李敏华亲笔书写的题词

其实，在1956年力学研究所成立伊始，李敏华不仅亲自和助手裴明丽一起做实验工作，装置了复合应力试验机，试制了薄管试件，进行了铝试件的初步实验。而且作为塑性力学组组长，她还布局了一系列实验装备的建设工作。在她的领导下，塑性力学组的高温塑性实验室很快初具规模，装备了蠕变机、疲劳机及材料试验机等。1959年力学研究所十二室正式成立后，李敏华作为副主任负责全室的业务工作，开始了筹建高温塑性实验室、热应力实验室、一般材料实验室和振动实验室等。1961年以后，她担任力学研究所十二室主任，组织相关课题组建立了金属材料性能实验室、壳体与夹层结构实验室等，特别是在瞬时加热加载系统的研制工作中取得了突出的成绩。到了1964年李敏华不再担任十二室室主任之时，力学研究所十二室在实验室方面具备了三个大配套系统：一个是两层小楼的“弹试楼”，主要用于弹性力学实验研究；一个是“老食堂”平房的实验室，用于应力测量，瞬时加热加载装置也安装在那里；还有一个是力学研究所大楼一楼的西侧朝北的房间，基本上都是力学研究所十二室的实验室，包括有蠕变、塑性、疲劳等，其中130实验室就安装了100吨材料试验机。但是1965年以后，特别是“文化大革命”期间，不仅实验室的建设工作基本停顿下来，而且许多实验装置也被抽调出去。

1978年，李敏华重新主持力学研究所十二室工作，她依据全国力学规划会议的部署，将断裂和疲劳作为力学研究所十二室的主要研究领域，同时开始了筹划现代化实验室的建设工作。但是，当时力学研究所新成立了十六室，以材料力学性质为研究领域，抽调了十二室的部分人员和130实验室的部分设备。如何建设新十二室的实验室？成为李敏华此时不断思索考虑的问题，其中MTS材料疲劳试验机的购置更是花费了李敏华的许多工夫和精力。因为1981年，李敏华作为负责人之一组织了来自中国科学院和高校的六个单位共同参与的国家科学技术委员会“六五”期间基础研究重点项目“材料微结构和力学性能的研究”，其他五个单位主要是从材料显微结构来进行研究的，只有力学研究所十二室是研究材料力学性能的，所以他们都希望力学研究所十二室承担相关课题，并认为作为中国科学院的单位应当配置必要的关键实验设备。但是，当时力学研究所十二室只有一台国产的疲劳试验机，性能很低故难以满足课题的需要，她便把购置先进的大型材料疲劳试验机的工作放在第一位抓紧推进。

经过深入调研、反复比较之后，李敏华积极提出要购置比较适合课题需要的MTS试验机，并且为实现这一目标而不惧挫折、全力以赴，从争取经费、换取外汇、签订合同、培训人员直到建设实验室，整整耗费了五年左右的时间，其间还因为“上当受骗”而受到院所的审查。这里面的“故事”，今天的年轻人听起来，可能会感到难以置信。

为了获得中国科学院的经费支持，李敏华于1981年1月4日提交给力学研究所请转院数理化学部并转钱三强副院长的请示报告。随后她亲自带着力学研究所十二室秘书申仲翰到中国科学院院里“跑经费”，当时张劲夫的原秘书李克还带着他们两人，转遍了院部的器材部门、财务部门和计划部门，由李敏华分别向每个部门讲述申请购置试验机的必要性。1981年6月19日，李敏华又提交给力学研究所请转院物理数学部马大猷、甘柏、邓照明主任的请示报告，其中进一步阐述了申购理由、经费预算，还提出盼望能安排时间听取口头汇报。这样，李敏华终于争取到了一定的购置费，并将MTS材料疲劳试验机作为“北京地区公用设备”纳入中国科学院装备订购计划。为了尽早落实，李敏华又于1981年8月16日、12月11日分别给力学研究所和中国科学院计划局提交了报告，敦促相关部门推进购置工作。当时中国的外汇十分紧张，但中国科学院有关部门告之：如果能自行换到外汇，便能早日联系订购事宜。

申仲翰（右）在李敏华办公室接受采访，回忆采购MTS材料疲劳试验机事宜

于是，李敏华就开始想方设法兑换外汇，以期尽早购得MTS材料疲劳试验机。她得悉从三机部航空技术进出口公司可能换到外汇，就于1981年7月13日通过力学研究所给三机部发去公函请予以支持，但未实现。以后，她又先后与中国民用航空局、福州外贸局等单位接洽换汇事宜，亦均未成功。这时，经人介绍，李敏华开始与北京朝阳区左家庄生产服务联社经理部联系兑换的事情，1981年8月15日李敏华亲自带领力学研究所十二室秘书申仲翰和力学研究所业务处张秀琴进行洽谈。他们和对方商讨了换汇条件，还实地了解了对方情况。当时，对方提出必须以“为力学研究所代订机电产品”作为换汇条件，李敏华认为这种作法不妥，并提出要明确为“代购原装的MTS材料试验机”。不久，数理学部告之换汇事宜可以通过合肥等离子研究所解决，李敏华便停止与左家庄生产服务联社的交涉，并立即将款项汇往了合肥。嗣后，数理学部又向李敏华和力学研究所主管领导提出“继续向左家庄联社联系换外汇事”的意见，于是力学研究所和左家庄生产服务联社于9月8日签订了换汇合同和订货合同，并规定了“45天内订不到货时必须按时退回预付款”的条款。然而，45天后，货并没有订到，左家庄生产服务联社必须退款。尽管派人催账数十次，预付款只追回了很少的一部分。到1982年1月，力学研究所才得知

左家庄生产服务联社经营有问题、经理被拘留审查等情况，预付款有16.5万已无法追回了。为此，中国科学院院党组纪委专门派人调查，李敏华曾于1982年写了书面材料说明情况。尽管在上述交涉过程中，李敏华对每一步进展情况均向中国科学院和力学研究所有关部门做过汇报并按照指示向下推进，但是经验不足、轻信许诺从而使力学研究所蒙受损失的结果，使李敏华痛心不已，后来李敏华对学生毛天祥说过：我小儿子吴定得白血病去世的时候，都没有睡不着觉。这次为了换外汇的事情，我真的睡不着觉了。

李敏华（前排中）和力学研究所业务处张秀琴（前排右一）在杭州合影

但是，李敏华认为这个实验装备是力学研究所十二室研究工作所必需，所以她始终坚持，绝不轻言放弃。最后，她的努力成功了：25吨材料疲劳试验机可以进货了。1983年秋，李敏华派何明元、韩金虎和周爱华三人赴美接受培训，在此期间他们又和MTS公司签订了购置10吨材料疲劳试验机的合同。1984年冬，MTS材料疲劳试验机正式运行。这是国内进口的第一台MTS试验机，性能十分先进，在完成“六五”期间、“七五”期间的重点重大项目中发挥了重要作用，以后又为力学研究所十二室及力学研究所内外的诸多有关断裂、疲劳的研究项目做出了贡献。所以，大家由衷地赞扬李敏华重视实验室建设，为科研工作的开展奠定了坚实的基础，他们说，如果没有李先生的努力，李先生的跑呀、谈呀，这些机器就没有了。这就是所谓的“前人栽树，后人乘凉”。为了科研事业，李敏华真可谓“呕心沥血”啊！

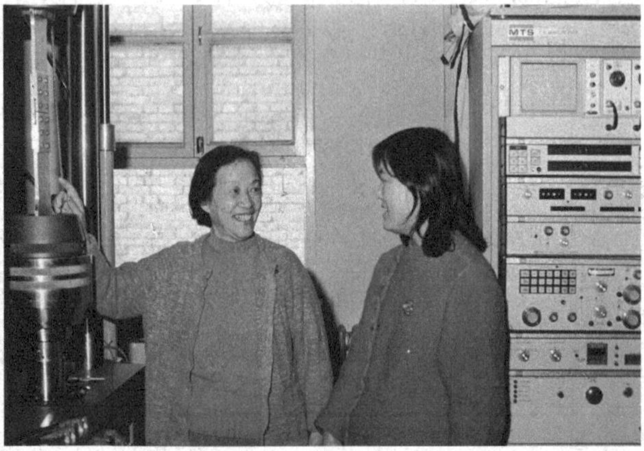

李敏华（左）和助手在 MTS 试验机旁

李敏华（左一）被邀参加关于材料试验机的国际会议

李敏华不仅重视实验室的建设，而且对实验室的工作人员十分关心。因为她本人也一直参与实验工作，甚至到将近 70 岁的时候还坚持每周有三天进实验室，在她办公室里保留着许多试验记录本，其中记载着她参加实验时采集的各种曲线和数据。所以，李敏华总是采取不同方式“照顾”实验人员，特别是其中不少的中初级技术人员。在改革开放以前，承担课题没有奖金提成等，但从事“有害有毒”实验工作的人员可获得不同档次的“保健费”，她就将自己每个月9元钱的“保健费”省下来，给参加实验的人员发一点儿补贴。在当时人们只有几十元月工资的情况下，这点“补助”对科技人员的日常生活还是很有用处的。在清理李敏华办公室遗物时，发现一个纸质口袋里存着她记录的“发放补助账单”，里面还有一些破旧的纸币：3张10元、5张2元、11张1元、8张5角、11张1角、6张1分，合计为56.16元。今天的年轻人可能会对这点款项不屑一顾，但它是李敏华从自己的保健费里一分一角地积攒出来的啊！她和大家一样去实验室工作，但从不把国家发放的实验人员保健费用于自己的保健，而是无私地补助给和她一起参加实验工作的中青年人员。改革开放以后，国家陆续出台了各种激励政策，可以使用课题结余的“提成”或“奖金”来发放津贴，她往往也是自己“放弃”而全部拿出来发给大家。尽管初始时期，这种提成或奖金的额度很低，但反映了李敏华的为人处世原则。例如，1982年中国科学院发文通知，承担院重点科研课题“弹塑性状态下的断裂和疲劳理论的研究”的人员可以获得“完成任务奖”420元，但这不是一个研究人员而是参加课题全体人员的奖金数额！除去研究所提成（20%）及管理人员份额（16元）外，李敏华将所剩奖金320元分发给了除自己以外的力学研究所十二室参加课题实验工作的13名科研人员。当然，这实际上是李敏华在当时条件下稳定实验技术队伍的一种措施。她知道，建设一流的实验室，不仅需要一流的实验装备来保障，而且更需要一流的技术队伍来支撑。

在科学春天的春风沐浴中，娇燕尽情地展翅，尽力地高飞！李敏华要把在“文化大革命”中失去的时光抢回来，要为固体力学的新发展做出最大的奉献。

第十五章

『文化大革命』后喜招研究生

1977年年初，国家决定恢复研究生招收、培养制度后，中国科学院率先成立了中国第一个研究生院，并公开发布了招生考试的消息，随即力学研究所研究开始招收“文化大革命”后第一批研究生。李敏华欣喜地招收了一批弟子，娇燕又开始为培养跨世纪力学人才而奉献身心。

一、喜招研究生成“大户”

1977年年初，国家决定恢复研究生招收、培养制度后，力学研究所研究首先确认了研究生指导教师人选，其时李敏华被指定为研究生指导教师。当年报考力学研究所的考生有1227人之多，是整个中国科学院考生最多的一个单位，而报考李敏华固体力学专业的则有197名。力学研究所共录取研究生50名，李敏华原定招收2名，结果在她的名下招收了10人。其中按照中国科学院的规定，有2名学生在录取后不久就直接被派往国外学习了。其余的8名学生，她只留4名由自己直接指导，另外4名则交给力学研究所十二室的中年研究人员来指导。这种做法，一方面是为了培养锻炼这批中年研究人员，另一方面也是为了推进固体力学各个不同领域的工作。

在招录研究生工作中断了13年之后，在她年届花甲之时，又能招收这样一批年轻弟子来继承固体力学事业，真是科学春天里绽放的第一支鲜花，李敏华的喜悦之情溢于言表。许多当年的研究生都记得，他们在1978年5月到力学研究所参加复试时见到李敏华先生的情景，屠美容是这样描写的：初试入围的100名考生集中在力学研究所的小礼堂里，其中有来自全国各地32名慕名投报她门下的莘莘学子。李敏华亲自参与了复试的监考和口试，那年她已经年过花甲，但仪态端庄、笑靥满面，身上穿着素淡清雅的花裙子，手中托着一叠厚厚的试卷，宛如春风般地巡回在一排排座位之间，不时用略带江南口音的普通话提醒着考生们应注意的事项。考试的气氛紧张而又严肃，笔试长达6个小时，考了材料力学和弹性力学，然后还要进行口试。时至今日，当年参加考试的梁乃刚还记得：最高的分数将近满分，最低的分数不到10分。被录取的学生都是那样的兴奋，在漫长的十年“文化大革命”之后，他们感受到李敏华先生带来的春意，他们渴望着能够踏进力学研究所这座科学殿堂，在李先生的引领下攀

屠美容（右一）和恩师李敏华在杭州参加学术会议期间留影

登固体力学的学术高峰。

的确，“文化大革命”后招收的第一批研究生在科学春天的和煦阳光下健康成长，他们先后取得了硕士学位。其中的幸运儿还在取得硕士学位之时的1981年，遇到了中国科学院首次招收博士研究生的机遇。在中国科学院招收的第一批104名博士研究生中，力学研究所就占了8名，又成为招收博士研究生的“大户”，力学研究所十二室的梁乃刚、李英治、刘国玺和屠美容都先后通过了博士研究生资格考试。梁乃刚在1985年又成为力学研究所第一位取得博士学位的研究生。直到1997年她年届80岁送走最后一名学生，指导研究生都是李敏华工作的重要组成部分。在她所指导的研究生中，不少人成为相应学科的领军人物，在各自的事业中做出重要的贡献。倾心为固体力学的持续发展培养跨世纪人才，是娇燕在科学春天里画出的一道绚丽的彩霞。

二、培养跨世纪力学人才

李敏华对这些研究生学业上的要求十分严格。对于他们集中在研究生院一年半进行的基础课和专业课学习，她提出了明确的要求，亲自选定了线性代数、常微分方程、数学物理方程、计算方法和张量分析等作为基础课科目，又指定了弹性力学、振动与稳定、塑性力学和有限元方法作为专业课科目。当时在中国科学院研究生院教课的老师都是相应领域的权威，例如，弹性力学是胡海昌教的，数值计算是林群和关肇直教的，普通物理是彭桓武教的，钱伟长也经常来开弹性力学的讲座。李敏华告诉学生们说：“一定要把基础打牢，基础课能上的尽量上，并一定要读精；另外有一些课程去听听也好，也许以后工作时就有用处了。”由于研究生院当时未能开设塑性力学和有限元方法的课程，所以李敏华除了讲述一些基本概念外，就指定了参考书目要求学生自学，并委托作为学长的范元勋负责考试。由于当时的学生都是学业荒废十多年之后重新拿起书本的，基础薄弱且学习艰苦，几个学生一起商量让李敏华先生免考塑性力学。但她没有同意，当然不是简单地拒绝，而是用她在麻省理工学院攻读博士学位的经验告诉学生：“学完一门课程，只有经过考试，才能有深刻的记忆，以后用得着时，你就会有一个印象；否则，你就会忘得一干二净。”于是，学生们打消了免考的念头，认真准备塑性力学的考试，这次考试使学生们终生难忘。

博士生李英治还回忆了他在博士论文选题时和导师李敏华之间的一番争执。原来，李英治本来希望延续自己在硕士期间完成的厚板断裂论文的工作，以此为基础，扩展到厚壳断裂的研究中去。但是，李敏华留意到美国国家航空航天局在1979年发表了著名的Raji-Newman公式，便要求李英治从准三维的断裂研究转向全三维的断裂研究，并委托柳春图和何明元作为辅导老师。这是一个前沿课题，当时李英治曾抱怨压力太大并有畏难情绪，但李敏华耐心地开导说：“博士论文的起点一定要接近国际研究的前沿，一定要有所创新、有所突破。”在导师们精心细致的指导下，李英治花了三年多的时间，用张量变换建立了曲线坐标下三维弹性力学基本方程并沿裂纹尖端进行特征展开，从而获得了三维裂纹尖端的应力应变场，在此基础上又建立了奇异单元，进行了有限尺寸三维体的应力强度因子分析。这篇博士论文在完成的当年，就发表在《中国科学》和美国机械工程师学会的STP特别报告上。每当李英治回想起这件事情，总是由衷地感谢李先生的用心良苦。

女弟子屠美容的回忆凸显了李敏华优良学风的各个侧面，正是在导师言传身教的影响下，弟子们规范自己的学术行为，切切实实地做科学研究，从而取得了工作成效。

李敏华对于研究生论文的选题坚持“个人兴趣与国家需求相结合”的原则，这可以用梁乃刚毕业论文的选择过程作为例子来说明之。对于论文题目，李敏华首先征求梁乃刚的意见，“你有哪些想法？”梁乃刚表示：自己过去在宝鸡工业泵厂工作时遇到的问题显示，凡是破坏都与塑性有关系，所以毕业论文想做塑性方面的。李敏华说：“这很好。但是毕业论文一定要和国家的需要相结合。”等到第三次谈话时，李敏华便告知梁乃刚说：“我在与国内外学者接触当中，发现有限元发展很快，从理论上来讲解决问题的范围很广。只要有了本构关系、材料参数、边界条件，它是无所不能的，这是它的潜力。但是现在存在的一个问题是，实际的计算机的条件容纳不了数据资源，显得不足。”当时正好是我国开始近海石油开发的时候，采油平台的管节点应力分析问题需要大存储量计算机，而其时国内的计算机容量很小，根本无法从事这类课题的研究。对于这种状况，李敏华说：“就是以后计算机容量大了，人们又会不断地追求算更大的题目的。”这在当时是一个很大的“剪刀差”，所以她给梁乃刚确定的研究主题是“如何在资源比较小的计算机上，解决大型结构计算问题？”而且，李敏华还提出：“论文不只是做一个理论就完了，我们去找一个实际的海洋平台，一起去订个合同，到时候能够将人家的任务完成了，你的论文也完成了。”不久，她就真的带着梁乃刚等一起到渤海石油公司，询问他们想解决什么问题。石油公司希望解决的问题是一个比较复杂的管接头的计算，当时李敏华毫不犹豫地就把合同订下来了，而且合同负责人确定为梁乃刚。于是，梁乃刚就以这个任务为导向来做毕业论文。李敏华对梁乃刚说：“只要将塑性的结果算出来，你的博士论文就完成了。”因为进行极限分析时，一定需要计算塑性的结果。

当时，中国导管架的管节点委员会也有这样的需求，但是他们觉得实际工程的管接头太复杂，国内的计算机是难以完成计算的。然而，李敏华和梁乃刚就是想要找出一个办法来，以在中国现有的计算条件下来进行计算、给出结果。当然，实现这个想法并非易事。因为实际的导管架全是三维的结构，而且管接头结构十分复杂，简单的有T型的，复杂一些是Y型，再复杂一些是K型的，而且要考虑非线性问题，所以计算是相当困难的，特别是当时他们想要做的是通用程序。尽管李敏华指出了研究方向，但是没有人指出通过何种途径来达到这个目标。由于当时水电部的计算机在国内已经是最好的了，机器有三层大楼那么高，安置在位于南城的水电部规划设计总院里。李敏华的学生范元勋就在那里工作，这给力学研究所提供了很大的方便。在范元勋的协助下，梁乃刚最后圆满完成了任务，还提交了一篇论文参加了在美国休斯敦召开的国际近海工程年会（OTC）。

但是欧洲的管节点委员会的人都不相信在中国的计算机条件下可以完成这种计算，所以会后他们派人到力学研究所来访问，并接受李敏华的推荐，邀请梁乃刚到挪威特龙黑姆大学（The University of Trondheim）去做博士后。梁乃刚到达挪威的第三天，他们就要求他报告是如何计算的。当时还请了作为DNV计算中心顾问的欧洲的管节点委员会、国际上计算有限元非常有名的几位学者来参加报告会。原来他们一直不相信中国科学家能够完成这种计算！尽管梁乃刚的英语不算流利，只能把博士论文的核心想法讲出来，即他是如何在非常小的计算机容量的情况下完成计算的。他们听了之后说，你就不要讲管节点了，我们知道“以小算大”的要害了。这就是李敏华选择研究课题的视角，她知道如何从工程实际的需求提炼出有长远生命力的科学问题。当然，做这类课题，往往难以发表很多论文，梁乃刚回忆道：李先生从来没有问过“发表多少文章？”的事情，她都是要求我们解决别人没有解决的问题。而且，她对我们说：你说解决了还不算，要等到工程界使用的人觉得解决了问题才算数。人家点头了，那才是真解决了。梁乃刚还说道：李先生在业务上要求得非常严格，例如，考核程序对不对？那是一点儿商量余地都没有的。不是我们检查得仔细就一定对，要通过多方面的校核才行。

的确，李敏华指导研究生的论文题目，一直强调以工程应用为背景与导向，这是她具有的应用力学学派一贯学风的精髓。她的博士研究生梁乃刚记得，李先生总是强调的一个“标准”就是：别人没有做到的，你做到了才行，是要解决前人没有解决的问题，这才是真正的创新点。1982年，李敏华招收了一个硕士研究生李国安，并委托中国科学技术大学力学系的王秀喜协助她指导这个学生。第一个阶段是在中国科学技术大学上课，但选修哪些课程都是由李敏华决定的，王秀喜则协助做些管理工作。第二个阶段是做学位论文，李敏华对选题非常重视，确定为海洋工程力学。当时中国的海洋石油开发刚刚开始，她抓住了最前沿的工程应用课题。然而一开始的时候，工作非常困难，因为大家对这个问题的认识还很不清楚，不知道该做什么？该怎么做？李敏华时年已经67岁了，

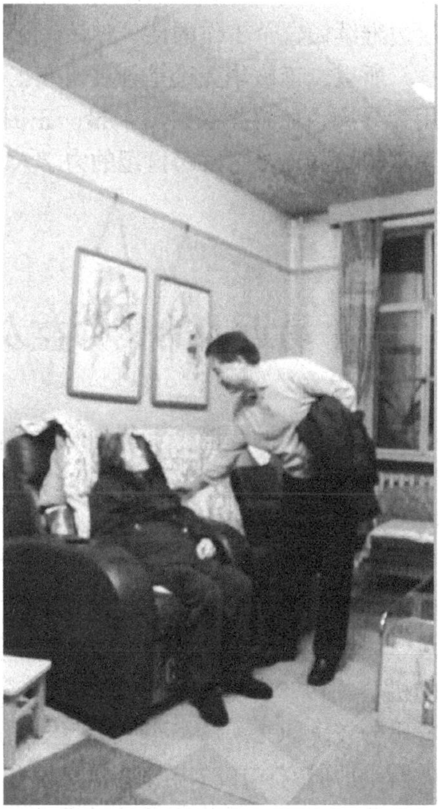

已经是哈佛大学教授的李国安来家中探望李敏华（2012年秋）

她亲自带着王秀喜和李国安到处跑去进行调研。他们到过天津的大港，到过上海的油田管理机构，跟人家谈要做这方面的课题，问产业部门“做什么样的课题？最需要什么？如果做这个课题的话，方案该怎么定？”经过大概半年左右时间的反复调研，李敏华最后才定下来一个课题，内容是用有限元法研究在海浪载荷作用下的海洋平台的动力分析和安全评估。这个课题是非常重要的，因为是国家迫切需要解决的问题，在学科上也是具有挑战性的力学工作。经过两年的刻苦努力，李国安完成了这个硕士论文，然后回到力学研究所进行答辩。在答辩会上，李敏华肯定了李国安的工作，她说：对于一个硕士生，能做这样一个题目，也很不容易了。在肯定成绩的同时，她也给他提出了新的问题：你现在做的海浪问题是考虑了流体与固体的耦合，但海浪还是一个完整的海浪。别人可能会提出来，如果海浪打到海洋平台结构上，它破碎了，变成浪花了，这个对你描述的外载荷会不会有影响？如果有影响，你怎么解决？希望你考虑这个问题。如果后边继续做这个工作的话，你该怎么样做？有什么想法？

所以，李敏华无论是开展研究工作还是培养青年学子，始终以工程应用为导向，始终把握科学前沿。正因为在这种研究取向的熏陶和指引下，李敏华培养出了一批跨世纪的力学人才。

三、平易近人的良师益友

和李敏华的严谨甚至苛刻的学术作风形成鲜明对照的，是她对弟子们“祖母式”的关怀。她常常邀请学生到家里享用美餐，亲自为大家做香酥鸭。20年后，屠美容在纪念文字中写道：“其味道的鲜美，至今还口齿留香，回味无穷。”所以弟子们说：“作为李先生的学生是幸福的，我们几个师兄弟备受导师的关爱，令所里其他的研究生羡慕不已。”当学生们学有成效之后，李敏华又以开放的心胸，为她的弟子们创造和争取到国外深造的机会：1978年送走李大纬、陈玳珩到国外学习；1985年向加州大学洛杉矶分校（UCLA）林同骅教授推荐了陈其业；1986年推荐梁乃刚到挪威做博士后研究；1987年又为屠美容和李英治饯行……

此外，对于学生们个人生活上的实际困难，李敏华也是尽力援手帮助。1978年进来的研究生的年龄相差十来岁，其中有些年长者已是“拖家带口”的人。由于当时的户籍政策，家属无法进京，不少研究生都是两地分居长达七八年之久。例如，梁乃刚来北京学习之前，在宝鸡的一个工业泵厂工作了 10 年，当时他的儿子也要上小学了，所以他笑称：我们家两个人是同时报考“一年级”的。当时没有任何的进京户口指标，他的家属是多年之后才来到北京的。而且中国科学院人事处对他说：按照政策，如果力学研究所有两个人调出，其中一个人调离中国科学院，力学研究所才能调进一个人，但是轮到谁的家属就很难说了。李敏华特别同情这些学生，她多次和所里商量，寻找解决梁乃刚等学生家属进北京、报户口问题的办法。后来，由国家劳动人事部特批，给中国科学院解决了 12 户的进京户口问题，其中便有力学研究所的梁乃刚。这里，力学研究所选定把梁乃刚家属调入北京，应当与李敏华的反复努力分不开，她把弟子们的家事当作自己的家事一样来办理。

对于那些已经成长、独自立业的学生，李敏华也是关怀依旧。当陈玳珩从日本留学归来探亲时，带着夫人一起来拜会李敏华，她如同亲人一般详细地询问他在日本的工作情况、今后的打算安排、小孩的教育等。所以，李敏华的学生们，无论是继续留在国内奋斗的，还是散布在欧、美、日等地打拼的，都永久地怀念着她。1992 年，李敏华收到美国加州大学戴维斯分校土木工程系的教授和调查委员会主席赫尔曼（L.R.Herrmann）的来信，原来她的学生陈其业在申请该系计算力学教职，按照学校的要求，这位调查委员会主席请李敏华就陈其业在教学、研究和服务等方面的潜质作出评价。这位 75 岁的老师十分认真地打印了满满两页信笺的复信，针对校方提出的 8 个问题做了关于学生陈其业情况的详细回答。李敏华就是这样，她把弟子们的事业成长当作自己事业成长的一个组成部分。

李敏华对待学生极少采用长篇大论方式的“教导”，但她在空闲时也会和学生们谈谈心语，话话家常，以“心对心”方式和学生们交流思想。她曾给学生们讲过西南联合大学的教师与同学的艰苦日子，也提到发国难财的官员和商人的鱼肉生活，所以她和吴仲华都痛恨腐败的国民政府，把希望寄托在新中国身上。学生们就理解了他们为什么放弃了在美国的一切而毅然回国。李敏华有时也跟学生们诉说在美国攻读研究生的辛苦：他们一家人的生活是靠吴仲华先生的一份“庚子赔款”的奖学金来维持的。第二个孩子“呱呱”坠地，正是他们写毕业论文的紧张时期。因此，只得一个人白天工作，另一个人照顾孩子，到晚上再倒换过来，因此她往往通宵达旦地工作。学生们就知道了求学、攻读学位必须付出代价。李敏华也会给学生们讲她刚回国那段春风得意的日子：中国科学院授奖、周总理接见、参加青年联欢节……她曾告诉学生们说：在中国科学院第一次授奖时，本来钱三强、何泽慧夫妇也是可以双双获奖的。但是，由于钱三强先生回国后，就主持了组建原子能研究院的行政工作，没有发表新的论文，因此未能评上科学奖。她向学生们表示了为他们没能获奖感到遗憾，也使学生们懂得了老一辈科学家为国献身的情怀。

甚至，李敏华也和学生们聊聊自己生活中的“闲事”。例如，当学生们为李敏华那一口娴熟、流利的英文折服时，她却不以为然，给学生们讲起自己刚到美国时因为英文不好接电话时的尴尬。这个小故事可以使学生们知道只要肯努力就会有收获。此外，李敏华也会给学生们讲起“文化大革命”那段不堪回首的岁月：吴仲华先生和她都受到了冲击，在批斗会上吴仲华先生还挨了打。但是，白天他们被批判斗争了，晚上还得坚持工作。“上山下乡”的浪潮卷来时，他们也和千万个普通的家庭一样把稚嫩的孩子送到了北大荒，作为一个母亲，她难以忍受车站送别时震天动地的哭声。然而祸不单行，到东北插队的孩子得了白血病。因为要参加运动，因为要去工作，她都难以满足孩子希望母亲多陪陪的愿望。她告诉学生：当时是多么期望有奇迹出现或有新药问世，能够挽救儿子的年轻生命。讲述这些遭遇时，她并没有怨愤的情绪，但学生们体会到李先生希望他们要珍惜这难得的科学春天的大好时光。

的确，在传奇经历的光环之下，李敏华其实是一个有血有肉、有情有义的人，她不仅是年轻弟子心目中的偶像，更是一位平易近人的良师益友。1997年，当李敏华80岁华诞之时，他们纷纷送来了贺电与纪念文字；2013年，当李敏华与世长辞之时，他们纷纷发来唁电，送了花圈。他们说，李先生的精神代表了一个时代。他们还说，李先生的品格是留给我们的巨大财富。

四、女性科学家和她的女弟子

李敏华的女弟子屠美容博士在回忆恩师时，曾经动情地写道：

李先生的人格是透明的，她从不虚伪造作，给予我们的是人间真情。她对我说，母亲对于孩子是唯一的。孩子生病的时候，母亲要在身边，切切不可因“工作”而忽视对孩子应有的特殊呵护。这样的话，现在的年轻人听起来，也许很自然，但在当时，20世纪70年代末，“四人帮”刚被粉碎不久，天地依然苍茫。当初的我，一个有两个幼子的母亲，听到这样的话，恰似见到难得的光明。李先生鄙视过分的、恣意的表现，她告诉我事业和家庭的关系，她让我懂得了“愚昧”和“崇高的献身精神”之间的根本差别。这深刻的见解，是她丰厚的人生历练的产物。

显然，在李敏华关于母亲和孩子的说法里，隐含着她心底里始终不能抹去的未能满足儿子临终请求的遗憾，也是她以切身体会来告知年轻女性科学家应当如何处理好事业、家庭与孩子的关系。早在1957年，因为获得自然科学奖，《人民日报》记者对李敏华进行了采访，她对记者说：“国内对女工作人员给以很大的鼓励，因而自己觉得对工作应当更加努力。但是，我认为不应当因为从事科学研究工作而疏忽对孩子对家庭应尽的责任。”所以，《人民日报》以“科学家——母亲”为题对李敏华进行了报道。

屠美容（左一）和恩师李敏华（中）在实验室里（1986年秋）

作为一名女性科学家，李敏华心底里一直保持着“自立、自强”的信念，她认为这是女子为人处世的根本。李敏华经历了旧中国、美国、新中国等不同性质的社会，承担过女儿、妻子、母亲等普通女人具有的身份，遭遇过攻读学位与养育幼子、坚持工作与照顾病孩之间的矛盾煎熬，然而她一直像一只不倦的娇燕在科学的海洋中展翅搏击，向着学科的高峰攀登。是什么信念在支撑着李敏华这位貌似柔弱的女性科学家呢？那就是在她心目中自幼形成的“女子要独立、要自强”的理念！她一直对于各种社会里的男女不平等“耿耿于怀”。

这里，不妨引用李敏华自己的话来说明，尽管有些在前面的章节中曾经提及过。她在1955年的《自传》中写道：

> 1945年修毕工程力学硕士。那时健康大部恢复，只较弱而已。继续进修工程力学博士，1948年完成。在这四年的初期，我们有了两个孩子。因此对我的工作负担增加极多，对经济负担也增加不少。同时很多人觉得女子在结婚后不能也不需要念书。所以在这种经济和舆论的双重压迫之下，度过这个时期也很不容易的。

是的，当时不少人劝她说：女人嘛，只要管好家务、带好孩子，最多再在家里弹弹钢琴就可以了。1956年，她在一篇文稿中又写道：

> 在国外，对于妇女从事技术科学的工作，一般人是很难理解的。新中国成立前的中国也是这样，只是程度上比美国好些。在我初到美国时，有人问我为什么学习工程，我耐心地解释我希望为祖国的建设尽一份力量。但当我几次发现了我的耐心的解释仍然不能使他们了解之后，我放弃了解释。……美国的妇女在表面上看似受到尊重，实质是不独立和感到没有保障。中国在新中国成立前也是如此。

直到2007年，李敏华在接受腾讯网科技频道记者采访时，是这样回答采访人提出的“在您一生当中，您感到有什么遗憾的事情吗？”这一问题的：“就是我老觉得好像男女不平等。”她又一次提到在20世纪40年代的美国也有重男轻女的现象：“当时在美国，觉得不要女的读书。”但是，李敏华在母亲和振华女学校等精

李敏华接受腾讯网科技频道记者采访（2007年）

神的熏陶下早就树立“女子当自强”的志向，所以她在母亲和舅舅的支持下考上了清华大学并坚持在战乱中取得学士学位，她在吴仲华的支持下到麻省理工学院攻读学位并在有两个孩子情况下取得硕士、博士学位。在接受腾讯网科技频道记者采访时，她还告诉记者说：

我得到了博士学位的时候，当地的报纸也登了，我证明了女的可以跟男的一样，他们说“中国的李敏华，两个孩子的母亲，得到了博士学位。”……不要觉得男的跟女的不一样，是一样的，女孩子同样地可以为国家做出贡献。

在抚育着两个幼子情况下李敏华坚持学习并获得了博士学位

是的，李敏华这只娇燕能够在取得博士学位后不停地振翅飞翔，在美国取得了引人关注的研究成果，在中国做出了令人瞩目的贡献，是这种“自强”精神的支撑。

对于女性科学家如何处理好家庭和学习、事业的关系，李敏华有着她独特的见解。关于学习，1957年3月她在接受《人民日报》记者的采访时，曾经说道：

有了孩子，当然给学习带来了困难，但时间安排得好，还是能好好学习的。对待学习的态度很重要。

她还特别举出了自己在麻省理工学院攻读学位时的做法来说明自己对于学习的态度：

1945年第二次怀孕时，读硕士学位的学分已经满了，可是为了多求一些知识，还是选了新的功课，暑假期间又选了一个月实验方法的研究课题，利用晚上到学校里去做试验。

关于科研，1997年夏她在接受苏州有线电视台记者采访时，曾经说道：

我认为做科研，女性、男性没有什么差别。问题是妇女总归将来会有孩子的。有了孩子以后，应当由双方一起管。但是，总归女性要多花一点时间，这是不能回避的。所以，我觉得，作为妇女的科学工作者，关键是要善于安排时间。因为做科研工作，不是花了多少时间就会取得成绩的，一定要善于安排时间。

当然，李敏华在各种场合都反复提及吴仲华对她的支持，表明了家庭和谐一致、夫妻志同道合对于女性科学家取得成功的重要性。她在这个纪录片里动情地谈道：

我们两人一边管小孩子一边念书，吴仲华非常支持我。因为我念书的目的是为了将来更好地工作，他也是为了这个。我读博士时，有人对他说：你劝劝她，就别念了，有了孩子啦。他不但没有劝我不念，还支持我、帮助我。家务事，都是他管了；照顾小孩，他也帮我。这样，我们两人一边念了两个博士，一边照顾孩子。我们在那里的目的是学点东西、学点工作经验，回来好好报效祖国嘛！

吴仲华与李敏华共同照顾孩子以支持李敏华攻读学位

所以，李敏华对于女弟子、女助手，经常以自己的亲身经历为例，帮助她们学会如何处理好学业、科研和家庭的关系。

李敏华格外关心女弟子们的成长。例如，屠美容在攻读学位时，需要在中关村和玉泉路之间来回跑，当时也没有直通的班车和公交车，所以为了听课，不仅身体上很吃力，而且要花费许多时间。李敏华知道后就借给她一辆自行车，让她骑车往返。但是对于李敏华而言，生活上的无微不至和工作上的严格要求，从来都是并举的。还是来看屠美容的例子，她的博士论文的完成需要大量的实验工作，要研究带圆孔板的孔边裂纹附近的应力集中问题，需要在加载架上进行，给出云纹和散斑的结果。这样，首先要在试件上贴云纹片，然后加载。当时的仪器设备不像现在这样先进，这些实验做起来相当累人，像做散斑实验，都是要在暗室里摸着黑做的，很大程度上是凭手感，如果操作人员动作幅度稍微大一点点图像就没了，而且做的当时看不见，要等冲洗出来之后才知道有没有，如果没有就得重新做加载实验。但是，李敏华对实验工作却十分认真，她的要求是：载荷要慢慢地增加上去，每加一点载荷，就要做一次云纹、散斑的数据，最后一直要到试件拉断为止。她不仅要求取样点十分密集，而且要求每种试件的各个数据都必须做多次的重复试验。屠美容在吴阜肤的协助下，十分辛苦地进行实验，有时冲洗出来没有任何结果，急得屠美容不时地掉眼泪。但是李敏华从来都不放松要求，她要求结果不满意时必须重做，要不厌其烦地、一遍遍地做，直到满意的结果出来。所以，屠美容往往要做百次实验，才能够考虑描画曲线、撰写报告、发表文章。正是这样严格的要求，她们的工作结果才可以被国际学术会议接受并宣读，而受到李敏华严格训练的屠美容后来才可能进入美国国家航空航天局工作。

的确，严师才能出高徒，严格的训练才能获得真才实学。1987 年，屠美容由李敏华推荐到美国继续深造，作为同样有着两个孩子的女博士，能够步先生后尘进入美国国家航空航天局下属的研究部门，和其在力学研究所读研的背景显然是有所关联的。屠美容在回忆恩师时说道：

在李先生的指导下，学术气氛是自由的。她善于启发学生的自我能动力、创造力，鼓励我们勇敢地向前探索。她的视野是宽广的，她要我们站在世界科学的前沿，且注重于工程实践的运用。她的指导是具体的、精辟的，也是细腻的，论文中的任何细节，她都了如指掌。我们每一个小小的进展，她都报以会心的微笑。

在科学春天到来之后，李敏华又得以招收弟子并施以训导。在科学春风的沐浴中，这些跨世纪的科技人才不断成长。娇燕就是这样，奋力拼搏，为“出成果，出人才”的使命奉献了自己的全部精力和智慧。

第十六章

并肩携手与病魔抗争

正当李敏华准备在她新开辟的疲劳研究领域里再攀高峰的时候，她遭遇了生命中沉重的打击：1988 年 1 月，吴仲华因患肝癌而手术；1992 年 9 月 19 日，吴仲华因癌症扩散而逝世。在吴仲华治疗、养病期间，李敏华一直陪伴在他的身边。在吴仲华病后恢复工作期间，李敏华经常作为他的好帮手协助工作。他们就是这样一对并肩奋斗、共度一生的科学家伴侣。

一、相濡以沫、并肩奋斗的院士伉俪

李敏华和吴仲华自从 1936 年在清华大学学习期间结识以后，特别是 1943 年在西南联合大学留校工作期间结婚以后，就并肩携手开始了共同为科学事业献身奋战的历程。如果说，李敏华是一只娇燕的话，那吴仲华就像一头雄鹰。在娇燕凌空的时时刻刻，雄鹰也在奋力搏击并为娇燕护航。这里不妨再回顾一下他们相濡以沫 50 余年的经历。

1935 年，李敏华和吴仲华同时作为清华大学十一级入学，他们共同参加了在北平掀起的“一二·九”等学生运动。1936 年，在“理工救国”的共同理念下，李敏华和吴仲华成为好朋友并走到了一起。1937 年，在吴仲华的鼓励下，李敏华决定从化学系转到机械系，后又在 1938 年转入新成立的航空系，为自己一生的学术生涯找到了好的起点。1940 年，李敏华和吴仲华同时从西南联合大学毕业，分别留在航空系和机械系任教。1943 年，李敏华因营养不良而复发肺结核，吴仲华毅然决定立即结婚，以利于疗病。1944 年，李敏华和吴仲华一起负笈远行抵达美国，身怀六甲的李敏华在吴仲华的托扶下登上了远洋渡轮，在吴仲华的陪伴下颠簸于太平洋海涛中达数月之久。1948 年，李敏华作为两个孩子的母亲，在吴仲华的倾力协助下，成为麻省理工学院的第一位工科女博士（吴仲华则早一年获得麻省理工学院的博士学位），而 1909~1944 年到麻省理工学院攻读并获得博士学位的清华大学留学生仅有 33 名。1949 年，李敏华来到吴仲华先期进入的路易斯飞行推进实验室工作，他们同在美国国家航空咨询委员会下属的研究所中担任研究科学家，并分别在叶轮机械三元流动理论和塑性力学领域做出了开创性的贡献。1951 年，为了准备回国，李敏华和吴仲华一起主动辞去美国国家航空咨询委员会的工作，先后进入布鲁克林理工学院工作。1954 年，经过精心筹划，李敏华与吴仲华一起带着两个孩子，以旅游为名，绕道欧洲回国。1955 年，李敏华和吴仲华在完成了教育部对回国留学生组织的学习活动后，分别进入中国科学院和清华大学工作。1957 年，李敏华和吴仲华的研究成果分别获得了 1956 年度国家自然科学三等奖（李敏华获奖项目名称为《塑性大应变的轴对称平面应力问题在金属硬化区的解法和一般性结果》）和二等奖（吴仲华获奖项目名称为《燃气轮（机）的研究》），成为唯一一对同获国家级自然科学奖的科学家夫妇。1966 年，“文化大革命”爆发以后，李敏华和吴仲华先后受到了不同程度的冲击，他们在 1976 年还痛失了幼子，但他们搀扶着走过了“文化大革命”并欣喜地迎来了科学的春天。1978 年，李敏华和吴仲华的研究成果又分别获得中国科学院重大科技成果奖（李敏华的获奖项目名称为《涡喷六发动机轮轴在扭矩作用下的应力分析》）和全国科学大会优秀成果奖（吴仲华的获奖项目名称为《任意非正交曲线坐标叶轮机械三元流动理论》）。1980 年，李敏华当选为中国科学院学部委员，与 1957 年当选为学部委员的吴仲华都属于技术科学部，成为一对伉俪院士。1980 年，吴仲华终于实现了独立建设工程热物理研究所的夙愿，李敏华为之感到欣慰并全力支持吴仲华的工作。1984 年，李敏华成为中国共产党党员，和 1980 年加入中国共产党的吴仲华一起，成为力学研究所和工程热物理所两个所内唯一一对夫妻二人均为中国共产党党员的归国高级研究人员。

以上的简单回顾，表明了这对科学家夫妇总是牵着手、并着肩，一同前行的。作为丈夫，吴仲华一直挚爱着李敏华，珍惜着她与他的并肩。在“文化大革命”的一次“批斗”中，他面对着革命群众说：“我一生也许做过不少错事，但是有两件事做对了。一件是同李敏华结婚，一件是回到祖国。对此，我至今不悔。”1980 年 11 月，在接受《北京日报》记者采访时，他又进一步解释道：“我和李敏华想的、做的完全一致，所以我说和她结婚做对了。”作为妻子，李敏华终生感激着吴仲华对她的支持。2007 年，在李敏华 90 岁高龄之时，腾讯网科技频道访谈节目的主持人对她提出的一个问题是：“您在人生当中，感觉最幸福的事情是什么？”李敏华毫不犹豫地回答：“我念书得到了先生的支持，我先生总是很支持我。”“我念书的时候，他什么事情都帮我做。”不仅是在读书期间，吴仲华关怀着李敏华，在人生的每个环节，吴仲华都关怀、照顾着他的爱妻李敏华。1978 年，吴仲华受时任总理王震、副总理方毅的委托和三机部有关人士赴英考察，历时将近 40 余天，在一封家书里，吴仲华这样写道：

华：知道你得病住院后即请使馆向三机部发了电传，请他们问力学所你的病情、我是否提前回来，一直没有回电！昨天王大伟来了才放心了。他说实际上你并没有休息够就上班了！所以对别人：“小心，小心”，而自己却不“小心”！！总结这二十年的经验，其实不一定要怎么样、怎么样，大的变化因素很多的，存下这一二十年时间能够在自己小范围内做好一些工作就不错了！

从这短短几句话里，我们不仅可以看到李敏华对工作的态度，也看到了吴仲华在“逆境”中对工作的态度。然而，更直接使人感受到的是，吴仲华对李敏华的情和意：他对她生病住院之焦急心态跃然纸上。他们就是这样一对并肩奋斗、相濡以沫的夫妇。

李敏华和吴仲华在美国学习、工作期间并肩奋斗、相濡以沫

李敏华和吴仲华有了两个可爱的小孙子

1978～1988年的10年里，是李敏华和吴仲华两人回国以来最感“共同舒心”的时期：李敏华把研究领域从应力分析拓展到疲劳研究，吴仲华把研究领域从燃气轮机扩展到能源利用。吴仲华为之奋斗了25年的工程热物理研究所终于独立建所了，他回国后工作最辉煌的时段到来了。而且，此时他们已经有了两个可爱的小孙子吴晨和吴迪，这个家庭洋溢着天伦之乐。然而，正当李敏华准备在她新开辟的疲劳研究领域里再攀高峰的时候，正当吴仲华全力以赴为国家能源动力战略研究与决策做出更大贡献的时候，不幸的消息传来：吴仲华罹患癌症。应当说，对于身体素质相当好的吴仲华而言，这与他多年来身处逆境、倾力工作无不相关。也应当说，这是这一对院士伉俪面临的又一场严峻考验！

二、吴仲华不幸身患癌症

1987年年底，吴仲华在常规体检中发现肝部有问题。1988年1月，李敏华陪同他转往上海华东医院进一步确诊，医生诊断为肝癌，这对于李敏华无疑是一个沉重的打击。令人感动的是，这对院士伉俪没有被癌症吓倒，他们在疗病期间依然像常人一样全力工作。这就是他们两人对于事业的一贯作风：科学事业是高于一切的使命。坦率地说，回国不久，吴仲华就成为历次政治运动的批判对象（特别是“文化大革命”期间受到的第三次冲击），成为如他自己所调侃的“老运动员”，这对他的身心必然有所影响。但是，他一直不遗余力地为我国燃气轮机事业的发展而操劳，展现了一个爱国科学家的风范。作为例子，这里不妨来看看吴仲华在“文化大革命”逆境中的作为吧。

众所周知，吴仲华是一位享誉国际的学者，他在20世纪50年代初所创立的三元流动理论，不啻为叶轮机械领域的一部“圣经”。国外学者先后提出了“吴氏方程”“吴氏通用理论”的说法。可是，在“文化大革命”的风暴中，这位“吴氏”却困囿于批判、隔离与审查之中。那时，使他感到最难以忍耐的痛苦是：科研工作完全停顿了。实在无聊，从不吸烟的他只能“玩起”烟斗，在办公室里吸烟了。更令人唏嘘的事则是，“文化大革命”后恢复工作，安排他的第一份工作居然是为研究所下属的工厂翻译新购置的一台机床说明书。

但是，一旦有点机会可以工作，他就奋力从事研究了，尤其是对于三元流动理论。吴仲华曾对其助手吴文权说过：

在办公室里吸着烟斗的吴仲华

人们认为三元流动理论是1952年建立的。其实不是，我在1952年建立的只是模型，因为没有实现三元流动的“迭代”计算。直到我们用了“曲线坐标”之后，进行了数值计算，完成了全部“迭代”计算，三元流动理论才正式确立。

吴仲华从事曲线坐标的研究，实际上在“文化大革命”以前的1963年就开始了，然而“文化大革命”开始后，就不得不停掉了。后来“抓革命、促生产”时，他就成立了一个4人数值仿真小组，着力发展任意非正交曲线坐标系统及其数值方法，以期完全求解叶轮机械的三元流动理论的基本方程。当时，小组成员都没有应用张量求解问题的经验，吴仲华告诉大家“我也没有学过张量”，所以大家是从自学张量开始的。吴仲华要求每个人在自学以后都要把笔记写下来，他自己也亲手推导计算公式、提出计算方案。当时没有复印机，一式四份垫着印蓝纸“复写”下来的文稿，就这样在四个人中间传递着、交流着……计算程序就这样一步步地建立起、完善着……吴仲华后来在1976年德国慕尼黑召开的第三届国际吸气式发动机会议上，宣读了《任意非正交曲线坐标系下叶轮机械三维流动基本方程及其数值方法》的报告，大会主席在总结时特别评论道：“这篇论文是会议的精彩之点，只有三元流动通用理论的创立者才能贡献如此精彩优秀的报告。”然而，也只有吴仲华和他的助手们才知道其中包含着多少艰辛的付出。

吴仲华（右二）和数值仿真小组成员在讨论工作

1971 年，吴仲华被正式允许恢复工作了。他立即带领一个研究小组到沈阳 410 厂从事航空用压气机改型的设计与研制工作。该小组的成员刘殿魁如此回忆这次下厂的情景：当时吴先生和我们在工厂一干便是 3 个月。他身穿工作服，出入于黎明机械厂的车间、设计处。沈阳当时的生活很苦，一个月每人只有定量的三两油，作为“细粮”的白面也很少，可是吴先生从未道过一个苦字。吴先生在此期间，工作清苦但精神饱满，根本让人难以想到就在这不久之前，他还被囚于办公室，以办公桌为床，被当作资产阶级学术权威遭受批斗。可一提到为国防科研出力，他立即挺身而出。另一位助手吴文权也回忆道：吴仲华去工厂就住招待所、吃食堂，唯一的额外待遇是带了一瓶酱菜可以就饭吃。他和技术人员、工人都建立了非常好的关系，每次去沈阳都要为他们带去大量的肉、面，两人出差，往往要安排 10 人“送站”。所以，在 410 厂，吴仲华被工人们亲切地称为“我们的教授”以示亲昵，这个称谓一直延续到他逝世之日。

吴仲华在工厂里不仅帮助他们改型设计、进行试验，还主动为技术人员讲解三元流动理论。当时，吴仲华研发的 S2 流面计算机程序还没有调试完毕，尚无法用于设计。有人提议是否可使用计算研究所应用美国的流线曲率法编制的计算机程序。吴仲华听后勃然大怒：干吗用美国人的方法！于是，他亲自在厂里用电动计算器进行计算，前后用时两个多月。这就是吴仲华的信念与格言：中国人搞出的理论，首先要为中国服务。除此之外，吴仲华还积极在全国推广叶轮机械三元流动理论。1971 年，他不顾当时被污蔑为“与工农兵讲台唱对台戏”的危险，在中国科学技术大学举行了全国性的三元流动理论讲习班并亲自授课；“文化大革命”结束后，1978 年吴仲华又在 201 所举办了一次讲习班，有国内的近百位高级专家、教授参加。在国内的学习班上，他把刚刚完成的非正交曲线坐标系统三元流动计算程序包全部公开了，无私地提供给国内研究所、工厂和高校使用，而且细致地讲解如何应用曲线坐标来进行计算。像吴文权这些助手们，当时都感到“舍不得”，因为搞程序是很辛苦的。后来哈尔滨工业大学的王仲其依据吴仲华的“讲义”编写了一本书，还把这个程序公布出来。吴文权也“深感不平”：这样一来，别人还以为程序是他们写的呢！但吴仲华对此毫无异议，还亲自为此书写了序言。可是，对于国外提出的“合作”，吴仲华则坚决保密。当时，美国空军的发动机主设计师要求吴仲华到他那里考察航空发动机设计方法，吴仲华就直言拒绝了。

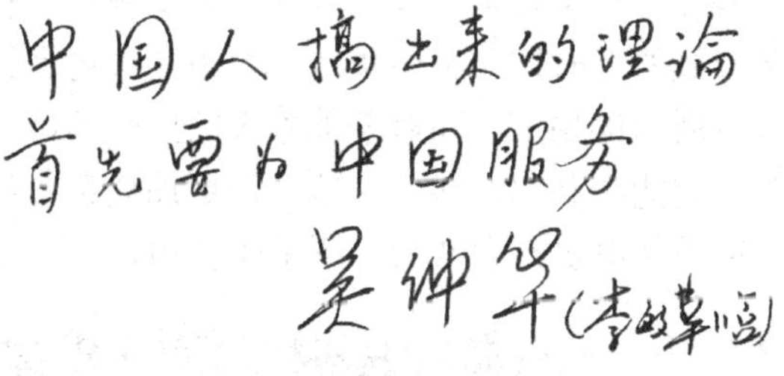

李敏华临写的吴仲华的格言

1972 年，吴仲华亲自率领一个调研小组，从东北到西南，从西北到中南，在全国各地调查航空发动机工厂和研究所的现状，然后提出：中国需要发展航空发动机，有关部门需要科研合作。他决定在力学研究所内组织力量重新上马开展航空发动机的科研工作，并建议国家拨专款建设超跨声速叶栅风洞和单双级轴流压气机试验台。1975 年，吴仲华又开始了筹建旋转叶栅试验台的工作。这些大型试验装备在吴仲华领导下，逐渐建成并投入使用：1980 年，单双级轴流压气机试验台建成；1984 年，超跨声速叶栅风洞建成；1985 年，旋转叶栅试验台建成。它们凝聚着吴仲华的无尽心血，也耗费了吴仲华的大量精力，但是为工程热物理基础性研究奠定了坚实的物质基础。

三、吴仲华倾力工作、积劳成疾

1978年科学春天的到来，同样为吴仲华的科学生涯带来了又一春。当年，他担任了国家科学技术委员会工程热物理学科组组长，领导制定了全国工程热物理学科发展规划；他创建了中国工程热物理学会，担任理事长。更令他欣慰的是，1980年，中国科学院工程热物理研究所正式挂牌成立，由他担任所长。吴仲华奋斗了25年之久的夙愿终于实现了！这一年，吴仲华加入了中国共产党，还在中共中央书记处举办的科学技术知识讲座上作了《中国能源问题及其依靠科学技术解决的途径》的报告。1981年，吴仲华当选为中国科学院主席团执行主席，并于1984年再次连任。1982年11月，在中国科学院技术科学部委员会扩大会议上，他和张光斗、罗沛霖、师昌绪四人的大会发言“实现四化必须发展工程科学技术”中，提出了“大力发展工程科学技术”及“成立中国工程科学院”等建议。可以看到，在改革开放的新时期，吴仲华在一个更高、更大的层面上为中国工程科学技术的发展出谋划策，而对于他本人的研究领域，则不失时机地从工程热物理扩大到能源利用。显然，这一切更加耗费着吴仲华的心血和精力，而他从来都是凡事要亲力亲为、严于律己的。

1980年夏，吴仲华在中共中央书记处作能源科学知识讲座

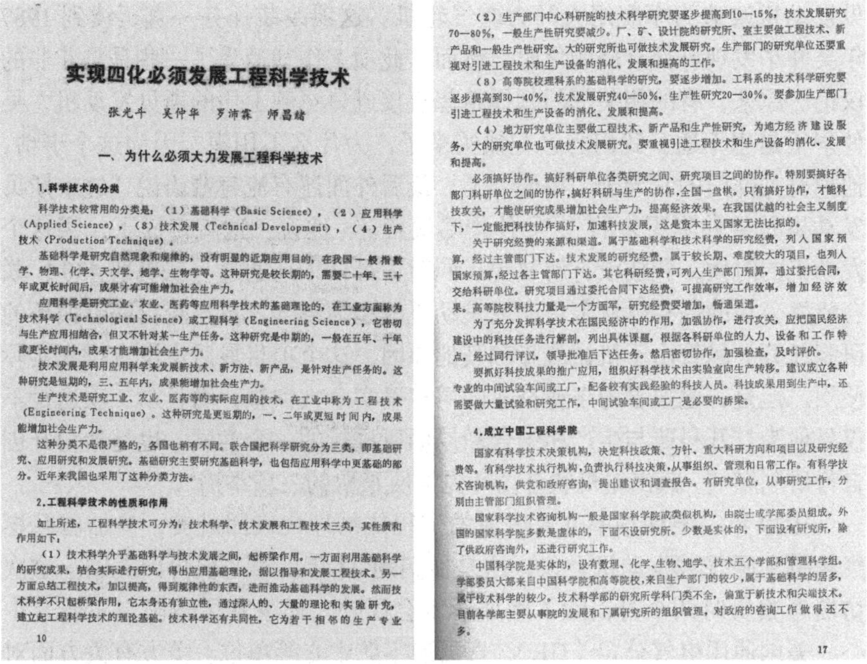

实现四化必须发展工程科学技术

张光斗　吴仲华　罗沛霖　师昌绪

一、为什么必须大力发展工程科学技术

1.科学技术的分类

科学技术较常用的分类是：（1）基础科学（Basic Science），（2）应用科学（Applied Science），（3）技术发展（Technical Development），（4）生产技术（Production Technique）。

基础科学是研究自然现象和规律的，没有明显的近期应用目的，在我国一般指数学、物理、化学、天文学、地学、生物学等。这种研究是较长期的，需要二十年、三十年或更长时间后，成果才有可能增加社会生产力。

应用科学是研究工业、农业、医药等应用科学技术的基础理论的，在工业方面称为技术科学（Technological Science）或工程科学（Engineering Science），它密切与生产应用相结合，但又不针对某一生产任务。这种研究是中期的，一般在五年、十年或更长时间内，成果才能增加社会生产力。

技术发展是利用应用科学来发展新技术、新方法、新产品，是针对生产任务的。这种研究是短期的，三、五年内，成果能增加社会生产力。

生产技术是研究工业、农业、医药等的实际应用的技术，在工业中称为工程技术（Engineering Technique）。这种研究是更短期的，一、二年或更短时间内，成果能增加社会生产力。

这种分类不是很严格的，各国也稍有不同。联合国把科学研究分为三类，即基础研究、应用研究和发展研究。基础研究主要研究基础科学，也包括应用科学中更基础的部分。近年来我国也采用了这种分类方法。

2.工程科学技术的性质和作用

如上所述，工程科学技术可分为：技术科学、技术发展和工程技术三类，其性质和作用如下：

（1）技术科学介乎基础科学与技术发展之间，起桥梁作用。一方面利用基础科学的研究成果，结合实际进行研究，得出应用基础理论，据以指导和发展工程技术。另一方面总结工程技术，加以提高，得到规律性的东西，进而推动基础科学的发展。然而技术科学不只起桥梁作用，它本身还有独立性，通过深人的、大量的理论和实验研究，建立起工程科学技术的理论基础。技术科学还有共同性，它为若干相邻的生产专业

10

……

（2）生产部门中心科研院的技术科学研究要逐步提高到10—15%，技术发展研究70—80%，一般生产性研究要减少。厂、矿、设计院的研究所、室主要做工程技术、新产品和一般生产性研究。大的研究所也可做技术发展研究。生产部门的研究单位还要重视对引进工程技术和生产设备的消化、发展和提高的工作。

（3）高等院校理科系的基础科学的研究，要逐步增加。工科系的技术科学研究要逐步提高到30—40%，技术发展研究40—50%，生产性研究20—30%。要参加生产部门引进工程技术和生产设备的消化、发展和提高。

（4）地方研究单位主要做工程技术、新产品和生产性研究，为地方经济建设服务。大的研究单位也可做技术发展研究。要重视引进工程技术和生产设备的消化、发展和提高。

必须搞好协作。搞好科研单位各类研究之间、研究项目之间的协作。特别要搞好各部门科研单位之间的协作，搞好科研与生产的协作，全国一盘棋。只有搞好协作，才能科技攻关，才能使研究成果增加社会生产力，提高经济效果。在我国优越的社会主义制度下，一定能把科技协作搞好，加速科技发展，这是资本主义国家无法比拟的。

关于研究经费的来源和渠道。属于基础科学和技术科学的研究经费，列入国家预算，经过主管部门下达。技术发展的研究经费，属于较长期、难度较大的项目，也列入国家预算，经过各主管部门下达。其它科研经费，可列入生产部门预算，通过委托合同，交给科研单位。研究项目通过委托合同下达经费，可提高研究工作效率，增加经济效果。高等院校科技力量是一个方面军，研究经费要增加，畅通渠道。

为了充分发挥科学技术在国民经济中的作用，加强协作，进行攻关，应把国民经济建设中的科技任务进行解剖，列出具体课题，根据各科研单位的人力、设备和工作特点，经过同行评议，领导批准后下达任务。然后密切协作，加强检查，及时评价。

要抓好科技成果的推广应用，组织好科学技术由实验室向生产转移。建议成立各种专业的中间试验车间或工厂，配备较有实践经验的科技人员。科技成果用到生产中，还需要做大量试验和研究工作，中间试验车间或工厂是必要的桥梁。

4.成立中国工程科学院

国家有科学技术决策机构，决定科技政策、方针、重大科研方向和项目以及研究经费等。有科学技术执行机构，负责执行科技决策，从事组织、管理和日常工作。有科学技术咨询机构，供党和政府咨询，提出建议和调查报告。有研究单位，从事研究工作，分别由主管部门组织管理。

国家科学技术咨询机构一般是国家科学院或类似机构，由院士或学部委员组成。外国的国家科学院多数是虚体的，下面不设研究所。少数是实体的，下面设有研究所，除了供政府咨询外，还进行研究工作。

中国科学院是实体的，设有数理、化学、生物、地学、技术五个学部和管理科学组。学部委员大都来自中国科学院和高等院校，来自生产部门的较少，属于基础科学的居多，属于技术科学的较少。技术科学部的研究所学科门类不全，偏重于新技术和尖端技术。目前各学部主要从事院的发展和下属研究所的组织管理，对政府的咨询工作做得还不多。

17

吴仲华等在中国科学院技术科学部委员会扩大会议上提出的建议（摘录）

1978年7月，由于王震、方毅的点名，吴仲华参与了三机部购买英国R-R公司的斯贝发动机专利的工作，为此随代表团在英国谈判40余天。那时我们国家还买了一台斯贝发动机，因为我们要发展一个叫“强5”的强击机。后来“强5”下马了，所以斯贝发动机没有使用的下家了。在这个困难的时候，时任副总理的王震把吴仲华邀请去当顾问，请他去处理这个斯贝发动机该怎么办的问题。吴仲华就率领一个11人专家组到西安去了，以便落实能够应用这个发动机的下家。一开始英国人并没有提供给我们真正的图纸，给的都是没有用处的“垃圾”。但是，吴仲华一去，他们觉得专家来了，英国人才将真的设计资料拿出来。既然“强5”不用了，吴仲华就提出来可以改成在军舰上使用并给出了改型方案。1982年，吴仲华正式给王震等发函，提出了斯贝发动机改型的具体意见并给出了三种方案：用核心机改装为联合循环发电装置，用低压压气机切顶，切顶加零级。其中，后两种方案都是拟用于舰艇动力的。

吴仲华不仅提出方案，而且身体力行，率领研究人员和工业部门合作，具体实施这些方案。这样，一个以吴仲华为首的联合攻关组成立了，成员包括中国科学院、三机部3035厂和606所三家，目标是将库存的斯

贝发动机改造为军舰用大马力燃气轮机。这项改装任务一直延续到1987年吴仲华发现肝部有问题之时。然而，此项工作却遭受了一些是是非非的议论。原来，有的相关部门领导希望直接进口军舰上用的斯贝发动机，吴仲华很是想不通：我们已经花钱买来了，为什么不用呢？因为这个事情，他把有关部门的领导全“得罪”了，最后外面还有流言蜚语说“这个斯贝发动机是吴仲华买来的”。吴仲华啼笑皆非，他说：这就奇怪了，买这个发动机的时候，我还没有解放呢！同时，吴仲华还通过与三机部430厂联合成立公司的途径，从事将斯贝发动机改型为燃气－蒸汽轮机联合循环的研制任务。尽管由于机械故障和其他原因，这个项目最后也没有投入实际使用。但是，他执着为事业奋斗的精神确实令人钦佩，而且第二项途径不仅是他为打开科研与生产相结合新局面所进行的一个尝试，也是他为开创自行研制燃气-蒸汽轮机联合循环先河所采取的一项举措。

1979年，吴仲华率9人组成的工程热物理代表团赴美，参加国际燃气轮机和吸气式发动机会议，这是他阔别24年后第一次再回美国。这次访美考察历时两个月，除了参加学术会议外，还参观了美国空军研究中心、美国通用电气公司（GE）、肯尼迪宇航中心等单位。美方有关方面对于这次来访也十分重视。例如，美国空军派了一个5人小组一直陪同代表团完成各项相关的活动；美国GE公司安排了两架6人座的总裁专机来接吴仲华，还进行了走红地毯、升国旗等仪式，并允许他参观正在研制中的新一代发动机。接待规格之高可见一斑！然而，如此“高贵”的科学家对自己却是“苛刻”之极，他只是想着为国家节约每一分钱！在赴美航程中，吴仲华自己从来没有坐过头等舱，始终跟代表团成员一起坐在经济舱里。由于托运的行李常常晚到，他的所有重要资料一定要自己随身携带。由于他身体魁梧，座位前面还放了个大箱子，挤坐在飞机舱座里简直无法动弹，让同行人看着都实在难受。为了购买到折扣机票，他就亲自去美国旅行社买票。为了节省出租车费，他就租了一辆面包车，亲自当司机为大家开车让随行人成了“贵宾”，因为只有他有美国驾照。在国外住旅馆时，他完全可以一个人住一个房间，但是他从来都是跟别人合住。有次住在公寓式旅馆，只有双人床，要两个人合睡一张床，同行的人开玩笑说：“在家里，连老婆都不睡在一起，这里却两个大男人挤在一张床上！”他还要求大家自己做饭，因为旅店不提供餐饭，于是又有人“调侃”道：“在家中从不做饭，到美国倒要自己准备饭菜了。”甚至有一次，他把代表团的9个人全部带到一位美国同学的家中住宿，大家只得打地铺睡觉。还有一次，为了买画图用的字规，他带着吴文权跑遍了纽约，到吃饭时间在饭馆门前看了半天，觉得他喜欢的牛排太贵，也舍不得进饭馆，最后就在街旁买了两块比萨饼，一人一块充饥。这次率代表团访美，吴仲华为国家省了许多钱，为此驻美大使馆专门给中国科学院领导写了表扬信。

这种做法并非由于1979年科学春天刚刚开始、科研经费不足的原因，而是吴仲华一贯为之的原则所致。例如，他曾派吴文权作为他的代表到斯柏丁教授那里讨论软件合作事宜，吴文权在英国工作了两个月，也是住在吴仲华朋友的家里。行前，李敏华还特意关照说："住在人家家里，一定要打扫干净，不能给人家家里弄脏！"1983年，吴仲华申请到联合国开发计划署（UNDP）批准的一个项目，率团赴美考察，其间参观访问了通用电气公司、西屋公司及麻省理工学院、宾州大学和康奈尔大学等单位。当时买飞机票，中国科学院的规定是都要买中国民用航空的，但吴仲华觉得外国航空公司的飞机票比中国民用航空要便宜一半，为什么不买呢？所以他们这次出国就是坐巴基斯坦航空公司的航班，因为它便宜。他把这笔经费全部用于研究所的科学实验上面。在那次赴美期间，吴仲华还在美国办理了自己的养老金事宜，因为他原来在美国工作了八年时间，美国银行一直保持着他的记录，所以他可以从美国领取这份养老金。吴仲华回国时，却用自己这份养老金买了一些科研用的东西回来，也不去公家报销。

这些"细枝末节"的小事情反映了吴仲华的行事原则。他珍惜科学的春天，倾力为挚爱的工程热物理事业工作，他付出了自己全部的智慧和精力。然而，积劳往往成疾，因为其中付出的不仅有他自己身体的代价，甚至也会有精神的代价。

四、伴随吴仲华继续前行

1988年年初，上海第二军医大学的著名肝胆科专家吴孟超亲自为吴仲华施行了肝癌手术，手术本身是成功的。在开刀之际，吴孟超对李敏华说：病因起于半年前的过度劳累。是的，从1980年起，吴仲华就不失时机地开始关注中国能源利用这个大课题了。其标志是在中央的科学技术知识讲座上所作的报告，他在报告中提倡：按照"分配得当、各得其所、温度对口、梯级利用"原则，大力发展各种联合循环与热电并供、余能利用等总能系统。此后，他向有关决策部门作了《燃气轮机的发展及其在国防和能源利用中的重要作用》和《中国的能源问题及其解决的技术途径》等报告，组织撰写了《关于发展国产地面燃气轮机的报告》和《高效率的注蒸汽燃气轮机发电供热装置可行性的初步分析》等文件，在报刊上发表了《从能源科学技术看解决能源危机的出路》等文章，还在工程热物理所组建了以蔡睿贤为首的联合循环课题组、以王达三为首的循环流化床燃煤技术课题组等，并亲自引导他们在新开创的领域取得了令人瞩目的成绩。而他本人更是身体力行，涉足航空、石油和能源等多个领域，主持了多项研究项目。仅在 1986 ～ 1987 年，吴仲华就组织实施了“叶轮机械与能源利用设备的研究与发展”联合国开发计划署项目，主持完成了“斯贝航空发动机舰用化生产型样机研制”和“航空发动机高性能推进系统”两个项目，发表了《跨声速叶栅流的激波捕获－分区计算法》学术论文，主持国家自然科学基金委员会重大项目“工程热物理中关键问题的研究”的实施，并组织论著《能的梯级利用与燃气轮机总能系统》的撰写与出版事宜。1987 年，吴仲华还率团访问了中国香港、美国等地。这一切需要付出何等的心血与精力啊！

李敏华（左四）陪同吴仲华（右四）率团访问中国香港

特别是 1987 年初冬，吴仲华冒着严寒，带领课题组前往沈阳参加压气机实验工作，他自始至终一直坚持在实验的第一线。开始时，吴仲华被安排住在一处宾馆，但离研究所较远，他执意搬到 606 所招待所和大家同住，而且和过去的学生王正明合住在一个房间里。606 所实验基地离研究所很远，每天白天大家乘大巴车去基地参加实验，晚上回招待所还要做数据的整理与分析工作。王正明回忆道：现在回想起来，那时候吴先生实际上已经重病在身了，我可以感觉到吴先生的身体状况大不如前，晚上经常要服安眠药才能入睡，就餐时也总是告诉食堂的师傅只想吃点蔬菜。在大家的共同努力下，实验胜利完成，机组的主要性能参数都达到了设计指标。然而，就在实验结束回京后不久，吴仲华就被确诊患癌并很快住院接受手术治疗。1988 年 5 月，15 000 马力燃气轮机低压压气机样机研制项目在北京召开鉴定会，吴仲华尚在接受肝癌手术后的干扰素治疗，还亲自与会了。因为这是他的三元流动理论在国内的完整运用的范例，他为之奉献了毕生的精力啊！

吴仲华手术住院期间，李敏华一直陪住在病房。当时长海医院病房的走廊里备有煤气灶，上海的亲戚、朋友送来做好的饭菜之后，她就在炉灶上细心加热，有时还亲自为吴仲华煮点粥、做点家乡口味的菜肴。为了帮助吴仲华得以尽快地恢复术后的身体，李敏华听说患者要多吃甲鱼，她就千方百计托人购买，请已经转到上海工作的助手任孝安、吴文权买，请在上海的亲戚朋友买，三机部 3035 厂的鲍劲源高工得知后也从菜场代买过好几次。回北京以后，她也是千方百计托人从南方买来甲鱼。她的学生毛天祥记得一次到合肥出差，就曾给她带回十几只。多年之后，李敏华还为自己没有把甲鱼做得更好吃些而感到后悔，一直在“自责”地说：否则，吴仲华当时可以多吃些，就不会出问题了。从吴仲华患病开始，李敏华便经常陪伴在吴仲华的身边，为他的治疗、养病以致工作而操劳，他们依然并肩携手一同前行。

在病魔面前，这对院士伉俪没有被吓倒，他们念念不忘自己心爱的科研事业，他们要充分利用改革开放的好时光，他们要把被“文化大革命”耽误的时间抢回来。李敏华曾对鲍劲源说过：1987 年上半年正是吴仲华做项目最紧张的时候。“文化大革命”时，他身体不错，但只能去扫厕所。现在刚可以发挥作用却又生病了。命运就是这样捉弄人！甚

李敏华在医院里陪同吴仲华治疗

至还在上海医院时，吴仲华就把病房当作办公室，继续考虑他近年来从事的关于燃气蒸汽联合循环等总能系统的研究课题，同时开始考虑撰写向有关领导建议我国要发展燃煤联合循环的报告。此时，李敏华便成了吴仲华的“第一助手”，他们一起讨论建议的内容、切磋报告的写法，当吴仲华感到疲劳需要休息时李敏华就动手替他撰写文字。当时，笔记本电脑在中国还很不普及，病房里也没有台式电脑，只好由吴文权每天来回在医院和学校之间跑，他从病房取走他们的手稿回到自己工作的学校打印，然后送回医院请吴仲华定稿。1988 年 3 月，吴仲华尽管刚做完手术回京不久，仍然按时地出席第七届全国人民代表大会并当选为第七届全国人大常务委员会委员、中国联合国教科文组织全国委员会委员，李敏华同时也当选为第七届全国政协委员并出席政协第七届全国代表大会。李敏华和吴仲华就是这样，以惊人的毅力，继续拼搏奋斗，在摆脱病痛的过程中，他们依旧活跃在中国的科研和社会的大舞台上。

吴仲华在医院里接待来访者并讨论工作

吴仲华做了癌症手术之后，就在家中开辟了一间办公室，经常在家里的“办公室”工作。因为他还身负许多重任，还有许多工作要完成：联合国开发总署项目要到 1990 年结题；国家自然科学基金重大项目要到 1991 年结题，他本人还具体承担“热机气动热力学”子课题的任务。他要更加紧把手头已有的任务、心中筹划的工作做好、做完，所以吴仲华的工作强度是相当高的，而且还常常出差到外地去。只要是吴仲华需要离开北京工作，李敏华则一直陪伴、照顾着他。

李敏华和吴仲华在家中开辟的“办公室”

1989年，吴仲华创办了中国科学院下属的北京科能能源与动力研究发展中心（简称“科能中心”），随后又在该中心叶轮机械及CAD部的基础上，成立了北京市科能联合技术开发公司。这是他在设备制造领域用市场推动科技研发的大胆尝试。这一年里，他主持完成了“轴流式压气机实验方法、理论计算及其比较评价”课题。

1990年春，吴仲华又专程到3035厂访问，告知斯贝发动机五级压气机切顶改装工程的技术负责人鲍劲源将有新任务，他打算和工厂再次合作搞大批量的生产型斯贝发动机改装任务。吴仲华告诉厂里的同志说，上次切顶改装非常成功，受到各方赞许。这说明小厂也能办大事，是科研与生产的最佳结合。他还告诉说，国家今后有可能再搞生产型斯贝发动机的改装，而且数量多达近百台，不过发动机不是新的而是使用过的。最后吴仲华语重心长地叮咛道：这次工作更为烦琐，但对国家的能源利用有好处。3035厂的同志都为吴仲华以病体之躯依然为国操劳、鞠躬尽瘁的精神而感动不已。

吴仲华（左一）在斯贝发动机五级压气机切顶改装工程的验收现场

1990年夏，吴仲华应邀赴美讲学，李敏华全程陪同。按照美国国家航空航天局的建议，他们主要在克莱姆森大学（Clemson University）做学术访问，为期 4 个月。在美国国家航空航天局路易斯研究中心的赞助下，吴仲华在那里系统地讲解了叶轮机械三元流动理论，讲授的内容由美国国家航空航天局派人进行全程的录像，然后整理、出版，并以此专著作为他们对员工的培训教材。尽管时隔三年后，到了 1993 年，作为美国国家航空航天局的合同报告，篇幅长达 244 页的《亚声速和跨声速叶轮机械中二元和三元旋转流动的通用理论》（NANA CR 4496）才正式面世，但是它为吴仲华和李敏华这次访美活动留下了一个永久的记录。

1990 年在美期间，李敏华还陪同吴仲华访问了他们曾经工作过的美国国家航空航天局路易斯发动机研究中心及辛辛那提大学，在这些短期访问中亦向相关研究人员作了学术报告。随后，他们又飞往欧洲，于 6 月 11 日参加了在比利时布鲁塞尔举办的第 35 届国际燃气轮机与航空发动机大会暨展览（35th International Gas Turbine and Aeroengine Congress and Exhibition），这次活动持续了四天，李敏华一直陪同着吴仲华。在比利时期间，他们还一起到冯·卡门航空研究所（VKI）进行了学术访问。在这间国际著名的航空发动机研究所，他们受到了全体研究人员的热忱接待。

吴仲华（前排左四）受到冯·卡门航空研究所全体研究人员的热忱接待

1990 年秋，吴仲华和李敏华又在工程热物理研究所研究员林汝谋和蔡睿贤的陪同下，去新疆油田参加燃气轮机应用研讨会。他们先乘飞机抵达乌鲁木齐，然后到喀什，再坐汽车经过英吉沙，最后到塔克拉玛干沙漠西边的泽普。他们连夜乘车穿越沙漠时，长时间颠簸在简陋的公路上，又饥又渴，连林汝谋等中年人都感到疲惫不堪，他们无法想象肝癌手术后的吴仲华是以多大的毅力完成这个艰苦旅途的。到了现场，吴仲华不顾术后身体经历长途跋涉后的虚弱，立即出席研讨会，而且激情鼓励油田的同志不要因为燃气轮机出现了一些问题就发生动摇，他以“盆底理论”形象比喻新事物发展规律：“见到盆底，高潮就不远了。”年届 73 岁高龄的李敏华一直坚持陪伴着吴仲华同行。他们的这种精神激励着同行的人们，林汝谋研究员在纪念吴先生的诗中写道：“凝视先生凛冽容，碌碌无为心何安。”1990 年年底，吴仲华和李敏华共同署名，向国务委员、国家计划委员会主任邹家华副总理呈报了《我国要尽快开始建造一体化煤气化联合循环（IGCC）装置》的建议报告。他们以更宽广的视角、更热切的心态，为我国能源发展建言献策。

1991 年，为了落实他们所建议的工作，吴仲华亲自领导这项洁净煤发电技术研究的开展，他派助手到美国、日本等发达国家考察与进修，组织完成了“简化煤气化燃气蒸汽联合循环装置（简化 IGCC）”的可行性研究，随之又亲自到能源部、机械部等单位去作报告，全面介绍国外的进展、做法和在我国开展这项工作的思路。在这一年里，吴仲华还应中国石油天然气集团总公司的委托，组织完成了“凝析油气田轻烃回收、循环注气、节能工程的概念设计”的研究任务。吴仲华又深入考虑航空退役发动机陆用改型的技术途径和方案，对于相关改型的指导思想、技术途径、可能方案及成套问题，均提出了有价值的意见。

1992 年 7 月，吴仲华和李敏华又向中国科学院副院长胡启恒提交了《我国开展整体煤气化联合循环（IGCC）方面工作的具体建议》，洋洋数万字，表达了他们对于这项高效率、低污染的洁净燃煤发电技术的重视及迫切期待在我国早日实现 IGCC 示范项目的愿望。这份报告是吴仲华临终前住在北京医院期间，和李敏华共同撰写完成的。应当说，关于整体煤气化联合循环的建议，是李敏华和吴仲华一生中唯一的一项由两人共同署名的研究成果，这是吴仲华对李敏华在形成这两份重要报告中所付出精力的认可，是他们携手合作为推进中国洁净能源事业发展所做的最后的奉献。李敏华就是这样，在吴仲华最后的岁月里，陪伴着他继续前行，把全部身心和所有智慧贡献给国家和民族。

1992 年 9 月，吴仲华又住院治疗了，其时肝癌已经发展到了晚期而且扩散到肺部。他仍不时地要求工程热物理研究所的助手们定期向他汇报工作进展。在北京科能能源动力研究发展中心从事透平压缩机三元流气动设计软件包开发的华耀南回忆说：先生十分重视这个软件包开发项目。1992年9月18日，吴仲华临终前的晚上，我站在吴仲华的病床前，看到先生大口大口地吐着鲜血，我用卫生纸给吴先生擦着鲜血，而先生却不忘嘱咐我说：“一定要好好完成这个项目。”那是我一辈子永远不会忘记的一个夜晚！

五、永恒的纪念

1992年9月19日，吴仲华在北京去世。噩耗传来，震惊学界，《人民日报》还刊发了讣告：“我国杰出科学家、工程热物理学科创始人吴仲华同志在京逝世。”美国机械工程师学会也发布了“Chung-Hua Wu Dies”的讣告，其中提到吴仲华是“世界叶轮机械领域知名的导师和学者”（World-renowned teacher and researcher in the field of turbomachinery），尊称他为“叶轮机械三元流动理论的开创者”（a pioneer in three-dimensional flow theory for turbomachines），还列举了应用吴仲华理论所设计的若干航空发动机（如J69、JT-3D、JT-9D、F404及其他）。

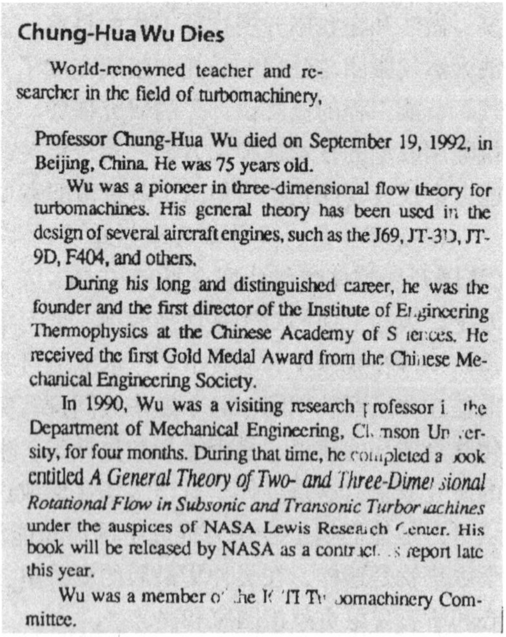

Chung-Hua Wu Dies

World-renowned teacher and researcher in the field of turbomachinery,

Professor Chung-Hua Wu died on September 19, 1992, in Beijing, China. He was 75 years old.

Wu was a pioneer in three-dimensional flow theory for turbomachines. His general theory has been used in the design of several aircraft engines, such as the J69, JT-3D, JT-9D, F404, and others.

During his long and distinguished career, he was the founder and the first director of the Institute of Engineering Thermophysics at the Chinese Academy of Sciences. He received the first Gold Medal Award from the Chinese Mechanical Engineering Society.

In 1990, Wu was a visiting research professor in the Department of Mechanical Engineering, Clemson University, for four months. During that time, he completed a book entitled *A General Theory of Two- and Three-Dimensional Rotational Flow in Subsonic and Transonic Turbomachines* under the auspices of NASA Lewis Research Center. His book will be released by NASA as a contractor report late this year.

Wu was a member of the IGTI Turbomachinery Committee.

美国机械工程师学会发布的吴仲华逝世讣告

吴仲华的离去，使这对从来没有分开过、一直在一起并肩奋斗的伴侣从此天地各在一方。吴仲华过世以后，吴文权、任孝安曾经几次请李敏华到上海散散心，她都不去。她说：以前我出去，总是跟吴先生一起的。现在我不愿意一个人出去了，因为一个人出去就要想到吴先生了。的确，除了参加必要的学术会议外，李敏华不再愿意离开北京了，只是在 1997 年有两次“例外”的外出：一次是接受苏州有线电视台的邀请，拍摄一部纪念吴仲华的电视片；另一次是出席南京金陵中学举行的吴仲华塑像落成仪式。这些都是为了纪念吴仲华啊！任孝安回忆道：吴先生去世后，我第一次看到李先生，她就跟我说，她一直梦见吴先生。她说：“这样很好，我可以在梦里跟他会面，是一样的。”还有一次我们问她：“李先生你身体好吗？”她却说：“坏就坏在没有什么病！身体太好了，否则就可以早一点去找吴先生去了”。是的，李敏华的脑子里一直有吴仲华的影子。1998 年，李敏华独自一人参加了清华大学十一级校友返校聚会活动，在纪念文集上发表了《忆念吴仲华》和《我的近况》两段短文，写出了她对吴仲华的思念之情。在《我的近况》中，李敏华写道：

仲华和我从在清华大学认识后，一直在同一学校念书、同一单位工作，有时还一起参加会议。因此仲华去世，我受到打击很大。……仲华去世后，我在楼前小花园种了一些月季花。因此仲华遗像前每年从春季到秋季都有我亲手种的月季花，以寄托我对他的思念。

下面则是作为妻子李敏华亲自撰写的纪念文字，标题中括号里的数字“3010”是吴仲华在清华大学的学号。这里做的是全文转录：

忆念吴仲华（3010）

仲华 1917 年生于上海，原籍江苏省苏州市。先后在上海、南京（金陵中学）念中学，1935 年入清华大学机械系，七七事变后去长沙临大，1938 年为了抗日，投笔从戎，到陆军机械化学校技术学员队。1939 年复学于昆明西南联大机械系，1940 年毕业，留校任教。由于他素有“工业教国”的志愿，除了完成当时的助教、教员工作外，还抓紧时间努力学习。1944 年考取清华大学公费留学。仲华和我去美国进麻省理工学院研究院，1947 年仲华获博士学位。为了取得做研究工作的实际经验，应聘在美国航空顾问委员会 NACA（NASA 的前身）路易斯喷气推进中心任研究科学家，研究航空燃气轮机的内部流动问题。从 1949 年起，他发表了一系列重要论文，提出了“径向平衡”“通流理论”（二元理论）等。1951 年，发表了《轴流、径流和混流式亚声速与超声速叶轮机械中三元流动的普遍理论》著名论文，创造性地建立了叶轮机械三元流动理论，得到了国际学术、工程技术界的一致公认，称其为“吴氏通用理论”，其主要方程被称为“吴氏方程”。当时该研究中心已经开始用电子计算机进行计算，但由于当时的计算机容量还小，只能算得二元的“通流理论的解”。

抗美援朝开始后，为了易于离美回国，决定改去大学教书，离开了工作条件优越的路易斯研究中心。1951 年仲华到布鲁克林大学机械系任教授。1954 年冬，我们带了两个孩子取道欧洲回国。

回国后，仲华以赤诚的报国之心，投身祖国的建设事业。从 1955 年到 1961 年任清华动力工程系教授、副主任，并创建了燃气轮机专业与教研组，任教研组主任，同时在 1955 年创建中国科学院动力研究室，任研究员、主任。仲华回国后，一直和三机部航空发动机的生产和设计部门紧密联系，并帮助他们解决改型工作中遇到的问题。在这期间他还编写和发表了“燃气热力性质表”和研究论文，这些工作和他的“径向平衡”“通流理论和计算结果”获得 1956 年我国首届国家自然科学奖二等奖。

1960 年，中国科学院动力研究室并入中国科学院力学研究所，仲华任研究员、副所长。当时有些高等院校也随之把热能方面的系并入力学系。“文化大革命”期间，仲华的研究小组一度被撤销，他一人独自进行研究工作，提出了使用任意非正交曲线坐标与相应的非正交速度分量的叶轮机械三元流功基本方程组及其解法，它可以适应复杂的边界形状，严格地满足边界条件，便于编制通用计算机程序。在恢复仲华的研究组后，仲华亲自领导一个研究小组，编制了一整套使用非正交曲线坐标系的计算机程序，并完成了 S1 和 S2 两族流面迭代计算，得到了收敛的结果。这项工作和他 1951 年提出的“三元流动理论”获 1982 年国家自然科学二等奖。1987 年中国机械工程学会授予仲华金质奖章。

仲华一直认为热能在工程上的应用非常重要。但他看到直到 20 世纪 60 年代初，这一重要领域在国内还没有得到应有的重视，为了推动这一领域工作的开展，仲华提出了“工程热物理学”这一名称，得到参加我国十年规划会议的这方面的专家们的一致赞同。1978 年，创建工程热物理学会，仲华任理事长。1980 年，创建中国科学院工程热物理研究所，任研究员、所长。同年创办了《中国工程热物理学报》，任主编。随之，高等院校也相继恢复了工程热物理方面的系和专业。1987 年仲华为中科院工程热物理所名誉所长。

吴氏三元流动理论发表以后，50 年代由于计算机能力的限制，工程界将早期的“径向平衡”应用于工程实践设计。随着计算机的发展，三元流动理论在国际上逐步全面地应用于先进叶轮机械的设计中。叶轮机械的性能也随之得到大幅度的提高。有资料表明世界上先进的航空发动机大都采用吴氏三元流动理论进行设计，例如J69、JT-3D、JT-9D、F404等以及70年代我国引进的英国罗－罗发动机公司的斯贝发动机等。

仲华认为："中国人提出的理论，首先要为中国服务。"为此他经常深入发动机工厂和设计部门。"文化大革命"中，他到410厂，一边下车间参加劳动，一边参与发动机改型工作，他用晶体管台式计算机进行近似计算，并提出改进方案，解决了技术难题。晚上还挑灯夜战，常以窝窝头充饥，他不但为工厂解决了技术难题，而且也受到工人的尊敬，被410厂的工人们称为"我们的教授"。20世纪70年代，我国引进斯贝发动机后，吴氏三元理论在国内受到重视。仲华和主要助手两次举办全国讲习班，推广三元流动理论。在1981年他组织了工程热物理所的科技人员承担并出色地完成了三机部624所高推比燃气轮机预研项目中的大量课题，完成后并把所有计算机程序都交给该研究所。现在吴氏三元流动理论在国内不仅广泛应用于我国航空发动机设计计算中，而且也推广应用于蒸汽轮机、离心式压缩机、水泵、风机等一系列叶轮机械的设计计算中，提高了性能。

仲华对发展我国航空动力与航机陆用倾注了大量心血。在国家引进斯贝发动机后，为了发展我国的航机工业和避免引进的浪费，仲华为在我国实用此机花了很大功夫，提出了可行方案，并在改造此发动机于地面应用中发挥了三元流动理论的威力并取得了与设计计算一致的实测结果。仲华在提高我国能源利用水平、发展我国联合循环等总能系统的基础理论研究与实践都有重大贡献。直到逝世前不久，仍在医院为发展我国的一体化煤气化联合循环进行研究，提出关键性建议。

仲华于1980年加入中国共产党。1957年，当选中国科学院学部委员。1981年，被选为中国科学院学部主席团执行主席，1992年为名誉主席。仲华还是第三届全国政协委员，第六届、七届全国人大代表、常委、教科文卫委员会委员。他还曾任三机部技术顾问、国家科委工程热物理学科组组长、国家科委燃气轮机专业组副组长、机械工程学学科组副组长、中国航空学会副理事长、大庆油田能源顾问等职务。

仲华作风正派，治学严谨，工作勤奋，生活朴素。他的一生是为工业兴国而努力奋斗的一生，他以毕生精力献给祖国的工程热物理事业。

仲华在1987年年底体检时查出有大块肝癌，1988年年初到上海第二军医大长海医院由著名吴孟超大夫进行切除手术，手术非常成功，术后仲华身体很好。但由于人事上的矛盾，使仲华有时心情不好，1991年发现癌症转移到肺部，做了几次介入化疗。1992年秋出现黄胆，医治无效，于9月19日去世。但可以告慰于各位学长的是：①仲华癌病期间没疼痛，住院时我都陪住，亲自照顾他；②在他自己知道患癌后，没有思想负担，照样工作。所以在他出院期间，看起来像健康的人一样。

妻 李敏华

那么，吴仲华是如何看待他的妻子李敏华的呢？如前所述，工程热物理研究所和力学研究所的许多老同志都记得吴仲华在批斗会上讲的话：回国及和李敏华结婚是他一生不悔的两件事。娇燕和雄鹰，这对院士伉俪的情深意长，也是他们能够在各种逆境中为科学事业奋战不止的又一个精神支撑。

李敏华和吴仲华伉俪情深意长的一生

第十七章

生命不息　奋斗不止

在吴仲华逝世之后，李敏华虽然因为失去了忠实的好伴侣、事业的同行者而悲痛，但依然接课题、带学生、写论文……她以一颗赤诚之心，倾尽全身之力，在年届耄耋的高龄之时，仍然继续为国家、为民族、为力学事业做力所能及的贡献。

一、老骥伏枥继续深化疲劳研究的领域

不言而喻，吴仲华的患病与逝去，使李敏华的身心俱伤，加之她自己也年事已高，如何工作与生活是对李敏华的又一个挑战。她的回答是：继续在疲劳等问题的研究领域里探索。但是此时此刻，她遇到了一些实际的困难。首先，1987 年她送走了李英治和屠美容这两个得力的学生到国外深造，而身边的学生则需要从头开始培养，才能协助开展研究工作。其次，由于 1988 ～ 1992 年，李敏华需要花较大的精力和时间陪伴吴仲华与疾病作斗争，她失去了继续承担重大课题的机会。但是，李敏华坚强地面对一个人孤军奋战的状态，她依然接课题、带学生、写论文，坚持在她挚爱的力学研究领域里工作着，而且不断地深化自己研究的内容。在吴仲华去世后的 20 世纪 90 年代里，李敏华先后申请到两项国家自然科学基金面上项目：①“超载对应变集中低周疲劳寿命影响的弹塑性分析方法（1992—1994）”；②“超载对低周疲劳试件晶体滑移线的影响（1994—1996）”。从这些基金课题的名称就不难看到，在这个时期，李敏华对疲劳的研究已经转向超载影响等方面来了。她总是在不断探索新的问题和现象，这就是娇燕永不停歇、勇于高飞的风格。

所谓“超载”就是对工程结构施加一个大的载荷，一般它要大于工程结构在服役过程中的最大负荷。超载可以有简单超载和周期超载两种形式，前者是在工程结构服役或疲劳实验前施加一次或若干次大载荷，后者则是在整个疲劳过程中每隔一定的时间（或循环次数）就施加一个大载荷。后者称为“周期超载”，它更接近工程结构的实际服役条件，例如，喷气发动机的每一次启动，就相当于周期加载。此外，工程构件往往是带有缺口的，载荷一般是变幅的，而且疲劳是随机的。以上这些情况，研究起来是相当烦琐的，但李敏华在她的超载研究中均有涉及，这表明她仍然是以实际工程的需求为自己研究的背景。只要是工程实践中有需要，李敏

华就勇于去探索，按照服役结构在运行过程中遇到的实际力学环境来构思自己研究课题的内容。

所以，超载课题的选定，就是李敏华出于要把疲劳研究和工程应用联系起来的考虑。众所周知，工程界最关注的是估算工件疲劳寿命的方法和延长工件疲劳寿命的措施。为了给出更为完善的疲劳寿命估算公式，必须考虑疲劳载荷谱的高低幅值的顺序，例如，许多实际运行状态便是开始时载荷很大然后降低下来，如此周而复始。这种先高后低的超载情况是工程界关心的一种工况，而且超载又是延长疲劳寿命的一种经济有效的方法，特别是对大尺寸的复杂结构而言。所以，研究超载及其对材料疲劳性能的影响在理论和应用两个方面都有重要的意义。尽管这个问题很难做，但李敏华决心要迎难而上。

这就是李敏华所坚持的学风：不为研究而研究，要做出有实际应用价值的结果来，在解决工程实际问题过程中，发展力学的理论和方法。在此阶段里，她先后指导了三名硕士研究生，他们的毕业论文分别是：①《平面应力问题的循环载荷有限元分析》（作者：徐桢，1988 年）；②《超载对纯铝疲劳的影响》（作者：李静，1990 年）；③《铝合金试件在拉－拉疲劳载荷下滑移带的观察》（作者：赵亦兵，1997 年）。特别是，在平面应力问题的循环载荷有限元分析的研究中，李敏华提出用全量应力－应变关系和分段幂函数来近似实际疲劳循环曲线的模型（简称分段全量应力－应变关系模型），并指导研究生编制了平面应力问题程序，所得到的计算结果和实验结果相比较是相当一致的。接着，她又指导研究生发展了三维问题的计算程序，用以求算疲劳载荷作用下试件的应变分布和应力分布。一位年届 80 岁的院士，还亲自带着年轻的硕士生做实验、搞计算，坚持在科研的第一线，这就是老一辈科学家的献身精神！

年届 80 岁的院士李敏华仍然亲自参加试验工作

二、强调力学家和材料科学家的结合

然而，超载影响疲劳寿命的因素很复杂，前人研究的结论也不是很统一，既与材料性质有关，也与工况条件有关。因此，李敏华认为一方面要拓宽超载研究的范围，另一方面要开展超载微观机理的研究。特别是对于后者，她认为，力学家需要和材料科学家紧密结合、携起手来共同探讨。所以，李敏华不仅进一步把力学研究所的研究力量统合起来，组织了毛天祥、周爱华、吴阜肤、阚常珍等作为助手参与疲劳研究，还特地招收了材料专业毕业的学生来做研究生，也特别注意与材料科学的学者王中光、顾守仁等的密切合作。

李敏华在指导这些研究生做论文时，她不仅要求学生做出试件的概率 – 应力幅 – 疲劳寿命曲线，而且要求学生在光学显微镜下观察疲劳滑移带的特征，这是她探索将材料的宏观疲劳寿命和它的微观组织结构关联起来的努力。在这个考虑下，李敏华指导学生和助手进行了超载对圆孔铝合金薄板试件疲劳寿命影响的实验研究，重点研究拉 – 拉低周疲劳。在他们的努力下，得到了很好的研究结果：超载 60% 可以使疲劳寿命增加 3 ～ 4 倍！对于工程实际而言，这是十分重要的结论。

李敏华又进一步开展了圆缺口小板抛光的铝合金试件的超载对试件晶粒滑移线影响的研究。他们观察到了在超载 60% 的情况下试件出现由交叉滑移引起的细而密的滑移带，还发现了超载滑移带对主载滑移带的发展起阻碍作用的现象。这样，就从微观角度，解释了一定程度的超载的确可以使疲劳寿命增加的力学原因。在这个阶段里，李敏华和她的助手们完成了大量的实验和理论工作，基于这些工作，他们发表了下列论文：①《超载对铝合金低周拉 - 拉疲劳寿命的影响》(作者：李敏华、毛天祥、周爱华、蒋怀庆)，收录在第五届疲劳学术会议论文集（1991 年 9 月，威海）；②《超载和常幅低周疲劳铝合金试件晶体滑移线的对比实验》(作者：李敏华、李静)，收录在第六届全国疲劳学术会议论文集（1993 年 8 月，厦门)；③《比例超载对铝合金圆孔薄板试件低周拉 - 拉疲劳寿命的影响》(作者：李敏华、毛天祥、周爱华、蒋怀庆)，刊载于《力学学报》第 25 卷第 4 期第 492 ～ 495 页上。

这些成绩的取得，其动力就如李敏华对毛天祥教导的那样："做研究工作不能为文章而文章，一定要解决实际问题。一定要有新的东西。"李敏华常常喜欢用英语重复她的这句"座右铭"："You have to have something new”！而且，她还时时教导毛天祥等学生和助手们说：“论文写好之后，不能急着发表，要先放到抽屉里，过一个星期，再拿出来看看，一定又发现了不足之处。”这是李敏华对待研究工作的态度，按照这种方式从事，坚持创新和严谨，必将会取得成功的。

三、心系研究工作细致指导年轻学子

如前所述，1988 年吴仲华施行了肝癌手术，在必须“分心”照顾吴仲华身体、协助吴仲华工作的情况下，李敏华尽其所能地开展上述理论与实验研究。特别是，当时的研究生已经不像“文化大革命”后第一批学生那样自觉努力了，而且“出国风”盛行，管理起来就比较“费劲”了。每当她外出时，总是要反复叮咛协助她对研究生进行日常管理的毛天祥，仔细地告诉他如何指导研究生和助手进行工作。

例如，1991 年 7 月 20 日，当她陪伴吴仲华赴北戴河参加全国人民代表大会常务委员会会议时，专门从外地打电话给在北京的毛天祥，告知自己的联系方式（地址、电话、作息时间），并对李静疲劳实验、吴阜肤云纹实验等五项工作做了具体的安排。又如，1991 年 9 月 29 日，当她陪同吴仲华离京出差时，还托付一位回京的同志带给毛天祥一封“匆匆”写就的手书，其中写道：

关于拉压实验第二个问题，楔形块的问题，先不管它。第一个问题，我想夹板不能太紧，否则摩擦力太大。因拉压疲劳弯曲是不可避免的，当然横向位移不能太大。是否可先用手拧紧 I、II、III、IV，再用扳手略拧一点，不要拧紧。然后用手拧 1、2、3、4。（见附图）①再做一次 ±4000 千克常幅实验；②以后再做一次 ±4000/1.6 千克的常幅实验；③超载实验：主载 ±4000/1.6 千克、超载 ±4000 千克，超载次数是否为 20 次？看结果如何。另外再做一个实验，加夹具后（拧法和前同）做一个 +100 ～ ±6980 拉 – 拉常幅实验，以便和不用夹具的拉 – 拉实验结果比较。根据这些结果再定下一步如何做。接信后，除李静实验优先外，先做这几个实验。电话告我实验结果。同时要小吴、小阚贴云纹片。这四个实验做完后，接着她们做拉 – 拉疲劳的应变分布实验。另外每天都要催催李静赶快做好抛光。他的试件做好了，即插着做他的实验。

这些细节折射出李敏华对事业的执着，对工作的认真，对学生的严格要求。

当然，和过去一样，李敏华对学生总是既严格要求又关心爱护，特别是在他们事业的发展上，尽力推荐学生出国深造便是一例。例如，1992年在她年届75岁时，还写信给美国加州大学戴维斯分校(University of California Davis)的土木工程教授和调查委员会主席(Professor of Civil Engineering and Chairman of the Search Committee)，回复他关于考虑任用她曾经的学生陈其业为该校土木工程计算力学教研室成员(Faculty Position)的请求，她认真地进行了推荐。又如，在1994年，她还给美国雪城大学（Syracuse University）的荣誉退休教授刘浩文（Hao-wen Liu）去信，希望接受李静去做研究生。确实，这就是李敏华一贯的作风：对于学生弟子或年轻学子在学术上严格要求，对于他们的成长与发展则尽心帮助。

四、年届耄耋依然尽力参与学术界活动

在年届耄耋之时，李敏华依然担任研究所和学术界的各种学术职务：在1988年、1990年和1992年，她连续三次被任命为力学研究所第三届、第四届和第五届学位评定委员会委员（每届任期2年）；1988年，她被任命为力学研究所第六届学术委员会名誉委员；1998年、2002年、2006年和2011年，她连续被任命为中国力学学会第六届、第七届、第八届和第九届理事会名誉理事。

在年届耄耋之时，李敏华依然参与学术界的许多研讨活动：1993年，她出席在厦门召开的第六届全国疲劳学术会议，还就超载问题作了大会报告；1994年，她出席在力学研究所召开的21世纪中国力学研讨会，该研讨会由是国家科学技术委员会基础研究与高技术司、国家自然科学基金委员会数理学部、中国科学院基础研究局、国家教委科技司和中国力学学会联合主办的。她和与会代表一起就当代力学的发展趋势、中国力学现状及“九五”期间发展设想等进行了研讨。

在年届耄耋之时，李敏华依然参与社会与学界的各类活动：1988年，她出席第七届全国政协会议并当选为第七届全国政协委员（任期：1988～1993年）；在1995年，她接受苏州有线电视台记者采访并协助完成中共苏州市宣传部《院士风采录：李敏华》的制作，还留下了“亲自观察实验有助于寻找规律”的题词；1997年，她在外甥郭长铭等亲属和吴仲华弟子的陪同下出席南京金陵中学吴仲华塑像落成典礼，并在纪念大会上发表讲话介绍吴仲华事迹；她出席力学研究所举办的“庆贺李敏华院士80华诞”活动；她还参加清华大学十一级学生毕业60周年庆祝活动；2005年，她出席“庆贺黄茂光教授90华诞”活动，还为纪念文集《固体力学进展及应用：庆贺李敏华院士90华诞文集》题赠了“学海探索添华彩，教书育人树英才”手迹；2007年7月，她和儿子吴明一起参加中国科学院工程热物理研究所“纪念吴仲华先生诞辰90周年”，并出席吴仲华塑像落成仪式；2007年11月，她出席力学研究所“庆祝李敏华院士诞辰90周年”活动。

李敏华参加南京金陵中学吴仲华塑像落成典礼并作报告

李敏华出席力学研究所举办的“庆贺李敏华院士80华诞”活动

李敏华（前排左二）参加清华大学十一级学生毕业 60 周年庆祝活动

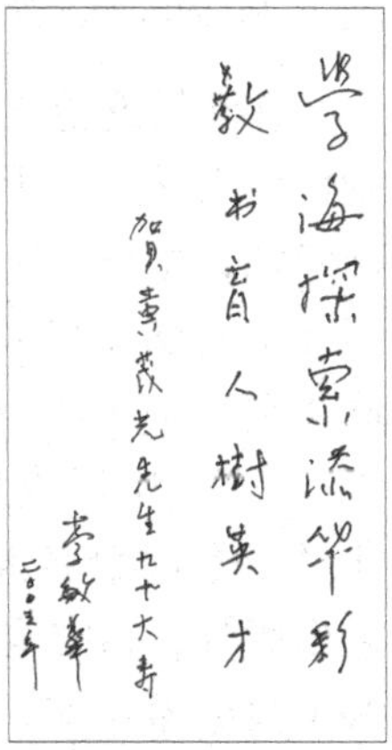

李敏华（前排左五）出席“祝贺黄茂光教授九十华诞”活动并题词

李敏华出席中国科学院工程热物理研究所的吴仲华塑像落成仪式

李敏华在家中阅看纪念吴仲华诞辰90周年的画册《永恒的回忆》

李敏华出席力学研究所“庆祝李敏华院士诞辰90周年”活动

在年届耄耋之时，李敏华继续获得不同类型的奖励和殊荣：1990年，她作为力学研究所第一批获准的6人之一，开始享受国务院颁发的政府特殊津贴；她作为一名卓有建树的科学家，其事迹先后入选下列名人传记：①《华夏妇女名人词典》（周行健主编，华夏出版社，1988年）；②《中国人名大辞典（当代人物卷）》（廖盖隆等主编，上海辞书出版社，1992年）；③《中国女院士》（何仁甫等主编，辽宁人民出版社，1995年）；④《二十世纪名人纪实丛书——宇宙探秘人物》（康捷等主编，太白文艺出版社，1995年）；⑤《中国科学技术专家传略·工程技术编·力学卷2》（钱令希主编，福建教育出版社，1997年）；⑥《固体力学进展及应用——庆贺李敏华院士90华诞文集》（李和娣主编，科学出版社，2007年）；⑦《教育之桥——从清华到麻省理工》（杨敏德主编，溢达集团出版，2011年）；⑧《20世纪中国知名科学家学术成就概览·力学卷》（郑哲敏主编，科学出版社，2014年）；⑨《碧空丹心：李敏华传》（毛天祥、王柏懿著，中国科学技术出版社，2015年）。

李敏华的科学人生为后辈学人提供了宝贵的精神财富，榜样的楷模作用是永远不会磨灭的。

五、鞠躬尽瘁为事业死而后已唯奉献

随着年事增高和体质衰退，李敏华不得不彻底告别她为之奋斗一生的科研领域。2012年9月，经医生诊断，她已经是大面积脑梗、脑萎缩，并患有椎体外系综合征。2013 年 1 月 19 日上午 10 点 10 分，她在家中平静离世，享年 96 岁。李敏华院士为了祖国和民族的复兴与富强，为了新中国近代力学事业的建设与发展，奉献了全部的知识、智慧和精力，以至整个生命。娇燕终于倦飞了，但她是“春蚕到死丝方尽”啊！ 2015 年 5 月 20 日，李敏华和吴仲华的合葬仪式在万安公墓举行，在他们的儿子、孙子和后学们的见证与簇拥下，两位挚爱一生的科学家、院士又并肩携手了，他们又在绿树丛中一起长眠了。但是，我们相信，他们的精神会永远伴随着祖国科学事业前进的步伐。

当然，人民不会忘记李敏华院士为了祖国和民族的复兴与富强，为了新中国近代力学事业的建设与发展所做的一切，各界人士用不同的方式表达了他们对于这位力学大师的尊敬与怀念。党和国家领导人在得知李敏华院士逝世的消息后，立即相继来电，表示“向李敏华先生表示哀悼，向家属表示慰问”。此外，中国科学院院长、中国科学院学部主席团执行主席白春礼和中国科学院基础科学局、中国科学技术大学、中国科学技术大学工程科学学院、中国力学学会、中国科学院工程热物理研究所、中国船舶重工集团公司第七〇二研究所等单位，以及吴有生、朱滨、何明元、毛天祥、吴用舒、林家浩、俞锡桥、寇绍全、周家汉、徐源彦、孙克忠、屠美容、陈其业、李英治等弟子们也以个人名义发来了唁电。

2013 年 1 月 27 日上午 10 点，李敏华遗体告别仪式在八宝山梅厅举行。举行告别仪式的梅厅布置得庄严肃穆，李敏华院士的遗像放置在鲜花丛中，上面悬挂着“沉痛悼念李敏华先生”的横幅，两旁悬垂着“一生惟忠贞倾心科研功勋昭日月，九天归自在励志育才桃李炳春秋”的挽联，告别厅两侧则挂满着花圈。其中有国家领导人以及中共中央组织部、中华全国归国华侨联合会、中国科学院学部主席团、中国科学院技术科学部、中国科学院院士工作局、中国科学院力学研究所、中国力学学会、中国科学院工程热物理研究所、中国科学技术大学等单位送来的花圈，还有中国科学技术大学 5907 级二专业、中国科学技术大学 5907 四专业、中国科学院力学所原十二室全体员工、高温气体动力学国家重点实验室等单位，以及伍小平、杜善义、王柏懿、何明元、毛天祥、梁乃刚、张双寅、李英治、屠美容、陈其业等学生后辈送来的花圈。中国科学院副院长李静海，中国科学院院士郑哲敏、伍小平、吴承康、白以龙、胡文瑞、李家春、徐建中和蔡睿贤，中国工程院院士杜善义，中国科学院院士工作局局长周德进、中国科学院力学研究所所长樊菁、中国科学院力学研究所党委书记乔均录、中国科学院工程热物理研究所所长秦伟、中国科学技术大学工程科学学院近代力学系党总支书记董桂荣等各单位代表，李敏华院士家属、同事、学生、生前友人及力学研究所其他所领导、职工和研究生代表等近百人参加了遗体告别仪式，表达了对李敏华院士的悼念之情。

各界人士发来的唁电对李敏华的鞠躬尽瘁死而后已的献身精神给予了中肯的评述。中国科学院院长、中国科学院学部主席团执行主席白春礼在唁电中写道："李敏华院士是我国著名的固体力学专家，是我国塑性力学的开拓者。李先生一生爱国奉献，坚忍不拔，开拓创新，贡献卓著！李敏华先生的逝世，是我国科技界的重大损失。李敏华先生爱国奉献、艰苦奋斗的高尚情操和严谨治学、积极进取的科学精神，将永远激励着年轻后生继往开来、勇攀科技高峰。"中国科学院基础科学局在唁电中写道："李敏华先生是力学所的创所元老之一，并参与了中国科技大学近代力学系的筹建，是我国塑性力学的开拓者。李敏华先生的一生品格可用'爱国、奉献、创新'来概括，她的科学精神和人格风范给力学所留下了一笔宝贵的精神财富。"中国科学技术大学工程科学学院在唁电中写道："李敏华先生是国内外享有盛誉的固体力学专家，是我国塑性力学学科的创始人之一，也是一位杰出的教育家。1958 年中国科学技术大学创建时，先生参与了近代力学系的规划和建设，担任我系固体力学教研室首任主任，亲自制定和多次修改固体力学专业的教学计划，为专业的建立和发展做出了巨大的贡献。先生悉心培养青年教师，为学生讲授塑性力学课程，指导学生毕业论文，培养出了一大批优秀的力学人才。"中国力学学会在唁电中写道："李敏华先生是我国著名固体力学家，是中国力学学会名誉理事，为中国力学学会的建设与发展做出了重要贡献。我们永远怀念李敏华先生！"中国科学院工程热物理研究所在唁电中写道："李敏华先生一生治学严谨、与国家命运紧密相连，刻苦学习成为美国麻省理工学院工科方面第一位女博士，克服重重困难与吴仲华先生回到祖国报效国家。李敏华先生不仅为工程热物理学科、中科院工程热物理研究所的创建和发展做出了巨大贡献，更为工程热物理及力学学科的发展融合发挥了重要作用。李敏华先生孜孜不倦的探索精神、谦虚谨慎的治学作风、饱含深情的爱国情怀将永远激励年轻后生继往开来，不断进步。"中国船舶重工集团公司第七〇二研究所在唁电中写道："李敏华院士是国际知名的力学专家，她的一生是献给祖国科学研究和人才培养的光辉一生。她是我国科学界中的女中翘楚。"

李敏华生前的弟子们也纷纷发来悼念之辞，表达他们对先生训教的感恩之情。在 702 所工作的吴有生院士在唁电中写道："李敏华院士是国内外著名的女科学家，她一生为我国力学研究和教育事业做出了重大的贡献，特别是在塑性力学方面做出了许多研究成果，为我国力学事业和航空事业的进步和发展起到了举足轻重的作用。我尤其不能忘怀在读书期间，曾经受到李敏华老师的训导。她是我国科学界中难得的巾帼须眉，她的业绩和成就将永留科学史册。”中国科学技术大学力学系的朱滨教授在唁电中写道：“先生生前的谆谆教导，至今回忆起来，仍历历在目，难以忘怀。先生的爱国情怀和严谨治学的精神一直激励着我们这一代。”中国科学院力学研究所的毛天祥研究员在唁电中写道：“回想起与李敏华院士在一起五十年来的往事，历历在目。特别是 2011 年承担了‘老科学家学术成长资料采集工程’项目以来，通过采集李敏华先生的生前的翔实而珍贵的资料以及采访李敏华先生在各个不同时期的同学、同事和学生，对李敏华先生的热爱祖国与民族的热情、献身祖国科学事业的精神和严于律己、宽以待人的品德有了更加深刻的认识。”大连理工大学的林家浩教授在唁电中写道：“作为李敏华院士的学生，我内心感到无比悲痛。我国力学界又损失了一位德高望重的开拓者，一位慈祥可亲的老母亲。她为科学事业所做出的贡献，为培养人才所流淌的血汗，都将永远为后世所敬仰。”

李敏华在国外工作生活的学生们亦不忘先生的教诲，他们从美国、英国、荷兰等地传来对李敏华的思念之情。吴用舒在唁电中写道：“作为中国科学技术大学 5907 年级固体力学专业的毕业生和李老师的学生，我感到万分的悲痛。李老半个世纪前在课堂上的慈祥音容，现在仍清晰地浮现在我的眼前。”何明元和吴阜肤在唁电中写道：“先生一生治学严谨，奋斗不息。终生诲人不倦，桃李芬芳。”屠美容、陈其业和李英治在唁电中写道：“李敏华先生是我国塑性力学研究的前驱。她的去世，不仅使力学界损失了一位泰斗级的领军人物，也让我们失去了一位恩师和仁慈的长者。我们有幸成为李敏华‘文革’后招收的第一批学生。先生在学术视野、科学精神、做人做事等多方面给予我们无微不至的关怀和教诲。35 年来时光流逝，积淀越浓感受越深的，是先生爱国情怀、献身科学、虚怀若谷的崇高品格。先生的高德懿行是留给我们的巨大精神财富，让我们受益终生。”李国安在唁电中写道：“李先生的精神代表了一个时代。是他（她）们陪伴共和国渡过了艰难岁月。”

六、斯人已逝风范长存精神永留人间

李敏华和吴仲华先后离世，但是他们对祖国的热爱、对事业的执着、对科学的严谨，代表了他们那一代大科学家的风范，这是他们为年轻学子留下的精神遗产。他们对生活的热爱、对后辈的关怀、对自身的严格，反映了他们那一代大科学家的情怀，这也是他们为年轻学子留下的精神遗产。对于他们在事业上的作为，前面已做了较多的表述。下面仅从一些“小事”来展现他们在生活中的一些作为。

李敏华和吴仲华在家中欣赏花草

作为著名的科学家，李敏华在事业上奋力求索，在生活上则充满情趣。她很爱种花，在办公室和家中的窗台上都是她亲手种植浇灌的花，有吊兰、海棠、蟹爪兰，还有各式仙人掌。她常常劝助手和学生们多种点花，并说：“科研工作出成果很慢，需要做一些像种花这样的易见成果的事。”还说：“种花可以每天看到这个花怎么成长的。”当她外出开会时，也喜欢在花前树下留影。的确，无论在事业上、在生活上，李敏华都像一朵永远鲜艳的花儿那样美丽芳香，大家都记得她那靓丽的形象。吴文权回忆说：

第一次见到李先生，就是我1959年分配工作到动力室之后。李先生有一次到动力室来看吴先生，大约是那年年底的时候。李先生戴着一顶很小的白色的羊毛的帽子，按照现在的流行的说法，李先生是一位非常“阳光”的年轻教授，非常 active（活跃），根本不像我们过去理解的，教授都是“老教授”的样子。

任孝安也回忆说：

李先生是蛮漂亮的，而且很热爱生活。她很讲究穿衣服啊！我虽然没有看见李先生带着白帽子的情况，但是我看过李先生参加国际青年联欢节时在《中国妇女》杂志封面照片，那是很漂亮的：穿了一件红毛衣，还带了一条珍珠项链。平时的时候，她也会跟我们说，你穿这件衣服好，你穿那件衣服好。我有时陪她到城里面办事情，回来的时候，总要请司机到王府井那里去转一转，我们一起去买些各式各样的衣料回来。我到上海去，她也要我帮她到上海去带一点衣料给她。李敏华就是这样一个平易近人的科学家。

李敏华喜欢站在花前树下拍照

20 世纪，物质生活相对困难，助手和学生们不时地去他们家“蹭饭吃”，李敏华非常好客，还常常亲自掌勺做自己拿手的八宝鸭、香酥鸭（八宝鸭里面还要放上八宝饭）给客人们品尝。后来，力学研究所十二室的几名“女将”不时地到任孝安家中去聚会，每人做一个菜。李敏华知道了，也必定参加，还说：“我也带一个菜。”她不仅带去她亲手做的香酥鸭，还买了做香酥鸭的叉子送给大家。这里还有一个小故事：其实，在他们留学的时候，都是吴仲华在家里做菜的。因为他的身体比较好，而李敏华得过肺结核，身体很弱。李敏华告诉她的助手吴阜肤说：“我身体好起来，都是吴先生给养的。吴先生使劲给我吃好东西，像填鸭似的塞我，最后身体就强壮起来了。”李敏华身体好了后也学着做，现在也做得好饭菜招待客人了。这个习惯保持了很长的时间，一直到 20 世纪 80 年代，她欢度 70 寿辰之时，还曾设家宴招待力学研究所十二室的“年轻”弟子们，吴仲华也陪同大家一起笑谈人生。李敏华的确是一个充满生活情趣的科学家。

李敏华（右一）和吴仲华（右二）设家宴招待年轻弟子们

李敏华心地十分善良，有一次她在路上被一个骑自行车的女孩子撞倒骨折，但她一点没有责怪那个女孩子，反而说“自己也不小心”。在她担任室主任时，不仅认真统管业务组织工作，还要把研究室里各类人员的生活小事放在心间。力学研究所十二室里曾经有一位同志脑部出了问题，所以时时会产生幻觉，总是说有人在走廊上打电话骂她，还常常来找李敏华“告状”：谁谁谁骂我了！一般人都不愿意搭理他，但李敏华总是不厌其烦地开导他。连在一个办公室的助手任孝安都“心疼”了：李先生怎么管那么多的事情啊？其实，李敏华既是研究室主任又是科学家，既是妻子又是母亲，当时还要照顾一个双目失明的老母亲。任孝安一直记得李敏华对她说过的话：“我妈妈很早就双眼失明了，所以在她记忆里只有我年轻的样子。她不知道我也老了，其实我很累。”不仅是对身边的人，李敏华的爱心还遍及社会。她对希望工程、失学女童等公益捐赠活动十分关注，开始是在单位里，后来是在街道上，只要她听到了消息，都是积极参与的。有一次在研究室里，她一次就捐出 1000 元，室里的同事们劝她：你每月的工资只有 1600 元，捐掉这么多，如何安排一个月的生活开销呀？但她依然不改初衷。又有一次，街道上组织捐献衣物，她就请家里的阿姨到市场里买了里、面和内胆全新的被褥送去。

但是，李敏华自己的生活则十分简单。为了做好研究室的事情，为了节省时间，她从不回家吃午饭，有时带几片面包、夹一些肉蛋，有时带一点面条、一块牛肉加一条生黄瓜或一个生西红柿，一个人在办公室里用餐。李敏华就是这个样子，几十年如一日，只是为了节省时间和保持精力，尽管她家离所里十分近。此外，她还在办公室里放一张小折叠床，以便午间稍作休息，下午可以精力旺盛地继续奋战。多么敬业的科学家啊！

还有一件“小事”，也反映了李敏华为人正派、讲究诚信的品格。在20世纪80年代的一次访美活动中，吴仲华得知他当年在布鲁克林理工学院工作时因身为正教授校方给他入了养老保险，因此办理了领取手续，从而可以按月得到美国银行寄来的数百元养老金。1992年吴仲华去世后，李敏华从此再没有领过这笔钱，但她一直惦念着要和美方办理终止养老金发放的手续。对于年届75岁的一位老人，连她在国内的退休金都是过去的学生帮她到银行取出送来，她真不知道要到美国的哪个部门去办这些事情。这件事情拖了十余年，她一直没有忘记。后来，她的学生毛天祥每年要去美国探亲，每次赴美前来问“李先生有什么事情”时，她总是请他帮忙打听解决终止吴仲华养老金事宜的渠道。可是，在美国的当事人都找不到了，好几年过去了，也找不到门路，但她仍然不放弃。最后，几经周折，在身处国内外的两名学生何明元与毛天祥的共同努力下，终于帮她打听到美方处理此事的部门是美国教育工会，还帮她联系到具体发放养老金的那间美国银行。这样，李敏华就在毛天祥协助下直接与银行方面通电话，从而确定了处理停发吴仲华养老金的做法。而吴仲华的研究生赵晓路又协助办理了相关的死亡证明。2005年2月，美国银行发来账单，通知共计扣除了美金31 313.04元。这样，李敏华就放心了：吴仲华去世后发放的养老金全部收取回去了，以后再也不会发了。几位学生虽然费力许多，但他们都为李先生的认真、执着与正派的作风所感动。

相比而言，吴仲华的性格是很“硬”的，他做事情总是按“规矩”办，更不要搞特殊化。吴仲华长期骑自行车上下班，后来当领导了，上面要分给他“部长楼”住，他不肯去，因为这样就会离研究所、同事们远了，工作起来不方便。后来，时任副总理王震同志亲自给他安排了专车，他也感到不方便，他说：出去开会，尤其是晚上，司机在外边等着，过意不去啊！他对待从事课题研究的人员，也是关心备至的。工程热物理研究所的王正明回忆道：他们在攻关15 000马力燃气轮机低压压气机样机研制任务时，在吴仲华的鼓励下，把自己开发的正反问题相结合的优化方法与程序用于真刀真枪的工程设计中。当时，研究所里只有一台HP-1000计算机，运算速度很慢，为了赶进度，经常要在机房里干一个通宵，第二天早上8点要向准时来上班的吴先生汇报结果。有一天晚上，吴仲华知道他们在加班，就特意从家里来到计算机房，还亲自送来了夜宵。这种细致入微的关心，使在场的同志无不为之感动。

当然，吴仲华的严格“硬”作风有时也会“得罪”一些人。有一次，工程热物理研究所的一位司机在礼拜天将公车私用了，他知道之后，第二天就决定不许他再开车了。当然，他当所领导后，也从来不允许李敏华乘用工程热物理研究所的公车。甚至，吴仲华患病后，每次到上海出差，李敏华都是陪着他来的，但吴仲华开会时会议上的餐饭，李敏华是从来不吃的。她总是自己去另外买饭吃，还坦然地说：“没有参加你们的会。”吴仲华这种严谨作风贯穿在各个方面。他曾是全国人大常委，在全国人大表决“三峡”提案后，吴文权问过他：“你到底是投了赞成票，反对票，还是弃权票？”吴仲华很严肃地回答说：“这个问题我不懂，所以我没有投票！因为我的手按不下去。”据报载信息，当年全国人大通过三峡方案投票的结果是1767票赞成、177票反对、664票弃权、未按表决器的25票。这里不拟讨论三峡建设这个争议不止的问题，但是吴仲华投弃权票的做法，表明了他对于“使用”自己手中“权力”的原则。这就是他认真对待事情的一种风格。例如，在对待文章署名问题上，他也是非常严格的：没有参加的工作，绝不署名，也从不照顾他人署名。而且，对于学生提出的问题，他也从不摆架子。吕文朝是吴仲华在中国科学技术大学近代力学系里教过的学生，1970年前后，他发现吴仲华编写的三元流简化径向平衡计算小册子里有个公式有点问题，思量再三，终于怀着忐忑的心情向吴先生讲了自己的看法，吴仲华听了以后说：“以后要所里人改一下。”还表扬了吕文朝“看文章真仔细”。这种尊重科学的态度使学生感动不已。

但是，吴仲华也是一位十分热爱生活的科学家，他和李敏华的生活总是充满着情趣。李敏华很喜欢看电影，“文化大革命”后期有一段时间，力学研究所十二室里的年轻人常常半夜爬起来，骑车去观看内部电影，李先生知道了以后就对任孝安说：“你们怎么也不叫我？”任孝安只得说：“半夜2点钟，怎么能叫你？”她说：“这有什么不可以呢？”她最崇拜的影星就是英格里•褒曼，一位瑞士女演员。吴仲华则特别爱看足球，有足球比赛他是必看不可的。有一次，他得到两张全国运动会开幕式的票，就让吴文权跟他一起去。当时他没有专车，可是骑自行车从中关村到工人体育场也不现实，于是两人一起乘公交车到新街口，但是再想换车却换不着了，叫出租车也叫不到。于是吴文权建议不去了，但吴仲华坚持要去，结果等他们赶到会场时，人们已经退场了。这种“趣事”，大概只能发生在吴仲华的身上了！音乐是他们共同的爱好，吴仲华会拉小提琴，李敏华能弹钢琴，他们也都爱听音乐。吴文权和任孝安记得和两位先生一起去听小泽征尔音乐会的情景：因为买不到正式演出票，只能听乐团的排练。吴仲华还对他们说：“能坐在这里一起拉小提琴是很幸福的事情，我们下辈子做这个工作吧！”在生病之后，吴仲华空闲时就自己编辑交响乐曲目，按照主题（如贝多芬第四、第五、第六交响乐有类似的主题）编辑成一个个曲目，再做成录音带。这是他后来生病之后，有空了才能做的事情。李敏华最爱听的音乐是 Piano Concerto，但那时任孝安还不知道什么是 Piano Concerto，李敏华就把英文名称写给她看，任孝安查了字典才知道是“钢琴协奏曲”。李敏华说：“我跟吴先生在美国最爱听这个了。”在清理李敏华办公室遗物时，发现了三本厚厚的乐谱，它们分别是：320 页的勃拉姆斯与柴可夫斯基交响乐曲，351 页的贝多芬交响乐曲和 352 页的现代小提琴协奏曲。翻开乐谱可以看到，每一页上竟然密密麻麻地印着四五个谱子！李敏华和吴仲华对于音乐的爱好可见一斑，他们竟然将这三本乐谱从万里之外的美国运回中国并在身边保存了几十年。显然，这种情趣是严肃科研工作的一种最好调节剂。

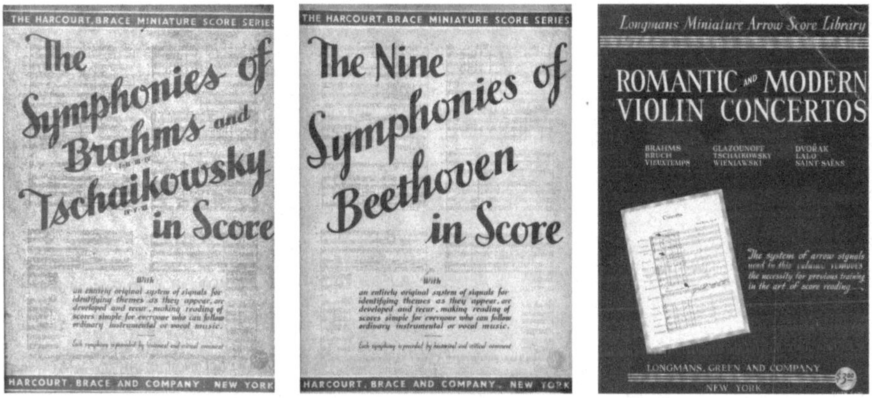

李敏华和吴仲华从美国带回来的三本厚厚的乐谱

然而，自然规律是不可违背的，娇燕终于回归自然了，她和吴仲华一起去了天国。尽管他们不再生活在人世间，但是他们的音容笑貌依然存留在后学们的脑海，他们的风范精神永远存留在后学们的心间。

尾声

李敏华离开了，但是她的事业和精神在她培养过的助手、教授过的学生、指导过的研究生中，一代代地传承着、延伸着。桃李满天下，百业竞奉献，学子们踏着她的足迹，继续前进。

刘正常是李敏华于 1955 年进入中国科学院数学研究所力学研究室工作时的第一位研究助手，从塑性力学组成立时便跟随李敏华工作，曾担任过研究组的秘书，一直在李敏华的直接领导下从事研究探索。他先后工作于中国科学院力学研究所、航天部五院 510 所、中国科学院空间中心，历任研究室主任、分部主任、总师、学术委员会副主任、学位委员会副主任等职。他曾承担过一系列重大课题，包括主持在岩石上钻打深孔的“火钻”的研制、541 地对超低空导弹结构的研制、WH312 卫星环模试验设备研制、我国首颗静地通信卫星消旋组件寿命试验、天文卫星结构和温控分系统研制、1987 和 1988 年两次返回式卫星搭载试验，等等。甚至，在退休之后，他还于 1999 ～ 2011 年受聘于中国科学院军工项目监理部，参加“创新 1 号”小卫星系列的 01 星和 02 星的监理工作。

范元勋是李敏华于 1957 年招收的第一名塑性力学专业研究生，导师的言传身教使他终生受益。特别是，李敏华高瞻远瞩地让他学习“张量理论”，使得他在以后的应力场分析等工作中受益匪浅。1970 年后，他历任水电第四工程局工程师、水利水电规划设计总院高级工程师等职。他长期从事大坝、地基和隧洞的应力分析和培养博士生和硕士研究生的工作，编制了有限元结构分析程序，为龙羊峡等大型水电工程做过应力分析工作。他发表有《插值矩阵在有限元应力计算中的应用》等论文为中国的现代水利事业中做出了很好的贡献。

王礼立是李敏华于 1957 年从北京钢铁学院（今北京科技大学）选拔来的大学毕业生，进入中国科学院力学研究所头两年在塑性力学组的学习、工作经历，在他的学术生涯中起着重要的影响。1963 年以后，他离开力学研究所后先后在化工部化工机械研究所、中国科学技术大学近代力学系工作，历任工程师、副教授、教授。他有多项研究成果获得国家级、省部级奖励。1985 年秋，他参与创建宁波大学，曾任首届副校长和第二届第一副校长、首届校学术委员会主任、首届校学位委员会主任、《宁波大学学报（理工版）》主编、国际学刊*STRAIN*编委，以及安徽省力学学会理事长、浙江省力学学会副理事长、中国力学学会理事、爆炸力学专业委员会主任委员等职。他研究成果丰硕，先后发表论著280余篇（册）。

伍小平是李敏华为中国科学技术大学近代力学系第一、第二届高温固体力学专业学生讲授塑性力学课程时的助教。从1960年以来，她一直坚守在教学和科研的岗位上，现为中国科学技术大学教授、博士生导师，并兼任中国力学学会常务理事、《实验力学》编委等职。她曾获全国三八红旗手、安徽省劳动模范和中国科学院优秀教师等称号。先后发表论文百余篇，并多次获得国家和中国科学院的奖励；荣获2008年度"何梁何利科学与技术进步奖"。1997年她当选为中国科学院院士。

王自强是李敏华在中国科学技术大学近代力学系讲授塑性力学课程时的学生，为高温固体力学专业的第一届毕业生。他分配到力学研究所后，一直和李敏华在同一个研究室里工作，长期从事固体力学的理论研究工作，在弹性稳定理论、断裂力学、塑性应变梯度理论、细观力学等方面做了系统的创造性研究，取得了有国际影响的突出成果。他还参与解决重大工程问题的若干项目。他先后发表学术论著190余篇（册），相关研究成果曾获1978年度全国科学大会奖（两项）、1987年度国家科技进步特等奖（集体获奖）、1995年度国家自然科学奖三等奖及2008年度国家自然科学奖二等奖。2009年他当选为中国科学院院士。

吴有生是中国科学技术大学近代力学系高温固体力学专业的第二届学生，在李敏华先生为中国科学技术大学学生讲授塑性力学课程时，第一次接触了李敏华先生。从1967年起，他开始进入中国船舶科学研究中心，一直工作至今。现为中国船舶科学研究中心名誉所长、国务院学位委员会学科评议组成员、总装备部科技委兼职委员、国防科工委专家咨询委员会委员。他曾任中国力学学会副理事长、中国振动工程学会副理事长、中国造船工程学会常务理事，还担任国际船舶结构大会（ISSC）秘书长（1988～1991年）与常委、国际船模试验水池大会（ITTC）执行委员会委员、国际船舶实用设计大会主席（1998～2001年）与常委、国际水动力学会议执行委员会主席（2007年至今）等职。他发表国内外论文110余篇。1994年他当选为首批中国工程院院士。

杜善义于1959年考入中国科学技术大学，在近代力学系听取了李敏华为高温固体力学专业本科生讲授的塑性力学课程。1964年大学毕业后，分配到哈尔滨工业大学，长期致力于力学和复合材料的教学和科研工作。他现为中国航天科技集团高级技术顾问、哈尔滨工业大学教授，兼任总装备部科技委兼职委员、国防科技工业局科技委委员、国家安全重大基础研究计划专家顾问组成员、国家重点基础研究发展计划专家咨询组成员、中国商用飞机有限责任公司专家咨询组成员、中国科学技术大学工程科学院院长、中国复合材料学会理事长、中国力学学会副理事长等职。他先后发表论文200余篇，论著10部。1999年他当选为中国工程院院士。

即使在国外，她的弟子们也取得了令人刮目的成绩：陈其业进了美国波音公司，成了一名出色的大型飞机设计师；屠美容工作在美国国家航空航天局，参与了水星飞行器的发射；李英治在荷兰电力研究院，利用当年的塑性力学知识处理了燃汽轮机叶片的各向异性蠕变和疲劳的难题；李国安在美国获得了博士学位，现在已经成为哈佛大学医学院的正教授。

这里列举的只是部分弟子的事例，李敏华回国后50余年的学术生涯中，在中国科学院力学研究所、工程力学研究班和中国科学技术大学直接师从于她的学生超过200名。这些学子多年来像他们的先生一样，奋战在各个不同的部门和领域，有的在高等院校从事教学工作，有的在科研单位做研究工作，有的在工程部门从事生产工作；有的在搞航天，有的在搞船舶，有的在搞水利，有的在搞军工；有的是教授，有的是研究员，有的是工程师，有的是管理者。他们的足迹遍布祖国大地，他们的身影也撒落世界各地。真可谓是"桃李满天下"！更可以告慰李敏华的是，他们做到了"百业竞奉献"，弟子们没有辜负她的辛勤培养。

中国知名的物理学家赵忠尧曾经说过："经历过许多坎坷，唯一希望的就是祖国繁荣昌盛、科学发达，我们已经尽了自己的力量，但国家尚未摆脱贫穷与落后……"这代表了包括李敏华在内的老一辈科学家的心声。我们纪念他们，就是要接过他们的衣钵，为祖国的繁荣昌盛和科学发达而不懈地奋斗拼搏。

作为后辈的学子，要继承和推进中国的科技事业，除了要考虑各自领域的特点外，共同而且是首位重要的一点便是要学习李敏华老一辈科学家的精神和情怀。这里还是来看看她本人是如何想、怎样做的吧！下面抄录的是李敏华在60年前发表在《中国妇女》杂志上的一篇短文：

科学研究工作中的一些感受

李敏华

在以前，一个妇女要学习技术科学和从事技术科学工作，除了实际上存在的困难外，如孩子和家庭等问题，还要受到许多外来的阻力。这些困难和阻力的克服是相当艰难的，特别在国外学习的期间。对我来说，支持和帮助我克服困难的最大原动力，是我对祖国和对事业的热爱。在我中学求学的时代，国家正遭受着帝国主义侵略，国民经济受到严重的破坏。当老师带着我们去参观工厂的时候，我心里就孕育着这样一个理想：我决定学习工程，将来可以参加生产工作，为祖国的建设尽力。这个愿望帮助我和我的爱人度过了在国外坚持学习同时又要兼顾孩子的困难；也帮助我们冲破了美国当局的阻挠，回到了亲爱的祖国。事实说明了即使在外在的阻力和实际困难的双重压力下，只要有正确原则性的目标，困难是可以克服的。而现在，妇女科学工作者不但没有了外在的阻力，并且得到鼓励。更重要的是我们在思想上都有了一个共同的、鲜明的目标——为社会主义建设努力。在这样一个目标的鼓舞下，我们妇女科学工作者的困难是容易克服的。

科学工作是一个实事求是的工作，只要一步一步、客观、认真和努力地做去，不会没有结果的。科学研究工作的本身需要结合很多人的工作成果，我们不能希望一个科学工作者独创一门科学或独自凭空想出一个著名的理论。科学研究一定要在前人研究成果的基础上作进一步的研究。所以，在开始研究一个新问题时，我们首先要将问题和关于这个问题的已有的研究成果详细的了解，应当阅读这方面的书籍和文献；特别是文献，因为它包括最新的研究成果。再在这样的基础上，进一步作研究工作，解决某一些问题。可以肯定地说，当我们把要研究的目的明确了，把问题熟悉了，把问题的发展情况了解清楚了，只有我们实事求是地做去，一定会或多或少地得到一点结果。对于一个妇女科学工作者也完全一样，没有丝毫差别。所以对我们来讲，问题只在于如何安排时间，而不是在于科学工作是否对妇女适合。

实际上，妇女科学工作者的时间上的矛盾，并没有我们想象的那么大。我们应当了解科学研究工作的收获和所费的时间的关系。我认为研究工作主要部分的工作是要集中注意力去深入思考问题。工作的收获决不仅仅和工作时间成直接比例，因此，重要的是要使在工作的时候精神饱满，才能集中注意力去思考问题。我们要避免一天到晚忙忙碌碌的继续不断的工作方法，需要很好地利用和安排时间。工作时专心工作，不要挂念着孩子和家庭。业余和孩子们一起的时候，也要放下工作，安心地和孩子们一起玩玩谈谈，尽所有的母亲和妻子所应尽的责任，同时也享受所有的母亲和妻子所应有的快乐。当孩子们睡了，如果有多余的时间，可以做一点工作。这当然是指在日常生活情况下。当工作特别紧张的期间，加强工作强度当然是必要的。但是，工作完成后也要好好轻松一下。这样对孩子和对自己都会有好处的。

因为科学研究工作是比较繁重的工作，而孩子和家庭也需要很好去注意。因此，我们自己除了有效地使用时间外，还要培养轻快的嗜好，和习惯于随时随地时使自己快乐和欣赏。譬如说，在路上，最好把工作和家庭等问题放开，能闲在地看看和听听一路上自己所爱好的事物和声音。妇女是比较爱好艺术的，在郊外，可以欣赏一些自然景色，就是野花野草也十分美丽。在人多的地方，观察孩子们的天真的动作，也会给人以轻松愉快的感觉。

目前，国内的学术空气很浓厚，它给我们提供了更有利的条件来工作和学习。只要我们坚定不移，适当地安排时间，女科学工作者的困难是不难克服的。

这次中国科学院颁发的1956年科学奖金，不但说明了政府对科学研究工作的重视，并且说明了新中国成立后我国科学工作力量的迅速增长和科学工作上所取得的成就。对于我个人来讲，我觉得自己在工作中所做出的一点点成果，还能得到政府的重视，这给予我极大的鼓励。今后我当加倍努力为科学研究工作贡献自己的力量。

李敏华在花丛中微笑

李敏华用最朴实的语言，讲述了她的体会：从事科技工作要有原动力，即对祖国和对事业的热爱；科学工作是实事求是的，必须要客观与认真；科学研究是一项团队的工作，要结合很多人的工作成果；集中注意力去思考问题，研究工作才能有收获；为胜任繁重的科研工作，要培养轻快的嗜好并随时随地使自己快乐和欣赏。只要一步一步努力地去做，是不会没有结果的。让我们记住李敏华的话，一步一个脚印地前行吧！

附录一　李敏华年谱

1917 年　11 月 2 日，出生于江苏省吴县（苏州市）一个普通的职员家庭。

1923 年　8 月，进入苏州振华女学校附属小学学习。

1924 年　3 月，随家人搬至上海，先后在函德小学、圣玛利亚小学和卿云小学等校就读。

1925 年　5 月，“五卅惨案”发生，开始萌发爱国意识，受到“国耻是不好的”启蒙。

1929 年　9 月，进入上海务本女中学习。

1931 年　2 月，转学到上海培成女中读书；9 月，又考回上海务本女中，继续读书。

1932 年　1 月，“一·二八”事件爆发后，参加了学校组织的军事训练、募捐等活动。

1934 年　11 月，作为学生会干事，成为“务本风潮”的引领者，被校方休学两周。

1935 年　7 月，从务本女中毕业；9 月，考入清华大学化学系，参加“一二·九”等学生运动。

1936 年　在清华大学结识了吴仲华，参加了由民族先锋队领导的妇女救国会。

1937 年　9 月，转入清华大学机械工程学系；10 月，赴长沙在长沙临时大学就读。

1938 年　2 月，随长沙临时大学西迁昆明；5 月，在西南联合大学航空工程学系三年级就读。

1940 年　7 月，从西南联合大学毕业，留校在航空工程学系任助教和教员。

1943 年　4 月，与吴仲华结婚；11 月，与吴仲华一起赴美求学。

1944 年　2 月，抵达美国；7 月，在麻省理工学院申请攻读科学博士学位。

1945 年 6 月，获得工程力学硕士学位，并被遴选为西格玛克赛学会副会员。

1948 年 6 月，在麻省理工学院获得博士学位，成为麻省理工学院的第一位工科女博士。

1949 年 1 月，在美国国家航空咨询委员会下属的路易斯飞行推进实验室任航空研究科学家。

1950 年 9 月，出席美国第三届塑性力学年度会议，宣读了论文，获得了与会者的重视。

1951 年 6 月，出席美国第一届全国应用力学大会；9 月，辞职回家。

1952 年 6 月，出席应用力学会议；9 月，在布鲁克林理工学院任研究教授。

1953 年 5 月，被遴选为西格玛克赛学会会员；8 月，出席美国第四届塑性力学会议。

1954 年 8 月，离开美国，绕道欧洲回国；12 月，抵达北京。

1955 年 5 月，进入中国科学院数学研究所的力学研究室工作，任副研究员。

1956 年 1 月，由数学研究所转入力学研究所工作，任塑性力学组组长。

1957 年 1 月，获国家自然科学奖三等奖；2 月，当选中国力学学会副秘书长、常务理事和理事；5 月，在留学生联欢会上受到周恩来总理的鼓励；7 月，参加在莫斯科举行的第六届世界青年与学生和平友谊联欢节。

1958 年 8 月，编入力学研究所第一设计院发动机部涡轮泵组，从事“581”任务。

1959 年 12 月，任力学研究所十二室副主任，主持业务工作。

1960 年 7 月，论著《硬化材料的轴对称塑性平面应力问题的研究》正式出版。

1961 年 5 月，任力学研究所十二室主任，主持“103”任务。

1962 年 2 月，任力学研究所所务委员会委员。

1963 年 2 月，接受郭沫若聘请担任近代力学系教授。

1964 年 2 月，当选中国航空学会理事；11 月，当选第三届全国人大代表。

1965 年 2 月，参加力学研究所“社会主义教育运动”；8 月，参加工作队赴山西农村搞“四清运动”。

1966 年 6 月，参加力学研究所“文化大革命”运动。

1967 年 7 月，在“清理阶级队伍”期间，受到隔离审查。

1970 年 5 月，参加施工连劳动；7 月，在北京起重机厂参加车间的劳动。

1973 年 开始从事“歼 6 航空燃气轮机涡轮轴故障分析”研究。

1976 年 5 月，次子吴定因白血病去世。

1977 年 2 月，被指定为研究生指导教师；11 月，当选为第七届北京市人大代表；12 月，赴罗马尼亚考察固体力学研究工作。

1978 年 3 月，研究成果获中国科学院重大科技成果奖；8 月，出席全国力学学科规划会。

1979 年 5 月，跟随中国妇女代表团访问美国。

1980 年 11 月，当选为中国科学院技术科学部学部委员。

1981 年 4 月，出席在美国召开的第 22 届结构和材料学术会议；11 月，被国务院批准为首批博士指导教师。

1982 年 9 月，参加全国第一届疲劳学术会议。

1983 年 4 月，赴美考察联合国开发计划署援助项目。

1984 年 5 月，增补为第六届全国政协委员；6 月，成为中国共产党预备党员。

1985 年 4 月，赴日本做学术访问；6 月，按期转正为中国共产党党员；10 月，参加国际实验力学学术会议。

1986 年 12 月，出席并主持第三届全国疲劳学术会议。

1987 年 6 月，参加材料力学行为国际学术会议；9 月，参加第二届国际低周疲劳及材料弹塑性行为大会。

1988 年 1 月，陪同吴仲华赴沪做肝癌手术；3 月，当选为第七届全国政协委员。

1990 年 3 月，陪同吴仲华访美、访欧；12 月，与吴仲华一起，向邹家华呈报建议报告。

1992 年 7 月，与吴仲华一起，向胡启恒提交建议报告；9 月，吴仲华逝世。

1993 年 8 月，出席第六届全国疲劳学术会议。

1994 年 1 月，出席 21 世纪中国力学研讨会。

1997 年 5 月，出席南京金陵中学吴仲华塑像落成仪式；11 月，出席力学研究所“庆贺李敏华院士 80 华诞”活动。

1998 年 1 月，当选中国力学学会第六届理事会名誉理事。

2002 年 1 月，当选中国力学学会第七届理事会名誉理事。

2005年　10月，出席“祝贺黄茂光教授九十华诞”活动，并题赠手迹。

2006年　1月，当选中国力学学会第八届理事会名誉理事。

2007年　7月，参加中国科学院工程热物理研究所“纪念吴仲华先生诞辰90周年”活动，出席吴仲华塑像落成仪式；11月，出席力学研究所“庆祝李敏华院士诞辰90周年”活动。

2011年　1月，当选中国力学学会第九届理事会名誉理事。

2012年　11月，接受力学研究所戴兰宏副所长对于95岁华诞的祝贺。

2013年　1月19日，上午10点10分在家中平静离世，享年96岁；1月27日，追悼会在八宝山梅厅举行。

2015年　5月20日，与吴仲华合葬于北京万安公墓。

附录二　李敏华主要学术论著

[1] Lee W MH. Analysis of plane-plastic-stress problem with axial symmetry in strain-hardening range. NACA TN 2217, 1951.

[2] Lee W MH. Linearized solution and general plastic behavior of thin plate with circular hole in strain-hardening range. NACA TN 2301, 1951.

[3] Lee W MH. General plastic behavior and approximate solutions of rotating disk in strain-hardening range. NACA TN 2367, 1951.

[4] Lee W MH. A simple method of determining plastic stresses and strains in rotating disk with nonuniform metal properties. J of Appl. Mech., 1952, 19（4）：489-495.

[5] Lee W MH. Effect of stress strain relations of material on solution of plane-stress problems with large plastic deformation. Congrés International de Mécanique Appliquée, 9e. Actes Universite de Bruxelles (Brussels：Proc of the 9th Inter'l Congress of Appl. Mech.)，1957，8：156-165.

[6] 李敏华．材料的应力应变曲线对于塑性平面应力问题的解的影响．力学学报，1957，1（1）：77-94.

[7] 李敏华，王仁．塑性应力应变关系总结．力学学报，1958，2（2）：167-180.

[8] Lee W MH，Pei ML．Thick-walled cylinder with non-homogeneous strain- hardening characteristics under internal pressure．Proc of an I.U.T.A.M. Symposium on non-homogeneity in elasticity and plasticity，Warsaw，Sept.1958: 167-170.

[9] 李敏华．硬化材料的轴对称塑性平面应力问题的研究．北京：科学出版社，1960.

[10] 李敏华．塑性力学讲义．中国科学技术大学近代力学系，1960.

[11] 李敏华．对塑性变形问题的一些看法——并答王仁同志的书评．

力学学报，1962，5（2）：133-142.
[12] 李敏华，李旭昌，周允芬．梁在短时受热受力下的弹塑性弯曲．航空学报，1965，1（2）：44-61.
[13] 李敏华．板壳的蠕变屈曲、热屈曲和热变形．力学情报，1973，（1）：46-49.
[14] 李敏华．变截面圆轴扭转问题用非正交曲线坐标的新解法．固体力学学报，1980，1（2）：159-169.
[15] 李敏华，韩子键，任孝安．发动机涡轮轴在扭矩作用下的应力分析．航空学报，1980（2）：12-23.
[16] Lee W MH, Ren XA．A new method for torsion of shaft with variable diameter using non-orthogonal curvilinear coordinates and its application. Proc. of AIAA/ASME/ ASCE/ AHS 22nd Structures, Structural Dynamic and Materials Conf., April 6-8, 1981, Atlanta USA, Part 1: 1-6.
[17] Lee W MH, Tu MR．Multi-objective-speckle technique and its application. Beijing, China: Proc. of Inter'l Conf. of Experimental Mech., 1985：392.
[18] Tu MR, Li W MH, Han JH．Strain Determination on Curved Surface by Objective White Light Speckles. Acta Mechanica Sinica，1987, 3（4）：363-369.
[19] Lee W MH, Wang ZJ, Zhou AH．Effect of proportional over-loading on the life of low cycle fatigue crack initiation of strain-concentrated member．Beijing, China: Proc. of Inter'l Conf .Behavior of Materials 5, June 3-6, 1987:671-676.
[20] 屠美容，李敏华，韩金虎．用白光散斑的直接记录法测量曲面变形．力学学报，1988，20（2）：135-141.
[21] 李英治，李敏华，柳春图，何明元．含表面裂纹三维体裂纹尖端应力应变场及应力强度因子计算．中国科学 A 辑，1988，18（8）：828-842.
[22] 李敏华，毛天祥，周爱华，蒋怀庆．比例超载对铝合金圆孔薄板试件低周拉 - 拉疲劳寿命的影响．力学学报，1993，25（4）：492-495.

参考文献

一、正式出版物

[1] 周行健．华夏妇女名人词典．北京：华夏出版社，1988.

[2] 廖盖隆，罗竹风，范源，等．中国人名大辞典（当代人物卷）．上海：上海辞书出版社，1992.

[3] 何仁甫，郭梅尼．中国女院士．沈阳：辽宁人民出版社，1995.

[4] Stephen H. C. Jacob Pieter Den Hartog(1901—1989). America:National Academies Press，1995.

[5] 康捷，安卫兵，柳霜．二十世纪名人纪实丛书——宇宙探秘人物．西安：太白文艺出版社，1995.

[6] 钱令希．中国科学技术专家传略•工程技术编•力学卷（2）．福州：福建教育出版社，1997.

[7] 伍小平．固体力学进展及应用——庆贺黄茂光教授 90 华诞论文集．合肥：中国科学技术大学出版社，2005.

[8] 柳袁熙．百年流响．苏州：古吴轩出版社，2006.

[9] 柳袁熙．振华之路．苏州：古吴轩出版社，2006.

[10] 中国科学院院士工作局．中国科学院院士画册•技术科学部分册．济南：山东教育出版社，2006.

[11] 李和娣．固体力学进展及应用——庆贺李敏华院士 90 华诞文集．北京：科学出版社，2007.

[12] 柳袁熙．我在最中国的学校．上海：文汇出版社，2009.

[13] 汪前进，黄艳红．中国科学院人物传（第一卷）．北京：科学出版社，2010.

[13] 杨敏德．教育之桥——从清华到麻省理工．香港：溢达集团，2011.

[14] 纪顺俊．苏州院士．上海：文汇出版社，2013.

[15] 郑哲敏．20 世纪中国知名科学家学术成就概览•力学卷．北京：科学出版社，2014.

[16] 毛天祥，王柏懿．碧空丹心：李敏华传．北京：中国科学技术出版社，2015.

二、报刊文章

[1] 控诉美国政府迫害留美中国学生 . 人民日报，1956-01-09.

[2] 我国首次颁发科学奖金 . 人民日报，1957-01-25.

[3] 吴仲华教授和燃气轮研究 . 人民日报，1957-01-27.

[4] 科学家——母亲 . 人民日报，1957-03-08.

[5] 周总理参加留学生联欢晚会 . 人民日报，1957-05-12.

[6] 参加世界青年联欢节我国青年代表团赴莫斯科 . 人民日报，1957-07-17.

[7] 攀登在群山之巅——记工程热物理学家吴仲华 . 人民日报，1978-03-24.

[8] 夫妇科学家——访吴仲华和李敏华 . 北京日报，1980-11-13.

[9] 康克清会见美国女科学家代表团 . 人民日报，1981-05-03.

[10] 我国十四名女学部委员 . 人民日报，1981-05-15.

[11] 严于律己为女科技工作者作出榜样 . 人民日报，1981-05-15.

[12] 吴仲华教授 . 人民画报，1983,（9）：34-35

[13] 人老志更坚 . 中国科技报，1986-03-07.

[14] 中国塑性力学的开拓者——李敏华院士 . 力学与实践，2015,（2）：265-269.

[15] 固体力学家李敏华院士：展翅长空绽芳华 . 中国科学报，2015-07-31.

三、媒体访谈音像

[1] 王德禄，杜开昔 . 采访吴仲华、李敏华（录音），1988 年 11 月 23 日 .

[2] 中共苏州市委宣传部 . 院士风采录：李敏华（录像），1997 年 11 月 .

[3] 中央人民广播电台 . 科学 1+1 ：“征程”大型系列报道（录音），2001 年 7 月 .

[4] 郭桐兴.李敏华院士漫谈人生(文字),腾讯科技,2007年6月4日.

四、非正式出版物

[1] 宋镜瀛，等 . 清华十 级纪念刊（1935—1939—1989），1989.

[2] 蔡孝敏，等 . 清华大学十一级（1939）毕业五十周年纪念特刊，1989.

[3] 叶笃正，等 . 清华十一级毕业六十周年纪念刊（1935—1939—1999），1999.

[4] 中国科学院工程热物理研究所 . 永恒的回忆——纪念吴仲华先生诞辰九十周年，2007.

[5] 中国科学院工程热物理研究所 . 中国科学院工程热物理研究所所史，2011.

[6] 中国科学院工程热物理研究所 . 吴仲华传，2011.

[7] 王柏懿 . 中国科学院力学研究所志，2015.

五、内部资料

[1] 李敏华 . 自传，1955.

[2] 吴仲华 . 自传，1979.

[3] 白家祉 . 自述一生的故事，2011.

后　　记

接到为《科学与人生：中国科学院院士传记》丛书撰写李敏华先生传记的任务时，我的心情是忐忑不安的。

不言而喻，李先生是我们这些后学的榜样，她热爱祖国、热爱科学、热爱生活的情操，是我们取之不尽、用之不竭的精神财富，应当有一部传记留传于世。但我能否承当这一重任，将李先生那传奇而多彩的科学家一生展现给读者呢？特别是，我是理工科出身的，1964 年从中国科学技术大学近代力学系毕业以后，一直在中国科学院力学研究所从事力学学科的研究工作。诚然，我也写过不少“作品”，但那都是有关科学研究的工作报告、学术论文等。现在需要撰写这样一部多侧面、多角度、客观真实再现李敏华先生科学人生的传记，需要达到思想性、科学性和可读性兼备的要求，于我而言，并非易事，加之我不是李先生的弟子，就更为不易。尽管我曾在中国科学技术大学力学系读了五年本科，也在中国科学院力学研究所做了 37 年研究，但我学习和研究的专业是流体力学。就力学学科而言，流体力学和李先生所从事的固体力学是两个不同的领域。所以，要写好这部传记，困难是很多的，我不能用“笔”而是要用“心”来写作，所谓以“情”补“拙”吧！我在写作中不停地和李敏华先生进行心神交媾，凭借内心的体味，来表述这只娇燕是如何从一个江南柔弱、娇小的女子一步步走来，成为西南联合大学航空学系的第一位女毕业生，成为麻省理工学院的第一位工科女博士，成为中国塑性力学的第一位开拓者，与吴仲华成为唯一一对一同获 1956 年国家自然科学奖的科学家夫妇，成为中国科学院技术科学部第一批通过民主评议选举出来的学部委员（院士），成为一个攀登科学高峰从不停歇的“中华女杰”。

幸运的是，2011 年，由于偶然的机会，我介入了中国科学技术协会牵头实施的“老科学家学术成长资料采集工程——李敏华”任务。在三年时间里，我和采集小组的同事们一起，通过资料收集、口述访谈等方式，梳理了李敏华先生的求学历程、师承关系、科研活动、学术成就等学术成长中的关键节点和重要事件，完成了约 20 万字的研究报告，并出版了

《碧空丹心：李敏华传》（毛天祥和王柏懿合著）。这不仅为我接受这次丛书撰写任务奠定了“物质”基础，更为我愿意接受挑战书写这部传记铺就了“思想”基础。感同身受，心有灵犀！同为女性，我能体会做一名女性科学工作者（更何况像李敏华先生这样的大师）是何等的艰辛，所以为后辈展示李敏华先生的成就、精神与风貌应当是我义不容辞的责任。但是，“采集工程”重点关注老科学家的学术成长经历，而“科学与人生”除了“科学”以外还关注“人生”。所以，在采集工程任务结束以后，我又继续对李敏华先生的人生进行了全方位的调研与分析，挖掘了一些弥足珍贵的资料，从而进一步了解了李敏华先生为人处世的种种细节，进一步理解了李敏华先生传奇的人生：她肯于毕生奋力拼搏从而蜚声中外学界，其动力究竟来自何处。从更宽广层面上来展现李敏华先生，而且注意将她的科学人生与中国近代社会的大背景紧密联系在一起，是这部传记的一个特色。此外，我认为吴仲华先生在李敏华先生的人生中占有着举足轻重的地位，他是她事业和生活的不可与缺的部分。所以，在这部传记里，我也花了不少的笔墨来写吴仲华先生。这样，我们才能全面把握李敏华先生的科学与人生之路。这是这部传记的另一个特色。

最后，我在这里要对采集小组的同事们对这部传记的支持表示由衷的感谢。由于健康原因，李敏华先生的亲授弟子毛天祥研究员不再参与这部传记的写作，但他一直关心着这本书的进展，而且对全书做了细致的校阅，特别是在学术问题的把握方面。中国科学院力学研究所所长助理朱涛主任在调任中国科学院战略研究院的过程中，仍不顾履新的繁忙，坚持着逐章、逐节、逐段、逐句、逐字地阅看了本书的若干篇章，不仅纠正了原稿中的错别字与病句，而且在文字润色与概念提法上不吝赐教。吴仲华先生的外甥郭长铭教授远在合肥的中国科学技术大学，他不仅提供了吴仲华先生的家世资料，还在身体不适的情况下阅读发去的电子版书稿并提出修改意见。所以，这部传记其实仍是几名敬仰两位先生的后辈人的合作结晶。此外，伍小平院士一直关心本书的写作，当我致函请求她写一篇序言时，她打来电话告知“由于颈椎眩晕正在养病中，连参加国际会议的活动都推掉了。不过，这个序言一定会写的”。一片真心令人动容不已。

这部传记付印出版之际，正值李敏华和吴仲华两位先生问世100年之时。这里，谨以此书，作为纪念大师百年诞辰的献礼。

王柏懿

2016年10月15日